Eva Keil-Kuri

Vom Erstinterview zum Kassenantrag

Vom Erstinterview zum Kassenantrag

Seelische Krankheit im Sinne der Psychotherapie-Richtlinien

Erstinterview, Probatorische Sitzungen, Differentialindikation der genehmigungsfähigen Therapieverfahren

Der Kassenantrag (Erstantrag, Verlängerungsantrag)

herausgegeben von
Dr. med. Eva Keil-Kuri, Wessling

und Mitautorin
Dipl. Psych. Gudrun Görlitz, Augsburg

3., überarbeitete Auflage

Ulm Stuttgart Jena Lübeck

Zuschriften und Kritiken an

Lektorat Medizin, Gustav Fischer-Verlag Stuttgart
Wollgrasweg 49, 70599 Stuttgart

Buchidee und Autorin des psychoanalytischen Teils:
Dr. med. Eva Keil-Kuri
Etterschlagerstr. 7, 82234 Weßling

Autorin des verhaltenstherapeutischen Teils:
Dipl. Psych. Gudrun Görlitz
Alpenstr. 33, 86159 Augsburg

Wichtiger Hinweis: Die Erkenntnisse in der Medizin unterliegen laufendem Wandel durch Forschung und klinische Erfahrungen. Herausgeber und Autoren dieses Werkes haben große Sorgfalt darauf verwendet, daß die in diesem Werk gemachten therapeutischen Angaben (insbesondere hinsichtlich Indikation, Dosierung und unerwünschten Wirkungen) dem derzeitigen Wissensstand entsprechen. Das entbindet den Benutzer dieses Werkes aber nicht von der Verpflichtung, anhand der Beipackzettel zu verschreibender Präparate zu überprüfen, ob die dort genannten Angaben von denen in diesem Buch abweichen und seine Verordnung in eigener Verantwortung zu bestimmen.

Die Deutsche Bibliothek – CIP-Einheitsaufnahme

Vom Erstinterview zum Kassenantrag : seelische Krankheit im
Sinne der Psychotherapie-Richtlinien ; Erstinterview, probatorische
Sitzungen, Differentialindikation der genehmigungsfähigen
Therapieverfahren ; der Kassenantrag (Erstantrag,
Verlängerungsantrag) / hrsg. von: Eva Keil-Kuri und Mitautorin
Gudrun Görlitz. – 3. Aufl. – Ulm ; Stuttgart ; Jena ; Lübeck : G.
Fischer, 1999
  Bis 2. Aufl. u.d.T.: Keil-Kuri, Eva: Vom Erstinterview zum
  Kassenantrag
  ISBN 3-437-51480-6

Alle Rechte vorbehalten

1. Auflage 1993
2. Auflage 1995
3. Auflage 1999

© 1999 Urban & Fischer im Gustav Fischer Verlag • Ulm • Stuttgart • Jena • Lübeck

Das Werk einschließlich aller seiner Teile ist urheberrechtlich geschützt. Jede Verwertung außerhalb der engen Grenzen des Urheberrechtsgesetzes ist ohne Zustimmung des Verlags unzulässig und strafbar. Das gilt insbesondere für Vervielfältigungen, Übersetzungen, Mikroverfilmungen und die Einspeicherung und Verarbeitung in elektronischen Systemen.

Druck und Bindung: Franz Spiegel Buch, Ulm
Satz: Textservice Zink, Schwarzach
Umschlaggestaltung: prepress ulm GmbH, Ulm

Printed in Germany

Vorwort zur 3. Auflage

Es ist soweit: am 1.1.1999 wird das am 12.2.98 in erster Lesung, schließlich am 6.3.98 im Bundestag durchgegangene, in zweiter und dritter Lesung beschlossene Psychotherapeutengesetz in Kraft treten nach jahrelangem Gerangel um die einzelnen Punkte. Das Antragsverfahren wird als Qualitätskontrolle bestehen bleiben und Pflicht auch für die psychologischen Psychotherapeuten. Für diese fällt aber das sog. Delegationsverfahren weg, das viele von ihnen als Kränkung empfunden haben; d.h. ein Patient kann unmittelbar einen psychologischen Psychotherapeuten mit Kassenzulassung aufsuchen und muß sich nicht wie bisher die Notwendigkeit einer vorgesehenen psychotherapeutischen Behandlung von einem Delegationsarzt bescheinigen lassen. Statt dessen muß er aber spätestens nach den probatorischen Sitzungen einen Arzt zur Erstellung eines somatischen Befundes aufsuchen und – wenn es der psychologische Psychotherapeut für nötig erachtet – zusätzlich einen neurologisch und psychiatrisch tätigen Vertragsarzt zur Erstellung eines psychiatrischen Befundes. Beide sind dem Kassenantrag dann beizufügen. D.h. der Patient hat das sog. Erstzugangsrecht zu einem Therapeuten seiner Wahl.

Schon bisher mußten alle kassenzugelassenen Psychotherapeuten Kassenanträge an die Krankenkassen schreiben, die diese an anonyme Gutachter weiterleiteten, sehr oft an den Medizinischen Dienst. Die Kinder- und Jugendlichen-Therapeuten mußten sich ebenso bisher schon dem Ritual der Antragstellung unterwerfen. Insofern behält dieses Buch seine Aktualität und Funktion als Hilfsinstrument bei der Bewältigung des vorgeschriebenen Procedere auf dem Weg zur Kassenfinanzierung der Psychotherapie, die durch das Gesetz grundsätzlich nicht eingeschränkt wird.

Es ist lediglich ein weiterer Verfall der Honorare zu erwarten und wird von vielen befürchtet, da für 1999 eine generelle Budgetierung vorgesehen ist, wobei der »Vergütungstopf« auf dem Niveau von 1996 (d.h. bevor die Regelung für Kostenerstattungspsychotherapie durch ein Urteil des Landessozialgerichts Nordrhein-Westfalen vom 23.10.1996, AZ L 11 Ka 51/96, für rechtswidrig erklärt wurde) für ein Jahr eingefroren wird und dieses Budget unter allen aufgeteilt werden muß. Andererseits fallen die Kosten für das Delegationsverfahren weg. Da schon im Augenblick in den meisten Bundesländern kein fester gestützter Punktwert für Psychotherapie mehr besteht, ist zu befürchten, daß viele Kollegen zumindest 1999 den Gürtel noch enger schnallen müssen, was nicht nur Ärger auslöst, sondern z.B. auch den auch jetzt schon bedauerlichen Rückgang an Gruppentherapie bedingt, da dieses so effektive Verfahren einfach zu schlecht honoriert wird, zumal dafür ja besonders viele Anträge zu schreiben sind. Das Psychotherapeutengesetz plant daher eine Vereinfachung des Antragsverfahrens für Gruppentherapie; die Ausführungsbestimmungen sind aber noch nicht erlassen.

Die generelle Zuzahlung von 10 DM ab der dritten Sitzung in der Erwachsenen-Psychotherapie wird die Finanzmisere nur unwesentlich verbessern, zumal sie ja einen zusätzlichen bürokratischen Aufwand bedingt und das Gesetz dem Therapeuten freistellt, ob er sich die Mühe machen und das Geld verlangen will, von dem ihm nach Abzug des Verwaltungsaufwands kaum etwas übrig bleiben dürfte.

Es bleibt zu hoffen, daß die in den letzten Jahren gegründeten und aktiv gewordenen Berufsverbände sich weiter solidarisieren und sowohl für die ärztlichen wie für die psychologischen Psychotherapeuten bessere Bedingungen mit den Kassen aushandeln können als zunächst durch das Inkrafttreten des Gesetzes zu erwarten sind.

Weßling, im Oktober 1998

Eva Keil-Kuri

Vorwort zur 1. Auflage

In mehrjähriger Arbeit mit Kollegen, die den Zusatztitel »Psychotherapie« und/oder »Psychoanalyse« anstrebten, machte ich immer wieder die Erfahrung, daß für diese Kollegen **Erstinterview** und **Erstellung des Kassenantrags** für das Gutachterverfahren Angstpartien waren. Dies, obwohl sie fleißig bemüht darum waren, die Probleme ihrer Patienten zu verstehen und zu Papier zu bringen. Daher entschloß ich mich, in diesem Band ein wenig Hilfestellung zu geben und aufzuzeigen, daß es gar nicht so schwierig ist, die notwendigen Kassenanträge zu erstellen. Da die Voraussetzungen für die Abfassung eines klaren Antrags klare Erkenntnisse und möglichst differenzierte Wahrnehmung im Erstgespräch und in den probatorischen Sitzungen sind, gliedert sich das Buch in zwei Teile.

Zunächst werden der Verlauf und die Strategien des Erstinterviews für die verschiedenen psychotherapeutischen Verfahren entwickelt. Danach wird die Erstellung des Kassenantrags anhand anonymisierter Fallbeispiele im einzelnen eingeübt.

Dabei wird naturgemäß nur eingegangen auf die nach den »Richtlinien zur Durchführung von Psychotherapie als Kassenleistung«, die am 1.8.1990 in Kraft getreten sind, zulässigen Verfahren. Da seit 1.10.87 auch die **Verhaltenstherapie** Bestandteil der »Psychotherapie-Richtlinien« ist – neben den analytisch begründeten Verfahren –, ist ein Teil dieses Bandes zum Thema des Kassenantrags in der Verhaltenstherapie angefügt, den Frau Dipl.-Psych. Gudrun Görlitz aus Augsburg dankenswerterweise zu schreiben übernommen hat. Frau Görlitz und ich möchten mit dieser Kooperation einen Beitrag dazu leisten, daß die während unserer Ausbildung noch schier unüberwindlich erscheinenden Differenzen zwischen psychoanalytisch orientierten und verhaltenstherapeutischen Behandlungsmethoden überwunden werden und die wechselseitige Befruchtung vorwärtsschreiten kann. Deshalb möchten wir auch dem Leser, gleichgültig aus welcher therapeutischen Richtung er kommt, empfehlen, beide Teile zu lesen. Er wird dabei zunehmend gewinnen.

Auch wenn gegenwärtig eine lebhafte Diskussion über eine Begrenzung oder gar Abschaffung des sog. Gutachter-Verfahrens in der psychotherapeutischen Versorgung diskutiert wird, soll dieses Buch noch geschrieben werden, da es über die Hilfe zur Erstellung des Kassenantrags hinaus für den angehenden Psychotherapeuten Hilfestellung bei der Gewinnung eines klaren diagnostischen Vorgehens und Behandlungsplanes sein soll. Die Autorinnen hoffen, daß die angehenden psychotherapeutisch tätigen Kolleginnen und Kollegen Gewinn aus der Lektüre dieses Bandes ziehen können. Bei den für die Anfänger sicher noch notwendigen ersten Kassenanträgen wünschen wir uns, daß neben einer Förderung der Erkenntnisse eine Ersparnis in Zeitaufwand und Ängsten erreicht wird. Aus unserer Sicht könnte die Abfassung eines Kassenantrags sogar ein gewisses intellektuelles Vergnügen machen im Sinne des anzustrebenden Gewinns an Klarheit über die Psychodynamik seelischer Erkrankungen und ihrer Behandlungsmöglichkeiten.

Für die Erstellung des Manuskripts, immer freundlich und akkurat, danken wir Frau B. Schulte aus Inning und Frau G. Beck (für den Verhaltenstherapie-Teil) aus Augsburg.

München/Augsburg im August 1992

Eva Keil-Kuri Gudrun Görlitz

Inhaltsverzeichnis

Vorwort zur 3. Auflage V
Vorwort VI
Einleitung 1

Allgemeiner Teil

Was ist behandlungsbedürftige seelische Krankheit im Sinne
   der Psychotherapie-Richtlinien (Dr. Keil-Kuri) 3
Das ganzheitliche Menschenbild der Verhaltenstherapie der 90er Jahre
   (Dipl.-Psych. Görlitz) 5
Die Integrative Verhaltenstherapie – eine Integration von wissenschaftlichen
   Konzepten und Methoden von ihren Anfängen bis heute
   (Dipl.-Psych. Görlitz) 9
Mögliche Antragsverfahren im Bereich der Verhaltenstherapie
   (Dipl.-Psych. Görlitz) 11
Zahlen zur Psychotherapie im Vergleich (Dipl.-Psych. Görlitz) 13
Psychosomatische Grundversorgung, Probe- und Kurzzeittherapie
   (Dr. Keil-Kuri) 14
● Die Begrenzung der Leistung in den einzelnen Verfahren
   (Dr. Keil-Kuri) 16
Die Begrenzung tiefenpsychologisch fundierter Therapien (Dr. Keil-Kuri) . . 16
Die Begrenzung der analytischen Psychotherapie (Dr. Keil-Kuri) 17
Die Begrenzung der Verhaltenstherapie (Dr. Keil-Kuri) 20
Formale Abfassung des Kassenantrags (Dr. Keil-Kuri) 21

Spezieller Teil

Das Erstinterview (Dr. Keil-Kuri) 25
Allgemeines (Dr. Keil-Kuri) 25
Vorfeld (Dr. Keil-Kuri) 26
Der erste Telefonkontakt (Dr. Keil-Kuri) 26
● Das eigentliche Erstinterview (Dr. Keil-Kuri) 27
Beobachtung des Patienten und seines nonverbalen Verhaltens
   (Dr. Keil-Kuri) 27
Selbstbeobachtung bzw. Gegenübertragung des Therapeuten
   (Dr. Keil-Kuri) 28
Gesprächstechnik und Beobachtung der verbalen Signale des Patienten
   (Dr. Keil-Kuri) 30

Gestaltung des Gesprächsendes (Dr. Keil-Kuri)	31
Anmerkungen zur Dokumentation und Dokumentationspflicht der therapeutische und diagnostischen Gespräche (Dr. Keil-Kuri)	33
Erstgespräch für eine psychoanalytische Behandlung (Dr. Keil-Kuri)	34
Erstgespräch für eine tiefenpsychologisch fundierte Psychotherapie (Dr. Keil-Kuri)	40
Fragebogen zu einem Bericht für den Psychotherapeuten (Dr. Keil-Kuri)	44
Besonderheiten beim Erstgespräch, wenn von vornherein eine Gruppentherapie geplant ist (Dr. Keil-Kuri)	48
Das Erstgespräch in der Verhaltenstherapie – Grundlagen (Dipl.-Psych. Görlitz)	52
1. Beobachtung des verbalen und nonverbalen Verhaltens des Patienten (Dipl.-Psych. G. Görlitz)	52
2. Beobachtung des eigenen Therapeutenverhaltens und Gefühls – Aufbau einer therapeutischen Beziehung zum Patienten (Dipl.-Psych. G. Görlitz)	53
3. Anwendung einer erlaubenden und offenen Gesprächstechnik (Dipl.-Psych. G. Görlitz)	53
4. Beginn der Motivationsanalyse für die Therapie (Dipl.-Psych. G. Görlitz)	54
5. Treffen einer Vorentscheidung (Dipl.-Psych. G. Görlitz)	54
6. Aushändigen von Fragebögen zur Lebensgeschichte und zur Symptomatik (Dipl.-Psych. G. Görlitz)	54
7. Aufbau von Selbstkontroll- und Selbstbeobachtungsmethoden (Dipl.-Psych. G. Görlitz)	55
Basisanamnese – Bogen (Dipl.-Psych. Görlitz)	56
Fragebogen für Verhaltenstherapie bei Erwachsenen (Dipl.-Psych. Görlitz)	58
Akteinlage Nr. 1 zur Erstellung des Kassenantrags bei Erwachsenen (Dipl.-Psych. Görlitz)	70
Informationsblatt (Dipl.-Psych. Görlitz)	73
Das Erstgespräch in der Verhaltenstherapie – Ein Beispiel (Dipl.-Psych. Görlitz)	75
● Die probatorischen Sitzungen (Dr. Keil-Kuri)	79
Die Ängste des Therapeuten und ihre Gründe (Dr. Keil-Kuri)	80
Der therapeutische Aspekt der probatorischen Sitzungen (Dr. Keil-Kuri)	81
Die probatorischen Sitzungen bei einer beabsichtigten psychoanalytischen Behandlung; zwei Beispiele (Dr. Keil-Kuri)	83
Die probatorischen Sitzungen für eine tiefenpsychologisch fundierte Therapie (Dr. Keil-Kuri)	91
Die probatorischen Sitzungen vor einer geplanten Gruppentherapie (Dr. Keil-Kuri)	98
Der »unergiebige« Patient – was tun? (Dr. Keil-Kuri)	101
Die probatorischen Sitzungen in der Verhaltenstherapie – Allgemeines (Dipl.-Psych. Görlitz)	101

Die probatorischen Sitzungen in der Verhaltenstherapie – Ein Beispiel:
   Patienten F 50763 (Dipl.-Psych. G. Görlitz) 103
Der »schwierige Patient« in der Verhaltenstherapie – was tun?
   (Dipl.-Psych. G. Görlitz) 107
● Die Stellung der Differentialindikation für die einzelnen Verfahren 109
Die Kurztherapie (Dr. Keil-Kuri) 109
Die Langzeittherapie (Dr. Keil-Kuri) 111
Die verhaltenstherapeutische Langzeittherapie (Dipl.-Psych. Görlitz) 114
Die verhaltenstherapeutische Kurzzeit- und Probetherapie
   (Dipl.-Psych. G. Görlitz) 118
Die Gruppenanalyse (Dr. Keil-Kuri) 119
Die verhaltenstherapeutische Gruppentherapie (Dipl.-Psych. Görlitz) 120
● Die Abfassung des Erstantrags im einzelnen (Dr. Keil-Kuri) 124
Für RVO- und Ersatzkassen (Dr. Keil-Kuri) 124
Für Privatkassen (Dr. Keil-Kuri) 135
Für Beihilfestellen (Dr. Keil-Kuri) 140
Leitfaden zur Erstellung des Erstantrags für Verhaltenstherapie
   (Dipl.-Psych. Görlitz) 143
Bemerkungen zur Therapiedauer in der Verhaltenstherapie
   (Dipl.-Psych. G. Görlitz) 148
Bericht zum Erstantrag für Verhaltenstherapie (Dipl.-Psych. Görlitz) 150
● Die Abfassung der Verlängerungsanträge (Dr. Keil-Kuri) 155
Bericht zum Fortführungsantrag in der Verhaltenstherapie
   (Dipl.-Psych. Görlitz) 164
Akteinlage Nr. 2, Bericht zum Fortführungsantrag (Dipl.-Psych. Görlitz) . . 171
Akteinlage Nr. 3, Ergänzungsbericht (Dipl.-Psych. Görlitz) 172
● Die sog. Entdeckelung der psychotherapeutischen Stundenbegrenzung
   (Dr. Keil-Kuri) 172
Beendigung der Therapie bei nicht ausreichendem Behandlungserfolg
   (Dr. Keil-Kuri) 173
Therapeutenwechsel (Dr. Keil-Kuri) 173
Wechsel des Verfahrens (Dr. Keil-Kuri) 173
Was tun bei Ablehnung des Antrags (Dr. Keil-Kuri) 174
Abrechnung der Anträge (Dr. Keil-Kuri) 175
Abrechnung auf Datenträgern (Dr. Keil-Kuri) 176
Schlußbemerkung (Dr. Keil-Kuri) 186
Literaturverzeichnis (Dr. Keil-Kuri, Dipl.-Psych. Görlitz) 187

Anhang 1: Information zum Psychotherapeutengesetz (Dipl.-Psych. Görlitz) . 182
Anhang 2: Psychotherapeutengesetz 185

Einleitung

Am 1.10.1987 wurde die **3. Neufassung der Psychotherapie-Richtlinien** und am 1. Juli 1988 der **Psychotherapie-Vereinbarungen** (RVO) verabschiedet. Am 4.5.90 wurden zu diesen Richtlinien Ergänzungen erlassen, die am 1.8.90 in Kraft getreten sind. Die Psychotherapie-Vereinbarungen der Pflicht- und der Ersatzkassen mit entsprechenden Änderungen wurden ebenfalls neu gefaßt und sind am 1.10.90 in Kraft getreten. Dem entsprechend wurden auch die Formulare im Gutachter-Verfahren den Erfordernissen und Erfahrungen angepaßt und am 1.7.91 den Kollegen übergeben. Schließlich wurden am 1.1.91 Übergangsregelungen in der kassenärztlichen Versorgung der östlichen Bundesländer in Kraft gesetzt. Auch diese sollen berücksichtigt werden.

Schließlich wurden die Psychotherapie-Vereinbarungen am 31.8.1993 neugefaßt und am 1.1.1994 und am 1.9.1994 noch ergänzt. Das inzwischen beschlossene Psychotherapeuten-Gesetz, das am 1.1.1999 inkrafttreten wird, bringt für das Antragsverfahren keine wesentlichen Änderungen abgesehen vom Wegfall des Delegationsverfahrens. Insofern behält auch diese »Handanweisung« für die Erstellung der Kassenanträge unverändert ihre Gültigkeit. Ziel einer solchen Handanweisung ist es, den antragstellenden Kollegen eine Hilfe an die Hand zu geben, damit unnötiger Ärger im Gutachter-Verfahren und durch Rückfragen bedingte zusätzliche Kosten vermieden werden. Da in den Richtlinien die Verhaltenstherapie als eigenständiges Verfahren der Psychotherapie mit einbezogen ist, soll auch dieses Kapitel des Gutachter-Verfahrens behandelt werden. Schwerpunktmäßig besonders ausführlich behandelt wird der Kassenantrag für die tiefenpsychologisch fundierte Psychotherapie einzeln und in der Gruppe, da dies vermutlich zahlenmäßig das am häufigsten Beantragte ist.

Zur besseren Anschaulichkeit für die lernenden Kolleginnen und Kollegen werden für die jeweiligen Verfahren genehmigte Kassenanträge publiziert als Anschauungsmaterial, nicht als Grundlage für Kopien. Wir möchten betonen, daß der Sinn der Kassenanträge vielschichtig ist, unter anderem auch der Qualitätskontrolle in Form der Behandlungspläne dient.

Immer wieder wird von den ärztlichen Psychotherapeuten gekränkt auf die Anforderung, ihre Behandlungspläne einem Gutachter vorzulegen, reagiert, mit dem Argument, auch andere Fachärzte müßten dies nicht tun. Dies ist zwar – wenn man von den Kostenvoranschlägen der Zahnärzte absieht – richtig, die Kollegen anderer Fachrichtungen müssen inzwischen dafür regelmäßig an Qualitätszirkeln teilnehmen und so immer wieder ihre Qualifikation beweisen.

Es geht mit Sicherheit weder den kassenärztlichen Vereinigungen, noch den Krankenkassen, noch den Gutachtern darum, junge oder erfahrene Kollegen zu kränken, sondern mit Hilfe der Richtlinien auch Hilfestellung zu geben in der Diagnostik und in der Entwicklung von Behandlungsplänen für seelische Krankheiten. In einem so in das Schicksal eingreifenden Fach wie der Psychotherapie kann es kaum genug kritische Eigenreflexion der diesen Beruf Ausübenden geben. Die angehenden Psychotherapeuten sollten endlich aufhören, in den Gutachtern bösartige »autoritäre Überväter« zu sehen, denen man mit Angst und Abwehr begegnen muß.

Andererseits sollten die Kollegen sich auch weiterhin die Mühe machen, jeden Antrag trotz der im Vergleich zum Aufwand für viele noch recht mäßigen Honorierung neu zu schreiben und nicht nur aus Computer-Bausteinen zusammenzusetzen. Ein PC erleichtert ohnehin die Arbeit; einzelne wiederkehrende Standardformulierungen können sicher in vielen Anträgen übernommen werden, aber nicht die notwendige Denkleistung ersetzen.

In den mehr als 20 Jahren, in denen ich Kassenanträge regelmäßig geschrieben habe, habe ich nicht in einem einzigen Fall wirklich großen Ärger mit den Gutachtern gehabt. Wenn es zu Rückfragen oder gar in seltenen Fällen zur Stellung eines Antrags auf ein Obergutachten kam, führte dies immer zu guten Ergebnissen für die betroffenen Patienten.

Inzwischen ist die Honorierung der Kassenanträge, die mit der Ziffer 868 in der BMÄ abgerechnet werden, mit 1400 Punkten verbessert, wenn auch sicher noch nicht dem zeitlichen Aufwand entsprechend. Die GOÄ trägt dem fallweise verschiedenen Zeitaufwand mit der Ziffer 85 Rechnung, die je angefangene Stunde Aufwand mehrfach berechnet werden kann. Die Antragsteller sollten diese Möglichkeit aber nicht überstrapazieren.

Allgemeiner Teil

Was ist behandlungsbedürftige seelische Krankheit im Sinne der Psychotherapie-Richtlinien?

Es scheint technisch eine der größten Schwierigkeiten bei der Abfassung der Kassenanträge zu sein, die **ätiologische Betrachtungsweise** klar genug herauszuarbeiten. Immer wieder begnügen sich Kollegen in ihrer Begründung eines Therapie-Antrags damit, fast ausschließlich **lebensgeschichtliche Daten** aufzuzählen. Allein mit der Rückführung der Symptomatik auf die frühkindliche Anamnese und traumatische Erlebnisse ist jedoch den Erfordernissen der »Psychotherapie-Richtlinien« nicht Genüge getan. Es reicht nicht aus, die Symptomatik bis zu ihrem ersten Auftreten zurückzuverfolgen. Auch die genetische Rekonstruktion der Vorgeschichte reicht nicht aus, ebensowenig eine möglichst umfangreiche Sammlung genetischer Daten, die der Patient erinnert oder der Therapeut aus den Erzählungen des Patienten rückschließt.

Damit ein Kassenantrag vom Gutachter beschieden werden kann, muß **immer** zur Schilderung der Anamnese eine **konflikt-dynamische Erkenntnisweise** mit **Darstellung einer aktuellen, zeitlich und thematisch definierten Situation** bezüglich des **ätiologischen** Stellenwertes hinzukommen.

Die Kostenträger für Psychotherapie können nicht jede Art von psychischer oder psychosomatischer Störung bezahlen, sondern es wurden von *F.R. Faber* und *R. Haarstrick* im »Kommentar zu den Psychotherapie-Richtlinien« in der Neufassung vom 31.8.1993 klare Definitionen gegeben zum Krankheitsbegriff der »Psychotherapie-Richtlinien«, die sich jeder Antragsteller immer wieder vor Augen führen muß:

Nach den Psychotherapie-Richtlinien kann seelische Krankheit
– in seelischen Symptomen,
– in körperlichen Symptomen,
– oder in krankhaften Verhaltensweisen erkennbar werden.

Seelische Krankheit wird als **krankhafte Störung der Wahrnehmung**, der **Erlebnisverarbeitung**, der **sozialen Beziehungen** und der **Körperfunktionen** verstanden. Der Krankheitscharakter dieser Störungen kommt wesentlich darin zum Ausdruck, daß sie der willentlichen Steuerung durch den Patienten nicht mehr oder nur zum Teil zugänglich sind.

Seelische Krankheit ist grundsätzlich von ihrer **Symptomatik** zu unterscheiden. **Das Symptom ist nicht schon die Krankheit.** Seelische Krankheit kann durch seelische oder auch durch körperliche Faktoren verursacht sein – oder auch durch eine Mischung beider Faktorengruppen. Daraus ergibt sich schlüssig, daß jeder psychotherapeutischen Behandlung die Differentialdiagnostik auf der Grundlage einer körperlichen und psychischen Untersuchung vorausgehen muß. Ausnahmen von diesem Grundsatz können indiziert sein, bedürfen dann aber der besonderen Begründung.

Einer seelischen Krankheit liegt häufig eine **aktuelle Krise** zugrunde, die konfliktzentriert behandelt werden kann. Es kann ihr aber auch eine **lebensgeschicht-**

lich erworbene Struktur** zugrunde liegen, die auf einer **anlagemäßigen Disposition** aufbaut. Hinzu kommen als krankmachende Faktoren häufig Konflikte im privaten und beruflichen Umfeld.

Es ist die Aufgabe des Therapeuten, das Krankheitsgeschehen in all diesen Richtungen ätiologisch zu erfassen und im Kassenantrag darzustellen. Dies gilt sowohl für die psychoanalytisch begründeten Verfahren als auch für die Verhaltenstherapie.

Es wird in den Richtlinien sowohl bei psychoneurotischen wie auch bei vegetativ-funktionellen und psychosomatischen Störungen eine »gesicherte psychische Ätiologie« gefordert.

In den Richtlinien wird eine Abgrenzung gegenüber nichtseelischen Krankheiten in der Weise gemacht, daß zugestanden wird, daß Berufs-, Erziehungs- und Sexualprobleme Beratungen erforderlich machen können, für die die Gebührenziffern für ärztliche Beratung anzuwenden sind, jedoch nicht psychotherapeutische Ziffern. Es wird unterschieden zwischen der **Beratungs- und Erörterungstätigkeit des Arztes** zur Sichtung gravierender gesundheitlicher Lebensprobleme und deren Bewältigung durch Aktivierung gesunder seelischer Fähigkeiten. Dies sind keine Maßnahmen zur Behandlung seelischer Krankheiten.

Auch **Beziehungsstörungen** sind nur dann als seelische Krankheit anzusehen, wenn ihre ursächliche Verknüpfung mit einer krankhaften Veränderung eines Menschen nachgewiesen wurde. Daraus ist klar, daß z.B. Unverträglichkeiten zwischen Partnern, die mit Krisen einhergehen können, nicht unbedingt als Krankheiten im Sinne der RVO zu betrachten sind. Sie gehören daher weniger in die psychotherapeutische Praxis als in die in allen größeren Orten vorhandenen Ehe- und Familienberatungsstellen.

Zusammenfassend sagen die »Richtlinien«, daß eine Behandlung seelischer Krankheiten voraussetzt, »daß das Krankheitsgeschehen als ein ursächlich bestimmter Prozeß verstanden wird«. Das Krankheitsgeschehen wird durch gegenwärtig wirksame Faktoren und durch lebensgeschichtliche Prägungen determiniert. An der individuellen Genese der seelischen Erkrankung haben Einwirkungen gesellschaftlicher Faktoren Anteil. Die »ätiologisch orientierte Diagnostik« muß die jeweiligen Krankheitserscheinungen erklären und zuordnen. Es ist also die Aufgabe des Therapeuten, das Krankheitsgeschehen ätiologisch zu erfassen. Diese Forderung gilt für die psychoanalytisch begründeten Verfahren ebenso wie für die Verhaltenstherapie. Für die psychoanalytisch begründeten Verfahren wird in einer »ätiologisch orientierten Psychotherapie« die unbewußte Psychodynamik zum Gegenstand der Behandlung gemacht. In der Verhaltenstherapie erfordert die Verhaltensanalyse die Erkennung »der ursächlichen und aufrechterhaltenden Bedingungen des Krankheitsgeschehens.« (*Faber, Haarstrick*)

Das Psychotherapeutengesetz macht nochmals unmißverständlich klar, »daß eine auf langfristige Stabilisierung angelegte psychotherapeutische Behandlung **keine Notversorgung** im Sinne des § 13 Abs. 3 SGB V ist. Das bedeutet, daß der Versicherte die Forderung gegenüber seiner Krankenkasse auf Erstattung der Kosten einer psychotherapeutischen Behandlung nicht mit dem Hinweis auf einen Notfall begründen kann. **In Betracht kommt in Notfällen allein die Erstattung der Kosten einer verbalen Krisen-**

intervention oder einer ärztlich verordneten Medikation. Die psychotherapeutische Behandlung mit Ausnahme der Notversorgung steht dem Versicherten als **Sachleistung** oder als **Anspruch nach § 13 Abs. 2 SGB V** auf Erstattung der Kosten in Höhe des für die entsprechende Sachleistung von der Krankenkasse aufgewendeten Betrages zur Verfügung.«

Außerdem wird gefordert, daß seelische Krankheit im Rahmen eines **umfassenden Theoriesystems der Krankheitsentstehung** diagnostiziert wird. Dies war lange Zeit ein Argument gegen die Aufnahme der Verhaltenstherapie in die kassenärztliche Versorgung, weil die Verhaltenstherapie bisher keinen einheitlichen Krankheitsbegriff geschaffen hatte. Dies hat sich inzwischen jedoch geändert; die Verhaltenstherapie verfügt über Voraussetzungen für eine ätiologisch orientierte Diagnostik seelischer Krankheiten durch eine **komplexe Verhaltensanalyse** und über langjährig bewährte, **spezifische Methoden** zur ambulanten Behandlung seelisch kranker Patienten. Dabei umfaßt die komplexe Verhaltensanalyse eine anamnestisch, aktuell und perspektivisch ausgerichtete Bedingungsanalyse und eine Funktionsanalyse, die individuell wie auch systemisch orientiert ist. Auch in der Verhaltenstherapie wird das Krankheitsgeschehen inzwischen »ganzheitlich« gesehen. Motorische, physiologische, kognitive und emotionale Vorgänge sind in den Begriff des »Verhaltens« eingeschlossen. Die **Erfassung des Motivations- und Beziehungsgefüges** des Patienten gilt als **Voraussetzung für therapeutische Interventionen**.

Das ganzheitliche Menschenbild der Verhaltenstherapie der 90er Jahre

G. Görlitz

Die Verhaltenstherapie der 90er Jahre ist ein Therapieverfahren, das heute, wie weiter unten noch ausführlicher dargestellt wird, verschiedene wissenschaftliche Methoden integriert. Die Bezeichnung Verhaltenstherapie ist insofern irreführend, als das Verhalten nicht mehr ausschließlich im Mittelpunkt der Betrachtung steht, sondern gleichbedeutend neben den Gefühlen, gedanklichen Abläufen und körperlichen Vorgängen steht.

Das Menschenbild, an dem sich Verhaltenstherapeuten heute orientieren, ist ein ganzheitliches Modell vom Menschen. Die **Lebensgeschichte**, die **Beziehungen zu primären Bezugspersonen** und deren Auswirkungen auf die Symptomatik werden ebenso in die Verhaltensanalyse und den Behandlungsplan einbezogen, wie die **aktuelle Lebenssituation**, symptomauslösende und aufrechterhaltende Bedingungen und funktionale Zusammenhänge. »Wir betonen außerdem einen prinzipiellen Pluralismus der Werte, Anschauungen und Lebensstile, was bedeutet, daß Klienten nicht auf ein uniformes, ideales Persönlichkeitsbild hintherapiert werden, sondern Raum bleibt, für die Entwicklung individueller Ziele und Lebensvorstellungen des Menschen.« (*Kanfer* et al. 1991, S. 8/9)

Der Mythos, daß Verhaltenstherapie nur die unreflektierte Anpassung des Patienten an gesellschaftliche Normen zum Ziel hätte, sollte endgültig begraben werden.

Folgende verhaltenstherapeutische Grundsätze spiegeln das ganzheitliche Menschenbild der Verhaltenstherapie der 90er Jahre wider:

1. Jeder Mensch wird **ganzheitlich** betrachtet. Nicht nur das beobachtbare äußere Verhalten gibt Aufschluß über die Symptomatik und Persönlichkeit des Patienten, sondern ganz entscheidend auch die Erlebnisebenen im gedanklichen, emotionalen und physiologischen Bereich.
   Die **Lebensgeschichte** und genetische **Veranlagung** prägt den Menschen ebenso wie seine aktuelle familiäre Situation, **Umwelteinflüsse** und gesellschaftliche Bedingungen.
2. Die Beachtung und Pflege der vorhandenen **Talente und Ressourcen** eines Menschen ist therapeutisch sinnvoller als die ausschließliche **Problemfixierung**.
3. Jeder Mensch wird als sein eigener **Experte** ernstgenommen, der Therapeut ist weder Besserwisser noch übergeordneter Deuter, sondern Begleiter, der zum Patienten eine partnerschaftliche Beziehung aufnimmt, sein Fachwissen zur Verfügung stellt und mit seinen Kompetenzgrenzen verantwortungsbewußt umgeht.
4. Sowohl die vorhandenen **Stärken** als auch die **Schwächen** eines Menschen machen seine ganzheitliche Persönlichkeit aus und verdienen entsprechende Berücksichtigung und Wertschätzung in der Therapie.
5. Der Aufbau einer tragfähigen, vertrauensvollen **Beziehung** wird als Grundvoraussetzung für einen Therapieerfolg betrachtet. Dazu gehört auch die Bereitschaft des Therapeuten, sich auf ein ständiges kritisches Hinterfragen der Beziehung und der Therapiemethoden einzulassen, ohne die Struktur des Behandlungsplans aus dem Auge zu verlieren.
6. Symptome oder Probleme werden als **gesunde Lebenssignale** betrachtet, wobei der Mensch seinem Schicksal nicht hilflos ausgeliefert, sondern stets in der Lage ist, eine Entscheidung zu treffen, diese Probleme zu verändern oder zu akzeptieren. Mit diesen häufig sehr wichtigen **Funktionen** des Symptoms muß der Therapeut verantwortungsvoll umgehen, um nicht durch eine voreilige Kurzintervention, die bestehende Homöostase zu gefährden und damit auch den Patienten und sein Umfeld.
7. Die meisten Menschen besitzen ein umfangreiches Selbsthilfepotential, das häufig nur durch äußere Umstände, ein falsches Selbst-Effizienz-Konzept, oder abwertende internalisierte Erzieher-Sätze, blockiert ist. Die permanente Förderung der **Autonomieentwicklung**, der Eigeninitiative und des **Selbsthilfepotentials** des Patienten, also **Hilfe zur Selbsthilfe** ist daher das wichtigste Therapieziel.

Im folgenden möchte ich nun die **historischen Hintergründe**, die zur Entwicklung des ganzheitlichen Menschenbildes in der Verhaltenstherapie geführt haben, etwas ausführlicher darstellen; zunächst im Bereich der **Kassenärztlichen Versorgung** und anschließend im Bereich **wissenschaftlicher Konzepte**.

Die Verhaltenstherapie wurde erstmals am 1.10.1980 durch eine Vereinbarung mit den Ersatzkassen in die »Kassenärztliche Versorgung« eingeführt. Dies wurde in der Anlage 5a, des »Arzt-Ersatzkassenvertrages« vom 7.8.1980 geregelt, der am 1.10.1980 in Kraft trat. Einige Zeit darauf schlossen sich auch alle anderen gesetzlichen und zeitlich unterschiedlich verzögert auch die privaten Krankenkassen und die Beihilfe an, die Kosten für eine verhaltenstherapeutische Behandlung zu übernehmen. Im Arzt-Ersatzkassen-Vertrag von 1980 heißt es »Verhaltenstherapie als Krankenbehandlung geht davon aus, daß die Symptombildung einer psychischen Krankheit Ergebnis einer individuellen Lerngeschichte ist und z.B. durch Verstärkerbedingungen aufrechterhalten bzw. fixiert wird. Die in einer Verhaltensanalyse aufgeklärten pathogenen Bedingungen sollen durch Verhaltenstherapie systematisch verändert, bzw. aufgehoben werden, wozu eine aktive Mithilfe des Patienten und gegebenenfalls seiner Beziehungspersonen erforderlich ist.«

Nachdem über einen genügend langen Zeitraum nachgewiesen werden konnte, daß Verhaltenstherapie erfolgreich an Kranken angewandt wird (durch Therapieverfahren, die vorwiegend auf der Basis der Lern- und Sozialpsychologie entwickelt worden sind), galten die Voraussetzungen für die am 1.10.87 in Kraft getretenen Psychotherapierichtlinien auch für die Verhaltenstherapie. Die Psychotherapierichtlinien besagen, daß zur kassenärztlichen Versorgung psychotherapeutische Behandlungsverfahren zugelassen werden können, »denen ein umfassendes Theoriesystem der Krankheitsentstehung zugrunde liegt und deren spezifische Behandlungsmethoden in ihrer therapeutischen Wirksamkeit belegt sind.« (R: B I,1)

Die derzeit aktuellsten Psychotherapievereinbarungen (Fassung vom 31.8.93, mit Änd. v. 1.4.94, 1.9.94 u. 1.12.94) sind seit dem 31.8.93 gültig. Sie beinhalten sowohl entsprechende Regelungen für Verhaltenstherapie als auch für tiefenpsychologisch fundierte und analytische Psychotherapie. Geregelt werden hier die Qualifikationskriterien für Therapeuten und Ausbildungsinstitute, die Antragstellung und das Gutachter-Verfahren. Die genannten drei Therapieverfahren sind bisher noch die einzigen, die von der Kassenärztlichen Vereinigung anerkannt sind und für die Patienten auch eine Kostenübernahme beanspruchen können. Der wissenschaftliche Beirat, der sich im Rahmen des Psyhotherapeutengesetzes konstituiert, wird prüfen, ob und welche andere Therapieverfahren als Richtlinienverfahren den wissenschaftlichen Wirksamkeitsnachweis erbringen können.

Faber, der in seinem Artikel in der Zeitschrift »Verhaltenstherapie« eine kritische Bilanz der ersten 10 Jahre (1980-1990) der Verhaltenstherapie in der gesetzlichen Krankenversicherung der BRD zog (März 1991, S. 15-25), hat festgestellt, daß die absolute Anzahl durchgeführter Verhaltenstherapien und ihr relativer Anteil im Vergleich zu anderen Psychotherapieverfahren, ebenso wie die Anzahl der Verhaltenstherapeuten in eigener Praxis sehr rasch zugenommen hat und die Tendenz weiter steigend ist. »Die Zahl der Verhaltenstherapeuten stieg von 250 im Jahr 1981 auf 2.237 im Jahre 1991 (davon 615 Ärzte).« (S. 15) »Die Verhaltenstherapie ist von 1980-1989 von 358 Behandlungsfällen auf 34.117, die psychoanalytisch begründeten Behandlungsverfahren im gleichen Zeitraum von 18.500 auf 46.208 Behandlungsfälle gestiegen ... Im Jahre 1989 übernahm die Verhaltenstherapie 35,5% der psychotherapeutischen Versorgung im Rahmen der Richtlinien-Psychotherapie, die psychoanalytisch orientierten Verfahren übernahmen 66,4%.

Die Delegationsquote lag 1989 in den psychoanalytisch begründeten Verfahren bei 28%, der Anteil der ärztlichen Behandlungsfälle somit bei etwa 72%, während die Delegationsquote bei der VT durchschnittlich 85%, der Anteil der ärztlichen Behandlungsfälle 15% betrug.« (S. 21-22). In der Zwischenzeit hat der Anteil ärztlicher Psychotherapeuten zugenommen (s. Tab. 1).

Verhaltenstherapie ist also längst als wissenschaftliche Therapiemethode anerkannt. Sie hat sich seit der »Hundedressur« von *Pavlow* (1849-1936) oder dem Experiment mit dem »Kleinen Albert« von *Watson* (1878-1958), den beiden Vätern der Lerntheorie, entscheidend weiterentwickelt. Trotzdem verstehen immer noch viele Laien und auch manche Fachleute unter Verhaltenstherapie die überwiegend nur auf Erkenntnissen der Lerntheorie basierende Therapieform der 50er Jahre. Als experimentell fundierte Therapiemethode war diese damals ein notwendiger Gegenpol zur Psychoanalyse. Inzwischen jedoch haben sich diese und auch andere Therapieformen soweit angenähert und gegenseitig befruchtet, daß es ganz natürlich erscheint, daß eine Psychoanalytikerin und eine Verhaltenstherapeutin gemeinsam in einem Buch schreiben. Wir hoffen damit auch einen Beitrag zur Beseitigung der herrschenden Vorurteile leisten zu können.

Hans Lieb und *Reiner Lutz* (1992) nahmen in ihre Dokumentation des Kongresses »Verhaltenstherapie – ihre Entwicklung – ihr Menschenbild« erfreulicherweise auch die »Anmerkungen eines Psychoanalytikers zum Menschenbild von Psychotherapeuten« des Frankfurter Lehranalytikers *Peter Kutter* auf. Er bemerkt in diesem Artikel, daß er zwischen Verhaltenstherapie und Psychoanalyse mehr Gemeinsamkeiten als Unterschiede sieht und »daß sich das so genannte dritte Menschenbild der Psychoanalyse (das moderne) eher als akzeptabel und kompatibel erweisen wird, weil es neben der Rolle der Phantasie das tatsächliche Verhalten wichtiger Bezugspersonen ebenso berücksichtigt wie das Selbst-Erleben und das direkt beobachtbare Verhalten.« (S. 273)

Der Ärztliche Weiterbildungskreis für Psychotherapie und Psychoanalyse (ÄWK) München/Südbayern veranstaltete im Februar 1991 ein Symposium über Herzangst, bei dem gleichberechtigt Prof. *I. Hand* für die Verhaltenstherapie, Prof. *S. Mentzos* für die Psychoanalyse und Prof. *M. Halhuber* für die Psychosomatik als Leiter agierten. *Rainer Doubrawa* (1992) schreibt dazu passend in seinem Artikel zum Thema »**Integrative Therapie aus der Sicht eines Verhaltenstherapeuten**«: »Auch in anderen ›Therapieschulen‹ hat es im Laufe der Jahrzehnte tiefgreifende Veränderungen gegeben (vgl. auch *Linsenhoff* et al., 1982). In der Theorie der Psychoanalyse denke man z.B. an die Ich-Psychologie, die heute viel diskutierten Narzißmus-Konzepte, die über die ursprünglichen Freudsche Modellvorstellungen weit hinausführen. Man denke an die schon vor längerer Zeit erfolgte Einführung gruppentherapeutischer Methoden, die stärker auf die Problematik des Patienten gerichtete Fokaltherapie oder neue Behandlungskonzepte für psychosomatische Patienten mit eigenständiger Begründung … In der Forderung nach systematischer Beachtung von Lernprozessen in der Psychoanalyse (so bei *Heigl u. Triebel*, 1977) zeigen sich beispielsweise auch ausdrücklich integrative Ansätze in Richtung auf die Verhaltenstherapie.« (S. 24)

Die Integrative Verhaltenstherapie – eine Integration von wissenschaftlichen Konzepten und Methoden von ihren Anfängen bis heute (*G. Görlitz*)

Therapeutische Inhalte	Theoretische Konzepte aus der Psychologie u. ihren Nachbardisziplinen	Bsp. für wissenschaftliche Untersuchungen
	I. Lerntheorien	Ende des 19. Jh. bis heute
beobachtbares äußeres Verhalten	klassisches Konditionieren	Pavlow, Watson
	operantes Konditionieren	Thorndike, Skinner
	Modellernen	Bandura
	II. Kognitive Theorien	ca. 1965 bis heute
interne Abläufe	rational-emotive Therapie	Ellis
	kognitive Therapie	Beck, Lazarus
	Selbst-Effizienzkonzept	Bandura
	Problemlösefertigkeiten	D'Zurilla u. Goldfried
	Integration von kognitiven und behavioristischen Ansätzen	Meichenbaum u. Mahoney
	III. Sozialwissenschaftliche Theorien	ca. 1970 bis heute
Wechselwirkung zwischen Individuum und Umwelt	Zusammenhänge zwischen psychischem Leid und Gesellschaft	Bergold
	Verhaltenstherapie in der psychosozialen Versorgung	Keupp
	Analyse der Funktion der Symptomatik	Hand
	IV. Psychophysiologie	ca. 1970-bis heute
somatischer Bereich	Psychophysiologie	Birbaumer
	Verhaltensmedizin	Shapiro u. Goldstein
	Biochemie, Psychoneuroimmunologie	Brownell u. Cohen
	V. Mobilisierung von Selbsthilfekräften	ca. 1975 bis heute
ganzheitliches	Selbstkontrolle, Selbststeuerung, Selbstmanagementtherapie	Kanfer, Reinecker
	VI. Integration wissenschaftlicher Erkenntnisse von Nachbardisziplinen der Psychologie und anderen therapeutischen Schulen	ca. 1975 bis heute
Menschenbild	Multimodale u. Integrative Verhaltenstherapie Psychotherapie-Integration	Lazarus, Bastine
Grundlagen der wissenschaftlichen Psychologie	**VII. Allgemeine Psychotherapie Psychologische Psychotherapie**	Grawe

(Quellen: DGVT-Forum 11, 1986, *Kanfer* et al. 1991, 1996, Grawe 1994, 1998)

Bei manchen Psychologen und Ärzten, bei vielen Pädagogen mit Nebenfach Psychologie und zahlreichen Laien und Laienschriftstellern im Bereich Psychotherapie (vgl. *Wanschura* 1990) ist der Begriff Verhaltenstherapie trotzdem leider immer noch mit der Vorstellung eines mechanistischen und zum Teil ethisch nur schwer vertretbaren Menschenbildes verbunden. Einige gängige Vorurteile lauten: Menschen würden mit Tieren gleichgesetzt werden, Therapeuten seien durch Maschinen ersetzbar, die Behandlung bestünde nur darin, Symptome möglichst schnell wegzutrainieren, die Lebensgeschichte bliebe unberücksichtigt, der Mensch als ganzheitliches Lebewesen mit seinen kognitiven und emotionalen Vorgängen sei nicht relevant, der Therapeut als Person und seine Beziehung zum Klienten/Patienten sei ohne Einfluß auf das Therapiegeschehen, Ziel der Therapie sei Anpassung und Funktionieren im System der Leistungsgesellschaft, Verhaltenstherapie sei »Symptom-Kurieren« mit dem Resultat der Symptomverschiebung usw. (vgl. auch *Hoffmann* 1990, S. 102-109)

Verhaltenstherapie wurde zwar von mir in meiner über 20jährigen Tätigkeit als Therapeutin und Lehrende noch nie so verstanden, ich muß jedoch einräumen, daß die Pioniere der Verhaltenstherapie in Deutschland, zu denen ich mich ebenfalls zähle, zunächst durch die unmittelbare Beeinflußbarkeit von Symptomen und der damit oft auch schnellen Entlastung des Patienten, vor allem bei Phobien, Selbstsicherheitsstörungen, Stottern, Bettnässen usw., durch experimentell fundierte Methoden, fasziniert waren. Symptomverschiebung oder notwendige Nachbehandlungen kamen damals immer dann wieder vor, wenn Therapeuten sich auf rein symptomorientierte Strategien beschränkten und glaubten, angeblich monosymptomatische Störungen innerhalb von zehn Sitzungen „abtrainieren" zu können, ohne die Gesamtpersönlichkeit des Menschen und seine Lebensgeschichte zu berücksichtigen. Diese, heute nur noch selten existierenden Auswüchse der Verhaltenstherapie sind zum Teil mitverantwortlich für ihren Ruf.

»Hinter der Verhaltenstherapie steht keine ›Rattenpsychologie‹ ... Verhaltenstherapie ist nicht mit Manipulation gleichzusetzen ... Verhaltenstherapie mit Kindern erschöpft sich nicht im Chipsgeben für wohlangepaßtes Verhalten ... Verhaltenstherapie ist nicht Oberflächenkosmetik, die einfach Symptome beseitigt, ohne sich zu bemühen, diese zu verstehen.« (*Grotloh-Amberg*, 1992, S. 176)

Verantwortungsbewußte Verhaltenstherapeuten, die auch eine gründliche Ausbildung an einem von der Kassenärztlichen Vereinigung anerkannten Institut absolvieren, legen heute ein ganzheitliches Menschenbild zugrunde. Neben den klassischen symptomorientierten Strategien bekamen zunehmend mehr auch die **Strategie am Symptom vorbei** (vgl. *I. Hand* 1986), die **therapeutische Beziehung** (vgl. *D. Zimmer* 1983, *Ambühl* 1992) sowie die **Berücksichtigung kognitiver und emotionaler Vorgänge** (vgl. *Reinecker* 1986) einen wichtigen Stellenwert.

Für die gesamte Psychotherapie sind die Erkenntnisse der Verhaltenstherapie insofern ein Gewinn, als das in früheren Zeiten eher unstrukturierte Vorgehen der Psychoanalytiker durch eine zielorientierte Therapiemethode, die es dem Therapeuten ermöglicht, **gemeinsam mit dem Patienten** einen **systematischen Behandlungsplan** aufzustellen, ergänzt wurde. Analytiker integrieren zunehmend mehr **handlungsorientierte Ansätze**, wie z.B. die **Körpertherapie** (vgl. *Moser* 1991, *Downing* 1996), umgekehrt beschäftigen sich Verhaltenstherapeuten in den letzten Jahren verstärkt mit der Bedeutung der lebensgeschichtlichen Entwicklung der Patienten. Hierzu schreibt *Grotloh-Amberg:* »Die Verhaltenstherapie hat sich in den letzten zwei Jahrzehnten sehr gewandelt: Nach einer ersten Phase der Profilierungssucht und der Abgrenzung von anderen therapeutischen Schulen ist sie nun bereit und fähig, über den eigenen Gartenzaun zu schauen ...« (S. 175) Auch in der Verhaltenstherapie werden in letzter Zeit verstärkt körpertherapeutische Methoden integriert (vgl. *Schubert* 1996; *Görlitz* 1998).

Langjährige alltägliche Erfahrung im Bereich der verhaltenstherapeutischen Einzel- und Gruppentherapie, der Austausch mit psychologischen und ärztlichen Kollegen, neue Forschungsergebnisse und mehr Offenheit gegenüber anderen psychotherapeutischen Schulen erweiterten im Laufe der Zeit bei den meisten regelmäßig praktizierenden Verhaltenstherapeuten das psychotherapeutisch relevante Repertoire. Daher wurde auch der Begriff der »**Integrativen Verhaltenstherapie**« geprägt. »Auch in Zukunft wird die »**Integration**« der diversen Psychotherapie-Theorien und -Verfahren weiterhin ein wichtiges Anliegen bleiben. Integration ist in dem Sinne zu verstehen, daß einerseits weitere Fortschritte in der Entwicklung einer schulübergreifenden Theorie der Veränderung erzielt, andererseits aber auch Gemeinsamkeiten und Unterschiede zwischen den Ansätzen herausgearbeitet und empirisch abgesichert werden, um Grundlagen für differentielle Behandlungsentscheidungen zu erhalten.« (*Bastine* et al. 1982, S. 316)

Beiliegende Abbildung (S. 19), in Anlehnung an die Darstellung des historischen Überblicks der Redaktionskommission des DGVT Forums 11 (1986), veranschaulicht die Entwicklung der Verhaltenstherapie von ihren Anfängen bis heute.

Mögliche Antragsverfahren im Bereich der Verhaltenstherapie
G. Görlitz

1. **Antrag auf Kurzzeit-Verhaltenstherapie:**
   (25 Sitzungen entweder als Einzeltherapie oder als Einzeltherapie in Kombination mit einer Gruppe, z.B. 15 Einzel- und 10 Gruppensitzungen.)
   Eine Kurzzeittherapie kann nach Bedarf nach ca. 15-20 Sitzungen in eine Langzeittherapie mit Hilfe eines »Berichts an den Gutachter« umgewandelt werden.

2. **Antrag auf Langzeit-Verhaltenstherapie:**
   (45 Sitzungen als Einzeltherapie oder Kombination von Einzel- und Gruppentherapie, z.B. 25 Einzel- und 20 Gruppensitzungen.)
   Eine Langzeittherapie kann um weitere 15 Sitzungen mit Hilfe eines »Berichts zum Fortführungsantrag« (VT 3b bzw. VT 3b E) verlängert werden (60 Sitzungen).
   Bei Inanspruchnahme der Behandlung im Rahmen der Höchstgrenze ist ein Ergänzungsbericht (VT 3c) erforderlich (insgesamt bis maximal 80 Sitzungen).

Die einzelnen Leistungen werden folgendermaßen abgerechnet:
Die maximal fünf probatorischen Sitzungen haben die Ziffer 881 G (wenn sie zu einer Therapie führen), 881 P (wenn sie dies nicht tun).
Kurzzeittherapien werden ebenfalls mit der Ziffer 881 abgerechnet, **Langzeittherapiesitzungen** mit der Ziffer 882, eine **Gruppensitzung** à 50 Minuten mit der Ziffer 883 bei KZT, 884 bei LZT, bei 100 Minuten wird die Ziffer 883 bzw. 884 zweimal abgerechnet.
In der Verhaltenstherapie wird eine Gruppentherapie in der Regel nur in Kombination mit Einzelsitzungen durchgeführt werden, wobei die in der Gruppentherapie erbrachte Doppelstunde auf das Gesamttherapiekontingent als Einzelstunde angerechnet wird. Es ist ratsam einer geplanten Gruppentherapie eine Einzeltherapiephase von 10 bis 20 Sitzungen vorausgehen zu lassen.
Testuntersuchungen werden nach folgenden Ziffern abgerechnet:

890	Anwendung und Auswertung von Fragebogentests
891	Anwendung und Auswertung orientierender Testverfahren
892	Anwendung und Auswertung von Funktionstests
895	Anwendung und Auswertung projektiver Testverfahren
896	Anwendung und Auswertung standardisierter Intelligenz- und Entwicklungstests
897	Anwendung und Auswertung aufwendiger projektiver Testverfahren

Werden die Ziffern 890-897 vom psychol. Psychotherapeuten erbracht, ist nach der Ziffer ein P anzufügen, z.B. 890 P. Der Antrag wird mit der Ziffer 868 abgerechnet; psychol. Psychotherapeuten können zusätzlich 864 abrechnen für die Indikationsstellung und Begründung des Antrags.

Die **Behandlungskonzepte der Verhaltenstherapie** sind durch die **Entwicklung eines Störungsmodells** und einer **übergeordneten Behandlungsstrategie** bestimmt. Diese bilden die Grundlage für die Ableitung der einzelnen Interventionen sowie deren zeitlicher Abfolge. Es handelt sich also bei der modernen Verhaltenstherapie ebenfalls um »ein umfassendes Theoriesystem der Krankheitsentstehung« und »spezifische Behandlungsmethoden, die in ihrer therapeutischen Wirksamkeit belegt sind«. Es muß sogar zugegeben werden, daß letzteres bei verhaltenstherapeutischen Katamnesen z.T. besser herausgearbeitet ist als bei tiefenpsychologisch fundierten.

Während in den tiefenpsychologisch fundierten Therapieverfahren nur ausnahmsweise **Bezugspersonen** kurzfristig mit einbezogen werden dürfen, ist dies bei der Verhaltenstherapie anders: hier können und müssen ggf. Familienangehörige in die Behandlung einbezogen werden – bei Kindern und Jugendlichen im Sinne einer »**begleitenden Psychotherapie**« –, um ihnen Einsichten in die pathogene Struktur des Interaktionsfeldes zu vermitteln und diese Struktur zu verändern. Wenn Bezugspersonen aber selbst als behandlungsbedürftig erscheinen, müssen sie einer eigenen psychotherapeutischen Behandlung unter Einschaltung des für sie zuständigen Kostenträgers zugeführt werden. »Familientherapie« ist aus versicherungsrechtlichen Gründen nach wie vor nicht Gegenstand der kassenärztlichen Versorgung.

Tab. 1: Zahlen zur Psychotherapie im Vergleich

Quelle: Vereinigung der Kassenpsychotherapeuten, Zusammenstellung G. Görlitz, D. Best, nach Angaben der KBV vom März 1998

	1991	1992	1993	1994	1995	1996	1997
Tiefenpsychologische und analytische Psychotherapie							
Ärztl. Psychotherapeuten	4 375	4 860	5 530	6 535	7 193	7 613	8 002
Psychologische Psychotherapeuten	1 511	1 903	2 247	2 065	2 509	2 320	2 377
Analytische Kinder- und Jugend-Psychotherapeuten	909	1 135	1 036	1 157	1 107	1 300	1 309
Tiefenpsychologische Behandlungsfälle gesamt	*61 501*	*79 512*	*101 392*	*124 523*	*138 576*	*163 649*	
Analytische Psychother. Behandlungsfälle gesamt	*29 161*	*28 677*	*31 194*	*29 435*	*30 096*	*32 851*	
Verhaltenstherapie							
Anteil ärztl. PT, die auch VT abrechnen können	615	803	929	1 063	1 133	1 270	1 229
Psychologische Verhaltenstherapeuten	1 632	2 591	2 925	3 072	2 989	3 158	3 354
Behandlungsfälle gesamt	*51 189*	*60 766*	*75 381*	*98 532*	*102 337*	*112 572*	
Behandlungsfälle ärztlicher Psychotherapeuten	6 543	4 968	6 024	7 489	8 795	10 334	
Behandlungsfälle psychologischer Psychotherapeuten	44 646	55 798	69 357	91 043	93 542	102 238	
● *Psychotherapeuten gesamt*	*8 427*	*10 489*	*11 738*	*12 829*	*13 798*	*14 391*	*15 042*
davon ärztliche Psychotherapeuten	4 375	4 860	5 530	6 535	7 193	7 613	8 002
Psychologische Psychotherapeuten	3 143	4 494	5 172	5 137	5 498	5 478	5 731
Analytische Kinder- und Jugendtherapeuten	909	1 135	1 036	1 157	1 107	1 300	1 309

Anmerkung: Die Rubrik »Ärztliche Psychotherapeuten, AP (analytisch) und TP (tiefenpsychologisch) gesamt« enthält auch die ärztlichen Psychotherapeuten, die Verhaltenstherapie abrechnen können. Bei der Gesamtsumme der ärztlichen Psychotherapeuten ist dies berücksichtigt.

Psychosomatische Grundversorgung

In der **psychosomatischen Grundversorgung** geht es um all die psychischen Störungen, bei denen ein aufwendiges psychotherapeutisches Verfahren zwar grundsätzlich indiziert sein kann, die Durchführung aber aus den verschiedensten Gründen wenig aussichtsreich erscheint: z.B. ein Mangel an Introspektionsfähigkeit oder Motivation von seiten des Patienten oder eine chronifizierte Ich-strukturelle Störung, die nicht mehr auflösbar erscheint oder eine chronifizierte psychosomatische Störung, die bereits zu Organveränderungen geführt hat, auf die der Patient fixiert ist, können Gründe sein dafür, den Patienten nur im Rahmen kürzerer regelmäßiger Gespräche in der psychosomatischen Grundversorgung zu behandeln. Dabei werden dem Behandler keine Vorschriften gemacht über die Methoden, die er anzuwenden hat. Alles, was wirkt, erscheint sinnvoll. Übende und suggestive Techniken nach den Nummern 855-858 BMÄ/E-GO können ggf. an den psychologischen Psychotherapeuten bzw. analytischen Kindertherapeuten delegiert werden, sofern dieser der Kassenärztlichen Vereinigung nachgewiesen hat, daß er entweder im Rahmen seiner Weiterbildung eingehende Kenntnisse und Fähigkeiten in diesen Techniken erworben hat oder, wenn er an zwei Kursen von jeweils acht Doppelstunden im Abstand von mindestens sechs Monaten in den jeweiligen Techniken mit Erfolg teilgenommen hat. Die gleiche Qualifikation muß auch der psychologische Psychotherapeut bzw. der analytische Kindertherapeut gegenüber dem hinzuziehenden Arzt nachgewiesen haben (VB § 4 [8]).

Ohne Antragsverfahren werden vor allem im Rahmen der allgemeinen ärztlichen Praxis in der **psychosomatischen Grundversorgung** chronifizierte wie leichtere aktuelle psychosomatische Störungen behandelt, ohne daß die für die psychosomatische Grundversorgung ermächtigten Ärzte dafür gesonderte Anträge stellen müßten. Ärzte, die psychosomatische Grundversorgung abrechnen wollen, müssen seit 1.1.94 folgende Fortbildung nachweisen:
1. eingehende Kenntnisse in einer psychosomatisch orientierten Krankheitslehre (mind. 20 Doppelstunden)
2. reflektierte Erfahrungen über die psychodynamische und therapeutische Bedeutung der Arzt-Patienten-Beziehung durch kontinuierliche Teilnahme an einer BALINT- oder Selbsterfahrungs-Gruppe von mindestens 15 Doppelstunden und
3. 15 Doppelstunden an einem Seminar über verbale Interventionstechnik.
Insgesamt müssen Zeugnisse über mindestens 100 Stunden nachgewiesen werden, die bei anerkannten Ausbildern bzw. Supervisoren erworben sind.
Hinzu kommt eine mindestens dreijährige kontinuierliche selbstverantwortliche ärztliche Tätigkeit in einem klinischen Fach; Tätigkeiten in theoretischen Instituten werden nicht anerkannt.
Eine Indikation für psychosomatische Grundversorgung kann auch gegeben sein, wenn strukturelle Störungen des Patienten soweit im Vordergrund stehen, daß sie einer Psychotherapie wenig zugänglich erscheinen, wohl aber einer verbalen Intervention in der Allgemeinpraxis oder der Psychiatrie.
Schließlich kann zunächst eine **Probetherapie** gemacht werden. Der eine Weg ist der, mit einem Antrag auf Kurzzeittherapie zur Abklärung der Indikation für

eine Langzeittherapie 25 Sitzungen bei den Krankenkassen zu beantragen. Ein weiterer Weg ist der – wenn schon klar ist, daß es auf jeden Fall eine Langzeittherapie geben wird –, daß man mit den dafür vorgesehenen Ziffern mit einem Kassenantrag eine Probetherapie von 20 bis 50 Stunden beantragt. Letzteres erscheint als der größere Aufwand. Dies gleicht sich jedoch dann bei der Stellung des endgültigen Antrags aus, der im ersten Fall dann ein ausführlich begründeter Kassenantrag sein muß, im zweiten Fall zwar ebenfalls ein solcher, der aber dann kürzer sein kann.

Alles bisher Gesagte gilt sinngemäß auch für die Anwendung im Bereich der Kinder- und Jugendlichenpsychotherapie.

Zusammenfassend soll noch einmal betont werden, daß in der Regel ein Zusammenspiel von neurotischer Struktur und aktuellem Konflikt das Krankheitsgeschehen und die Therapierbarkeit bestimmt. Die Struktur bildet gewissermaßen die »passiv-kausale« Matrix der Krankheit im Sinne einer »Materialursache«, die durch ihre Eigengesetzlichkeit den Charakter der Neurose entscheidend mitbestimmt, z.B. als depressive, anankastische oder narzißtische Struktur. Der Konflikt dagegen prägt das Krankheitsgeschehen im Sinne eines »**aktiv-kausalen**« Faktors, der die **Gleichförmigkeit struktureller Gestörtheit** durchbricht und aktualisiert, manchmal auch provoziert oder verändert.

Es kann auf dem Boden der vorbestehenden Neurosenstruktur z.B. zu akut wirksamen angstneurotischen oder phobischen Störungen oder gar psychogenen Ausnahmezuständen kommen, die jedoch nicht ätiologisch, sondern aufgepfropft sind.

Schon *Freud* wies darauf hin – in den G.W. Band V, S. 141 –, daß »das strukturelle Moment auf aktuelle Konflikterlebnisse warten muß, die es in der seelischen Krankheit zur Geltung bringen; die Konflikte bedürfen der Anlehnung an die Struktur, um intrapsychisch zur Wirkung zu kommen.« Es gibt ein Kontinuum von der strukturellen zur aktuellen Seite der Störung hin, wobei die vorwiegend strukturell geprägten Persönlichkeitsstörungen ohne konflikthafte Aktualproblematik nicht zum Indikationsbereich der Psychotherapie nach den Richtlinien gehören, weil sie nicht als »seelische Krankheit« gelten können. Die **Realfaktoren** im Leben eines Patienten gewinnen **Bedeutung für das seelische Krankheitsgeschehen** erst aus ihrer **pathogenen Repräsentation im Patienten** selbst. **Äußere Belastungsfaktoren** allein, seien sie auch noch so groß, machen den Patienten nicht ohne weiteres seelisch krank. Es muß immer der **subjektive Faktor der Erlebnisverarbeitung** als pathologisch relevant hinzukommen. Sicher gibt es extreme äußere Realkonflikte, die eine Dekompensation von Steuerungs- und Ausgleichsmöglichkeiten bewirken. Diese sind jedoch nicht in jedem Fall dann eine Indikation für Psychotherapie, sondern gehören eher in den Aufgabenbereich der Psychiatrie oder der psychosomatischen Grundversorgung.

Eine weitere Voraussetzung dafür, daß Realkonflikte psychotherapeutischer Behandlung zugänglich sind, ist die, daß der Klient in der Lage sein muß, seine Konflikte **reflektierend** zu erörtern.

Manchmal läßt sich trotz großer Erfahrung in den sog. probatorischen Sitzungen nicht völlig klären, ob und welche Therapiemöglichkeit im Einzelfall besteht. Dafür haben die Richtlinien den

Antrag auf Kurzzeittherapie (KZT) eingeführt, mit Hilfe dessen die Indikation für eine Langzeittherapie überprüft werden kann. Die Kassen erlauben mit einem solchen Antrag in wenigen Sätzen, der in der Regel genehmigt wird, bis zu 25 Sitzungen von 50 Minuten Dauer. Dabei ist ein »**Umwandlungsantrag« in eine notwendig werdende Langzeittherapie (LZT)** spätestens nach 20 dieser 25 Sitzungen zu stellen.

Der **Antrag für eine KZT** erleichtert außerdem den praktizierenden Kollegen die Behandlung von aktuellen Konflikten, die sich ohne LZT und damit ohne Kassenantrag lösen lassen.

Schließlich noch ein Wort zur **Begrenzung des Leistungsumfangs** der Psychotherapien nach den Richtlinien. Diese Begrenzung wird immer wieder attackiert im Sinne einer »Ent-Deckelung«. Sie hat jedoch sehr wohl generell ihren Sinn und bezieht sich auf Untersuchungen u.a. des Instituts für psychogene Erkrankungen der AOK Berlin, das unter Führung von Frau Professor *Annemarie Dührssen* 1972 bereits nachwies, daß 150 Leistungen analytischer Psychotherapie als Regelfall und 200 im Sonderfall eine ausreichende analytische Behandlung neurotischer Erkrankungen ermöglichen. Manche Patienten mit günstiger Prognose kamen sogar mit weniger Stunden aus. Im Rahmen der Kostendämpfung muß besonders betont werden, daß Zielvorstellungen einer Therapie, die eine Entfaltung und Konstituierung der Persönlichkeit anstreben, außerhalb der kassenärztlichen Krankenbehandlung liegen. Sie können nur dann eine Therapie im Rahmen der kassenärztlichen Versorgung rechtfertigen, wenn der **Nachweis des ätiologischen Zusammenhangs einer Persönlichkeitsstörung mit seelischer Krankheit** erbracht werden kann.

Grundsätzlich ist immer eine Therapie mit möglichst klarer Begrenzung anzustreben, da diese auch für den Patienten ein Motivationsverstärker sein kann. Hier können die analytischen Verfahren von der Verhaltenstherapie viel lernen.

Es ist jedoch eine gewisse Flexibilität im Rahmen der Richtlinien gegeben, eine Grenzüberschreitung im Einzelfall ist nicht ausgeschlossen, wenn der Therapeut diese besonders begründet. Sehr viel Polemik gegen den begrenzten Leistungsumfang in der Psychotherapie ist überflüssig und beruht auf nicht ausreichender Kenntnis der Richtlinien.

Die Begrenzung der Leistungen in den einzelnen Verfahren

Die Begrenzung tiefenpsychologisch fundierter Therapien (Therapiedauer ein halbes bis drei Jahre bei in der Regel einer Sitzung in der Woche)

Die tiefenpsychologisch fundierte Psychotherapie ist in den neuen Richtlinien differenzierter behandelt durch Benennung von Sonderformen dieser Behandlungsmethode, und zwar
– Kurztherapie
– Fokaltherapie
– dynamische Psychotherapie
– niederfrequente Therapie in einer längerfristigen, Halt gewährenden therapeutischen Beziehung. Im Vertragsgebiet Ost sind die entsprechenden Begriffe **psychodynamische Einzeltherapie** (für tiefenpsychologisch fundierte ET) und **intendierte dynami-**

sche **Gruppentherapie** (für tiefenpsychologisch fundierte Gruppentherapie).
Diese Veränderung der Definition basiert auf einer wesentlichen therapeutischen Erfahrung: nicht jede tiefenpsychologisch fundierte Psychotherapieform mit begrenzter Stundenzahl lief auch in einem begrenzten zeitlichen Rahmen ab. Die zeitliche Begrenzung galt im wesentlichen für die »Kurztherapie« oder die »Fokaltherapie«. Bei diesen Behandlungsformen wurde ein »vorwiegend konfliktzentriertes Vorgehen« in einem zeitlich begrenzten Rahmen durchgeführt. Diese Therapien sind besonders geeignet für deutlich hervortretende Aktualkonflikte, z.B. pathologische Trauerreaktionen oder angstneurotische Krisen.
Bei der **»dynamischen Psychotherapie«** (*A. Dührssen*) werden dem Patienten bei einem flexiblen Arrangement hinsichtlich der Dichte der angesetzten Behandlungsstunden – trotz begrenzter Stundenzahl – die notwendigen Zeiten für Reifung und Umstellung bis zur abschließenden Konfliktbearbeitung gelassen. Dabei finden manchmal nur vierzehn Sitzungen statt, gelegentlich längere Pausen sind auch möglich. Solches ist natürlich nicht bei tiefenpsychologisch fundierter **Gruppen**therapie möglich, die einen regelmäßigen Ablauf wie jede Gruppentherapie haben muß.
Die **tiefenpsychologisch fundierte Gruppentherapie** hat mit ihrer begrenzten Stundenzahl von maximal 80 Doppelstunden als Voraussetzung, daß ein bereits erkannter Konflikt vom Teilnehmer in der Gruppe bearbeitet werden kann. Dabei ist eine wesentliche Voraussetzung die Persönlichkeitsstruktur des Patienten, der eine ausreichende Ich-Stärke haben muß. Bei der **tiefenpsychologisch fundierten Gruppentherapie** muß zu erwarten sein, daß auch bei **begrenztem Therapieziel** und **Einschränkung regressiver Prozesse** ein ausreichender **Behandlungserfolg** zu erwarten ist. Dies muß im Antrag ausdrücklich dargestellt werden.
Bei der sog. »**niederfrequenten Therapie in einer längerfristigen Halt gewährenden therapeutischen Beziehung**« will man zwei speziellen Patientengruppen entgegenkommen:
1. Patienten, bei denen **äußere Lebenskrisen** in ihrer Entwicklung abgewartet werden müssen, um dem Patienten die notwendige Assistenz in der Bearbeitung seiner innerpsychischen Konflikte zu geben, z.B. Scheidung, berufliche Probleme am Arbeitsplatz.
2. Denjenigen Patienten, die die Halt gebende Instanz des Therapeuten zur **Stärkung ihrer Ich-Funktion** über einen längeren Zeitraum hinweg benötigen, damit sie – unter Vermeidung regressiver Prozesse – zu einer stabilisierten emotionalen Balance gelangen.

Die Begrenzung der analytischen Psychotherapie
(Dauer der Langzeittherapie etwa zwei bis vier Jahre) bei in der Regel zwei bis drei Sitzungen in der Woche)

Der Hauptunterschied ist in der **analytischen** Psychotherapie der, daß »**unter Nutzung regressiver Prozesse**« der neurotische Konfliktstoff ebenso wie die zugrundeliegende neurotische Struktur des Patienten behandelt werden sollen. Auch wenn es manchen Analytikern schwerfällt, eine **zeitliche Begrenzung der Analyse** anzuerkennen, ist diese von den Kassenrichtlinien her zu fordern. Im Antrag auf eine **analytische** Psychotherapie muß ein »**neurotischer Konfliktstoff** erkennbar werden, welcher der seelischen oder psychosomatischen Symptomatik zugrunde liegt«. Es kann nicht genug betont werden, daß weder neurotische Strukturentwicklung allein noch direkt beobachtbare Symptome die Therapiebedürftigkeit begründen, sondern daß **immer ein Zusammenwirken durch eine aktuell wirksame Psychodynamik von Struktur und Symptomatik** nachweisbar sein muß.

Die wichtigste Eigentümlichkeit der neurotischen Krankheit ist ihre **Produktivität**, ihr schöpferisches Hervorbringen von Symptomen und Kompromissen. Die Neurose unterliegt einer ständig neuen, modifizierenden Verursachung durch personale Interaktion, die überwiegend unbewußten Motivationen entspringt. Diese Interaktion kann zerstörerische Wirkungen haben, die durch alle möglichen Faktoren modifiziert werden können. **Versuchungs-** und **Versagungssituationen** verändern den Prozeß in einem kausal-produktiven Sinn.

Patienten mit Krankheitsbildern, bei denen vorwiegend Defizite in der Ich-Entwicklung und Persönlichkeitsstörungen (*H. Kohut, O. Kernberg*) diagnostiziert werden, führten bei der Überarbeitung der Richtlinien zu Überlegungen, wie die psychotherapeutische Versorgung dieser Patienten in der Kassen- bzw. Vertragsärztlichen Versorgung angemessen sichergestellt werden kann.

Differentialindikatorisch ist die Behandlung dieser Störung durch eine langdauernde und intensive analytische Psychotherapie in Erwägung zu ziehen. Dieser Indikation kann die eingeschränkte Behandlungsprognose der Persönlichkeitsstörung entgegenstehen, so daß unter Beachtung des Gesichtspunktes von Notwendigkeit und Wirtschaftlichkeit der möglicherweise benötigte Therapieaufwand nicht vertretbar ist.

Die in den Richtlinien eingeführte Therapieform **der niederfrequenten haltgewährenden Beziehung** soll als spezielle Anwendung der tiefenpsychologisch fundierten Psychotherapie ermöglichen:
– Eine niederfrequent therapeutische Intervention, reduziert bis zu wenigstens einer Sitzung pro Monat,
– bei Bedarf eine Halbierung der Sitzungsdauer auf 25 Min. und damit die Verdopplung der Sitzungszahl innerhalb des Kontingents der Nr. 872 BMÄ/E-GO auf max. 200 Leistungen,
– eine Kombination der Nr. 872 BMÄ/E-GO mit einer Leistung nach Nr. 874 bzw. BMÄ/E-GO als tiefenpsychologisch fundierte oder analytische Gruppenpsychotherapie.

Die Anwendung dieser Behandlungsformen ist von folgenden Zielkriterien bestimmt:

Die niederfrequente Therapie soll eine kontinuierliche systematische, tiefenpsychologisch fundierte Psychotherapie chronischer neurotischer Zustandsbilder ermöglichen. Ihre Anwendung soll bei Behinderung eine Eingliederungs- oder Wiedereingliederungshilfe bei nachweisbaren, die Behinderung bestimmenden psychodynamischen Faktoren gewähren und möglichst die Arbeitsfähigkeit eines Patienten wiederherstellen oder erhalten. Gleiches gilt auch für die Psychotherapie von Persönlichkeitsstörungen, wenn mit Hilfe dieser Therapieform eine Reintegration in ein soziales Gefüge (Familie, Beruf) erreichbar erscheint. Die Kombination einer Einzelbehandlung – nach R: B I, 1.1.1.4 – mit einer Gruppenpsychotherapie nach Nr. 874 bzw. 878 BMÄ/E-

GO hat sich nach bisher vorliegenden Erfahrungen durch Verdichtung des Therapieangebots zur Behandlung der beschriebenen Persönlichkeitsstörungen bewährt. Dazu dienen unterschiedliche Beziehungs- und Übertragungsangebote einschließlich einer ergänzenden Aufarbeitungsmöglichkeit affektiver Spannungszustände wie auch depressiver Rückzüge im Verlauf der parallel und im gleichen Rhythmus zur Verfügung stehenden Einzelsitzungen.

Unter Wahrung der Maximalgrenze der Richtlinien ergeben sich im Zuge der Halbierung der Sitzungszeiten auf mindestens 25 Minuten bis zu 200 Sitzungen. Dabei soll der Therapeut die Möglichkeit haben, die Sitzungsdauer – jeweils 50 oder 25 Minuten – im Laufe der Behandlung den Bedürfnissen anzupassen. Es könnte sich daraus eine Gesamttherapiedauer von 3-5 Jahren ergeben, ein Behandlungszeitraum, der dem Krankheitsbild dieser Patienten angemessen sein dürfte.

Bestimmte Lebensumstände des Patienten (z.B. langwierige Trennungsprozesse im Rahmen einer Scheidung, Risikoschwangerschaft) lassen es u.U. angezeigt sein, eine Langzeittherapie vorübergehend in eine niederfrequente Psychotherapie nach R: B I, 1.1.1.4 umzustellen.

Die Möglichkeit der Halbierung der Leistungen nach R: B I, 1.1.1.4 wie auch die Wahl der Frequenz wird der Versorgung in den erwähnten Ausnahmesituationen eher gerecht. Diese Umstellung muß jedoch über die zuständige Krankenkasse dem Gutachter mitgeteilt werden. In der Regel erbittet die Krankenkasse dessen fachliche Billigung.

Nach den oben gemachten Ausführungen sollte das Kontingent einer Therapieleistung nach R: B I, 1.1.1.4 – niederfrequente Psychotherapie – in der Regel nur für 1-2 Jahre befürwortet werden. Danach wäre ein Fortführungsantrag erforderlich. Im Bericht an den Gutachter zum Antrag auf eine tiefenpsychologisch fundierte Psychotherapie nach R: B I, 1.1.1.4 ist die Kombination von Einzel- und Gruppenpsychotherapie im Erstantrag besonders zu begründen. »Besonders« bedeutet, daß sowohl das zu behandelnde Krankheitsbild, die spezifischen Voraussetzungen des Patienten (Hinweise auf gelungene Lebensbewältigung, inktakte Funktionsbereiche, typische Auslöser der psychischen Dekompensation, psychodynamische Bedeutung der affektiven Durchbrüche u.ä.) und der Therapieplan einschließlich der Zielkriterien (Erwartung der Patienten, seiner Umwelt und des Therapeuten, kritische Einschätzung der psychischen Möglichkeiten des Patienten, Erörterung der Alternativen) ausführlich zu schildern wäre.

Abgesehen von Leistungen nach R: B I, 1.1.1.4 ist im Rahmen psychoanalytisch begründeter Verfahren die simultane Kombination von Einzel- und Gruppenpsychotherapie grundsätzlich ausgeschlossen R: B II, 6.

Die **Stundenfrequenz** für eine erfolgreiche psychoanalytische Behandlung variiert je nach der Ausbildung des Analytikers in weitem Umfang. Der Leistungsumfang, den die Krankenkassen für analytische Psychotherapie zugestehen, bleibt auch jetzt im wesentlichen bei 160 Stunden, in besonderen Fällen bei 240 Sitzungen. Als Höchstgrenze gilt weiterhin der Leistungsumfang von 300 Stunden, der allerdings bei komplexen Frühstörungen in der Regel notwendig ist.

Es können jetzt vor der Antragstellung für eine analytische Behandlung bis zu acht probatorische Sitzungen durchgeführt werden, nach denen in einem ersten Bewilligungsschritt **160 Einzelsitzungen** beantragt werden können. Zweifelt der Gutachter jedoch an dem gestellten Antrag, so kann er als ersten Bewilligungsschritt nur 80 Stunden oder nur z.B. eine Probetherapie mit 25 Stunden zur Bewilligung vorschlagen.

Trotz massiver Proteste der Deutschen Psychoanalytischen Vereinigung (DPV) werden seit 1993 nur mehr maximal drei Analyse-Sitzungen pro Woche genehmigt. Eine höher frequente analyt. Behandlung als Kassenleistung ist nicht mehr statthaft, da der Nachweis größerer Effektivität bei höherer Stundenzahl nicht erbracht werden konnte.

Die neuen Richtlinien ermöglichen in besonders begründeten wenigen Ausnahmefällen eine **Überschreitung der Regelgrenzen** im Gutachterverfahren, wenn über den Regelrahmen der Richtlinien hinaus weiterhin »**Krankheit**« im Sinne der RVO angenommen werden muß und der Therapeut mit zusätzlichen Stunden begründet hoffen kann, eine ausreichende Besserung zu erreichen. In solchen außergewöhnlichen Situationen ist es die Aufgabe des Gutachters, dem Einzelfall in einer nicht formalen, sondern interpretativen Anwendung der Richtlinien gerecht zu werden, ohne dabei deren System in seinem grundsätzlich ausreichenden Leistungsumfang zu gefährden. Nicht selten dient die Begrenzung des Leistungsumfangs ja auch der Dämpfung einer neurotischen Anspruchshaltung oder der Lösung einer zu süchtig festgehaltenen Übertragungsbeziehung. Der Einbruch der Realität durch das Ende der Kassenfinanzierung kann therapeutisch sehr wesentlich sein.

Die Begrenzung der Verhaltenstherapie
(Dauer der Langzeittherapie ein bis zwei Jahre bei in der Regel einer Sitzung in der Woche)

Bis zu den ersten Verhaltenstherapie-Vereinbarungen vom 1.10.1980 wurde davon ausgegangen, daß die Verhaltenstherapie grundsätzlich als Kurzzeittherapie angewandt werde und im Rahmen ihrer spezifischen Möglichkeiten das angestrebte Behandlungsziel in der Regel mit 20 bis 25 Sitzungen erreichen könne. Die Praxis zeigte jedoch, daß dies häufig nicht ausreichte, und so wird heutzutage unterschieden (seit 4.5.90) eine **Kurzzeittherapie mit 25 Sitzungen** nach fünf probatorischen Sitzungen, sowie **eine Langzeittherapie** mit Anwendung des Gutachter-Verfahrens **von 45 Sitzungen** mit einer **möglichen Verlängerung von 15** und in besonderen Ausnahmefällen **nochmals 20 Sitzungen**. Dabei wird dem Verhaltenstherapeuten wie dem tiefenpsychologisch fundierten Therapeuten gestattet, die übliche Sitzungsdauer von 50 Minuten auf 25 Minuten zu reduzieren und damit die Sitzungszahl zu verdoppeln. Ein weiterer Unterschied zu den analytisch begründeten Verfahren ist die **bei der Verhaltenstherapie mögliche Kombination von Einzel- und Gruppentherapie**, wobei in der Regel eine Phase der Einzeltherapie der Gruppentherapie vorausgeht. Solches wäre häufig auch im Bereich der tiefenpsychologisch fundierten oder der analytischen Psychotherapie wünschenswert, konnte sich bislang aber leider nicht durchsetzen.

Von den Ländervertretern der Gesundheitsbehörden wurde inzwischen auch die Gesprächstherapie als weiteres wissenschaftliches Vefahren für die Approbation anerkannt. Nach wie vor sind analytische, tiefenpsychologisch fundierte und verhaltenstherapeutische Methoden als Kassenleistung offiziell anerkannt.

Formale Abfassung des Kassenantrags

Immer wieder passiert es, daß Kollegen nicht zurechtkommen mit dem rein Formalen der Kassenanträge, weswegen ich dies in Kürze hier beschreiben will:
Bei **RVO- und Ersatzkassen** ist das Verfahren wie folgt:
Bei **Kurzzeittherapie** (KZT) ist es lediglich notwendig, den Patienten ein Formblatt PTV1E ausfüllen zu lassen, wobei es wichtig ist, daß er am unteren Ende des Formblatts selbst unterschreibt. Das Formblatt ist weiß für alle RVO- und diesen entsprechenden Krankenkassen; grün dagegen für alle Ersatzkassen. Hinzu kommt das Formblatt PTV2aE, die »Angaben des Arztes zum Antrag des Versicherten auf Kurzzeittherapie«, ebenfalls wieder weiß für die RVO-Kassen und grün für die Ersatzkassen. Diese **beiden Antragsformulare** werden in **einfacher Ausfertigung** in einem normalen Briefumschlag **an die zuständige Zweigstelle der Krankenkasse des Patienten** geschickt. Selbstverständlich sollte der Therapeut sich eine Kopie aufbewahren.
Zu achten ist auch auf die Wahrung der Schweigepflicht in dem Kasten »Begründung des Behandlungsplans« auf dem Formular PTV 2a für KZT dadurch, daß nur möglichst globale Bemerkungen über die Symptomatik des Patienten und deren Ursache gemacht werden. Sie müssen allerdings ausreichend sein für die Entscheidung der Kasse. Dies ist ein »Datenschutz-Pferdefuß«.

Da immer wieder selbst beim Ausfüllen dieser einfachen Formulare Fehler passieren, will ich noch im einzelnen darauf eingehen: Wichtig beim »**Antrag des Versicherten**« auf Psychotherapie ist in den Feldern »**Angaben zum Patienten**« und »**Angaben zum Mitglied**«, soweit dies zwei verschiedene Personen sind, die Personendaten entsprechend auszufüllen. Die Krankenkassen sind dankbar dafür, wenn in das dafür vorgesehene Feld die Mitgliedsnummer eingetragen wird. Ich lasse den Patienten selbst immer diesen Antrag ausfüllen, da dies seine Motivation verstärkt. Insbesondere ist es auch wichtig, zu erfragen, ob der Patient bereits früher entweder ambulante oder stationäre Psychotherapie gehabt hat. Wenn ja, sind die Daten in die dafür vorgesehenen Spalten einzutragen, ebenso der Kostenträger. Schließlich sollte die Frage »**Ist ein Rentenantrag gestellt**« immer beantwortet werden. Manchmal gibt es Unsicherheiten im Feld »**Erstantrag**« oder »**Fortführung der Behandlung**«: immer, wenn ein Patient einen neuen Therapeuten aufsucht, handelt es sich um einen Erstantrag, auch wenn er früher schon Therapie gehabt hat. Einzige Ausnahme: war der Patient während der letzten zwei Jahre in einer von der Krankenkasse genehmigten Psychotherapie und es handelt sich um einen Wechsel des Behandlers, dann kann »Fortführung der Behandlung« angekreuzt werden; es sollte dann aber der Zusatz »mit Therapeutenwechsel« hinzugefügt werden.
Anträge auf **Langzeittherapie** bei den RVO- und Ersatzkassen benötigen mehrere Formulare, die folgendermaßen ausgefüllt und verschickt werden:

Zunächst läßt man den Versicherten wiederum – wie oben beschrieben – den **»Antrag des Versicherten«** auf Psychotherapie, das **Formblatt PTV1**, ausfüllen, wiederum weiß für die RVO- und grün für die Ersatzkassen. Hinzu kommt jetzt in **doppelter** Ausfertigung das Formblatt **PTV2bE »Angaben des Arztes** zum Antrag des Versicherten auf Langzeittherapie« (LZT), wiederum weiß für die RVO- und grün für die Ersatzkassen. Es handelt sich bei diesen Formblättern um Selbstdurchschreibesätze, so daß man beim Ausfüllen darauf achten muß, bei der Unterschrift die beiden Blätter zu trennen, da auf beide Blätter eine Originalunterschrift und zweimal der KV-Stempel des Therapeuten gehört. Da auch hier immer wieder formale Fehler passieren, will ich das Formblatt im einzelnen so beschreiben, wie es auszufüllen ist. Wenn Sie selbst der Behandler sind, kreuzen Sie entsprechend der Phase der Therapie entweder **Erstantrag** oder **Fortführungsantrag** Nr. 1, 2 oder 3 an. **Umwandlungsantrag** wird dann angekreuzt, wenn nach maximal 20 Stunden einer Kurzzeittherapie doch eine Langzeittherapie beantragt wird. **Umwandlungsantrag** wird auch angekreuzt, wenn in seltenen Fällen nach einer Probetherapie, die vielleicht tiefenpsychologisch fundiert war, doch eine analytische Einzel- oder -Gruppenbehandlung oder eine tiefenpsychologisch fundierte Gruppenbehandlung beantragt wird, also bei jedem Methodenwechsel.

In das Feld »**Name und Anschrift der Vertragskasse**« setzen Sie bitte immer – auf allen Formularen mit diesem Feld – die Adresse der **zuständigen Zweigstelle** der Krankenkasse ein, bei der der Patient geführt wird.

Die Felder »**Arztstempel**« und »**Chiffre des Patienten**« sollten kein Problem machen.

Das nächste Feld soll dem Gutachter zeigen, mit welcher **voraussichtlichen Gesamtzahl** von Therapiestunden Sie rechnen. Sie schreiben also bei einer komplizierten Analyse bis zu 300 Stunden hinein, bei einer tiefenpsychologisch fundierten Therapie eventuell 100 Stunden. In die nächste Rubrik wird dann eingefügt, wieviel mit dem **jetzigen** Antrag beantragt wird, wobei Sie in dem in Klammern gesetzten Zeitlimit (50/25 Min) das jeweils zutreffende unterstreichen und das nicht zutreffende ausstreichen.

Das Feld »**Für begleitende Behandlung der Bezugspersonen**« betrifft nur die Verhaltens- und Kindertherapeuten und ist entsprechend auszufüllen. Sollen bei einer tiefenpsychologisch fundierten oder analytischen Therapie die Partner öfter einbezogen werden, ist das im Bericht an den Gutachter darzulegen, aber nicht auf dem Formular PT2bE anzukreuzen.

Das Feld »**Die Behandlung soll beginnen am oder läuft seit**« ist entsprechend auszufüllen, wobei die probatorischen Sitzungen in der Regel hier nicht mitgezählt werden. In das Diagnosefeld schreiben Sie am besten Ihre Diagnose nach einem der beiden gängigen Diagnose-Schlüssel, dem DSM-IV bzw. der ICD-10. Bis jetzt ist die Klassifikation in den Anträgen nicht zwingend vorgeschrieben.

Das Feld »**Bei Fortführung der Behandlung**« ist einfach auszufüllen: liegen schon mehrere Vorgutachten vor, so sind alle Genehmigungsdaten einzufügen, ebenso die Namen der Gutachter.

Die Sparte »**Bisheriger Behandlungsumfang im laufenden Verfahren**« dürfte keine Probleme machen.

Bei der **Erklärung des Arztes** müssen sie darauf achten, daß Sie Kreuzchen entsprechend machen, je nachdem, ob Sie die Therapie selbst durchführen oder delegieren. Wenn Sie delegieren, muß in das erste größere Feld der Name und die KV-Nummer des Therapeuten, den Sie zuziehen. In das mittlere Feld kommt grundsätzlich Ihr Stempel, das Datum, an dem Sie den Antrag ausfüllen und Ihre Unterschrift. In das unterste Feld muß der hinzugezogene Therapeut seinen Stempel einfügen und das Datum, an dem er den Antrag unterschreibt. Nun kommt das Original dieses Formblatts PTV2bE in den **roten** (bei Verhaltenstherapie **gelben**) Umschlag PT8, den Sie von der Krankenkasse bei Ihrer Erstausstattung bekommen haben. Die Kopie kommt in einen weiteren Umschlag, der zweckmäßigerweise die Größe DIN-A-5 hat.

In den DIN-A-5-Umschlag kommt außerdem das Formblatt PTV1, d.h. der **Antrag des Versicherten auf Psychotherapie**. Außerdem kommt dahinein dann später von Ihnen verschlossen der rote (bei VT gelbe) Umschlag PT8, der außer den Angaben des Arztes jetzt noch den **Bericht an den Gutachter**, das Formblatt **PT3a/b/cE** (für Erwachsene) bzw. **K** (für Kinder und Jugendliche) enthält. Dieses Formblatt ist in einfacher Ausfertigung hinzuzufügen, wiederum weiß für die RVO-Kassen und grün für die Ersatzkassen. Es wird sinngemäß zu den **Angaben des Arztes** ausgefüllt in den oberen Feldern. Die Sparte »**Angaben über den Patienten**« dürfte keine Schwierigkeiten machen. Ebensowenig das Feld, was Sie mit diesem Antrag beantragen.

Wichtig ist, daß Sie die **Rückseite** dieses Formblatts **insgesamt** ausfüllen, wenn Sie **delegieren**, und, wenn Sie die Therapie selbst durchführen, den unteren Teil, wie vorgesehen. Zu diesem weißen oder grünen Formblatt fügen Sie jetzt Ihren maschinenschriftlich erstellten Bericht hinzu. Sie können diesen Bericht natürlich auch im Computer schreiben. Vermeiden Sie aber auf jeden Fall, wiederkehrende Formulierungen zu benutzen, so daß der Gutachter den Eindruck gewinnt, daß Sie Standard-Anträge erstellen. Wie Sie den Bericht abzufassen haben, ist auf der Vorderseite des Formulars klar dargelegt. Sie werden im weiteren Verlauf des Buches dafür ja ausreichend Beispiele finden.

Wichtig ist, daß Sie auch den roten (bei VT gelben) Umschlag PT8 mit Ihrem KV-Stempel versehen, ebenso wie natürlich alle Antragsformulare.

Zum Beweis dafür, daß Sie Ihren Bericht korrekturgelesen haben, sollten Sie diesen ebenfalls unterschreiben.

Mir hat es sich als zweckmäßig erwiesen, als Überschrift über den Bericht einfach zu wiederholen »Bericht an den Gutachter PT3a/b/c« (je nachdem, um welchen es sich handelt) und das Datum nochmals zu wiederholen.

Bei **Privatkassen** gibt es meist von der Kasse spezielle Formulare, die analog denen der gesetzlichen Kassen die einzelnen Punkte, für die Sie um Auskunft gebeten haben, enthalten. Sie müssen Ihren Patienten bitten, diese Formulare bei seiner Privatkasse anzufordern. Diese werden entweder an den Patienten oder manchmal an Sie direkt geschickt. Sie müssen hierbei immer darauf achten, daß Sie sich von Ihrem Patienten vor dem Erstellen des Berichts eine Erklärung zur Entbindung von der Schweigepflicht unterschreiben lassen. Beihilfe und Privatkassen haben dafür extra vorgesehene Formulare, die sie normalerweise dem Patienten zusammen mit den Antragsformularen zuschicken. Das gleiche wie für die Privatkassen gilt für die Formulare der **Beihilfestellen**. Da diese jedoch den vollen Namen des Versicherten enthalten, empfehle ich Ihnen (dies übrigens auch, soweit das auf den Formularen der Privatkassen so ist), den Bericht ebenfalls in einen der roten (bei VT gelben) Umschläge zu stecken und zuzukleben und lediglich die Schweigepflichts-Entbindung mit dem Namen des Patienten in einem weiteren Umschlag mit dem roten (bei VT gelben) Umschlag zusammen zu verschicken. Wir können nie genügend darauf achten, daß bei den intimen Mitteilungen der Kassenanträge die Schweigepflicht gewahrt bleibt.

Spezieller Teil

Das Erstinterview

Allgemeines

Die Bedeutung des Erstinterviews für das Gelingen einer Therapie und deren Verlauf kann nicht hoch genug eingeschätzt werden. In dieser ersten Begegnung von Hilfesuchendem und Therapeuten konstelliert sich bereits eine wesentliche Beziehung.
Argelander hat dies in seinem Bändchen »*Das Erstinterview*« eindrucksvoll dargelegt. Wenn er von der unbewußten Szene schreibt, die der Patient im analytischen Erstinterview herstellt und die für den Therapeuten erkennbar sein sollte, so hat er damit Wesentliches ausgesagt. Oft hörte ich jedoch von Kollegen, daß es ihnen Angst macht. »Was ist, wenn ich die Szene nicht erkenne?« war ihre bange Frage an mich. Dann ist sicher noch nicht alles verloren, vor allem dann nicht, wenn alle übrigen Informationsquellen des Erstinterviews ausgeschöpft werden.
Seit 1991 verfügen wir mit dem hervorragenden Buch von *Anita Eckstaedt* »**Die Kunst des Anfangs**, Psychoanalytische Erstgespräche« über ein äußerst hilfreiches und sehr lesbares Buch zum Thema »das Erstinterview vor einer psychoanalytischen Behandlung« mit sehr schönen Fallbeispielen. Frau *Eckstaedt* macht darin klar, daß ein psychoanalytisches Erstgespräch etwas völlig anderes ist als eine psychiatrische Exploration oder eine übliche Anamnese, wie sie im Rahmen des Medizinstudiums gelehrt wird. Sie betont, daß »ein Erstgespräch nicht nur einmalig ist, es beinhaltet dazu eine ungewöhnliche Komplexität. Es sollte für den Patienten immer ein auch therapeutisches Gespräch sein. Und so ist es die Aufgabe des Analytikers, die analytische Beziehung zum Patienten zu initiieren und gleichzeitig zu erproben. Daß dabei ununterbrochen ein diagnostisches Denken gefordert ist – im Sinne einer jeweiligen Situationsdiagnostik wie auch übergreifend eine Strukturdiagnostik –, tritt als weitere Anforderung hinzu.« (Zitat S. 14)
Leider gibt es für die tiefenpsychologisch fundierte Therapie meines Wissens noch kein vergleichbares Buch über die Gestaltung des Erstgesprächs. Da der Therapeut ja nicht wissen kann, wenn ein Patient kommt, welches Therapieverfahren für diesen das optimale und wirtschaftlichste ist, möchte ich im folgenden einiges Generelle zum Thema Erstgespräch festhalten, wie ich es in zahlreichen Seminaren am Ärztlichen Weiterbildungskreis für Psychotherapie und Psychoanalyse München/Südbayern seit einigen Jahren den Kollegen nahebringe. Vor dem eigentlichen Erstinterview geschieht schon eine Menge, bis der Hilfesuchende in der Praxis angekommen ist. Dieses sog. **Vorfeld-Geschehen** kann vom Therapeuten nur z.T. beeinflußt werden. Umso wichtiger ist es, daß er ein genaues Bild über dieses sog. **Vorfeld** bekommt. Unter Vorfeld verstehen wir die Summe aller Kontakte vor dem Erstgespräch, d.h. Überweisungsmodus, Telefonkontakt, Terminvereinbarungen.

Vorfeld

Überweisungsmodus

Die Frage, **durch wessen Vermittlung** ein Patient zu Ihnen kommt, hat eine enorme Bedeutung deshalb, weil sie sehr viel aussagt über die bewußten und unbewußten Erwartungen des Patienten. Es ist ein großer Unterschied, ob ihn der Hausarzt geschickt hat, Bekannte oder Freunde ihm von Ihnen erzählt haben oder etwa frühere Patienten die Vermittler waren. Sollten es gar gemeinsame Bekannte oder Freunde von Ihnen und dem Patienten sein, ist besondere Vorsicht geboten. Hier kann es sogar ratsam sein, dem Patienten bei der Suche nach einem anderen Therapeuten hilfreich zu sein und die Therapie bei Ihnen abzulehnen. Da Sie nie wissen können, wie die Kontaktpersonen über Sie gesprochen haben, d.h. welche Erwartungen sie geweckt haben, achten Sie bitte sorgfältig auf jeden Hinweis des Patienten in dieser Richtung. Überhöhte oder gar falsche Erwartungen der Patienten können große Schwierigkeiten in der Therapie bringen. Auch wenn die Verführung noch so groß sein mag, sollten Sie niemals die Partner von Freunden oder gar Verwandten selbst behandeln.

Der erste Telefonkontakt

Wenn es aus Gründen Ihrer Praxis nicht ausgeschlossen ist, sollten Sie den Erstkontakt am Telefon **selbst** machen. Denn er ist eine wesentliche Informationsquelle und verrät nicht nur viel über die Art der Störung des Patienten, sondern auch über mögliche Schwierigkeiten, die alsbald in der therapeutischen Beziehung auftauchen werden. Achten Sie daher bereits am Telefon auch sorgfältig auf Ihre **Gegenübertragungsgefühle**, d.h. auf die Art der Empfindungen, die der Patient durch die Gestaltung seiner Einführung in Ihnen weckt. Am besten notieren Sie sich kurz diese ersten Informationen.

Obwohl Sie also am Telefon bereits eine Menge Informationen bekommen, sollten Sie den Erstkontakt am Telefon möglichst kurz halten und einen Patienten, der schon via Kabel sein Schicksal ausbreiten möchte, möglichst früh bremsen.

Einen **zwanghaften** Patienten erkennen Sie daran, daß er alles mehrfach wiederholt, was Sie vorschlagen und eher zögert bei der Annahme eines Terminvorschlags. Er wird Sie vermutlich schon dabei ärgern als Ausdruck seiner latenten aggressiven Gespanntheit. Wichtig beim Erstkontakt am Telefon ist vor allem die **Abschätzung einer etwaigen Suizidalität**, falls irgend möglich. Fragen Sie daher evtl. direkt nach, wenn Ihnen jemand durch leises depressives Klagen verdächtig vorkommt – etwa: »ist es so schlimm, daß Sie schon daran dachten, sich umzubringen?« Sie brauchen keine Angst zu haben, den Patienten dadurch zu verschrecken, im Gegenteil, auch wenn er nicht suizidal ist, wird er aus dieser Frage Ihr Interesse spüren. Wenn der Patient einige Wochen auf einen Termin warten muß, sollten Sie Ihr Bedauern, daß Sie nicht eher Zeit haben für ihn, ausdrücken und evtl. fragen, ob er so lange warten kann. Einen suizidalen Patienten dürfen Sie natürlich nicht so lange warten lassen, höchstens wenige Tage, dabei aber immer fragen: »Können Sie es so lange noch aushalten?« Wenn Sie Zweifel haben, schicken Sie den Patienten lieber freundlich sofort zu einem psychiatrisch tätigen Kollegen oder in eine Ambulanz.

Wichtig ist, daß Sie dem naturgemäß sehr aufgeregten Patienten klare und einfache Termin- und Ortsangaben machen und ihn dadurch bestärken, daß sie am Ende des Telefonats nochmals wiederholen: »Also, wir sehen uns am …, nachmittags um 4.00 Uhr. Sollten Sie wider Erwarten verhindert sein, geben Sie mir auf jeden Fall baldmöglichst Nachricht.« Wenn Sie dies nicht klar genug abmachen, werden Sie immer wieder ärgerlich erleben, daß ein Patient nicht erscheint. Fragen Sie auch immer nach dem Verkehrsmittel, mit dem der Patient kommt, und ermutigen Sie ihn, wenn irgend möglich, sich nicht fahren zu lassen, sondern selbst zu kommen und beschreiben ihm den Weg zu Ihrer Praxis kurz und klar, wie Sie es auch für einen Freund tun würden, der Sie das erste Mal besuchen will.

Zur **Terminvereinbarung** ist außerdem wichtig: wenn es um Psychotherapie geht, ist es – abgesehen von der Ausnahme des Suizidgefährdeten – nicht ratsam, dem Patienten zu kurzfristig einen Termin anzubieten, selbst wenn Sie es könnten. Sie sollten dem Patienten und sich mindestens zwei Tage Zeit lassen vom Telefonat bis zum Kennenlernen, nicht, weil Sie ihn quälen wollen, sondern damit sich seine Phantasien und Erwartungen ausformen können. Außerdem soll er nicht das Gefühl bekommen, Sie haben nichts zu tun und warten nur auf ihn. Weiter erscheint es mir sinnvoll, wenn Sie sich für ein Erstgespräch die Zeit so planen, daß Sie unmittelbar danach ca. eine Viertelstunde oder mehr Zeit haben, um selbst die gewonnenen Informationen ein Stück zu verarbeiten bzw. evtl. noch zu protokollieren. Dann schlage ich Ihnen zu Ihrer eigenen Schonung vor, daß Sie, wenn möglich, eine Tageszeit wählen, zu der Sie erfahrungsgemäß frisch sind. Bei der Wahl der Tageszeit ist noch zu erwähnen, daß Sie möglichst für das erste und das zweite Gespräch verschiedene Tageszeiten wählen sollten, vor allem bei depressiven Patienten, damit Sie z.B. das Ausmaß eines etwaigen Morgentiefs abschätzen können.

Das eigentliche Erstinterview

Beobachtung des Patienten und seines nonverbalen Verhaltens

Wenn irgend möglich, sollten Sie den Patienten selbst an der Tür ihrer Praxis abholen, um nicht die Fülle der wichtigen Informationen »auf den ersten Blick« zu verschenken. Gehen Sie mit einem freundlichen Ausdruck auf den Patienten zu, geben Sie ihm die Hand, begrüßen ihn und sagen allenfalls ermutigend: »War es schwer, hierherzufinden?«. Dann bitten Sie ihn freundlich herein, zeigen ihm evtl. die Garderobe und nehmen ihn, wenn er exakt zum vereinbarten Termin kommt, gleich mit. Wenn nicht, bitten Sie ihn freundlich, in einem Wartezimmer, das Sie unbedingt haben sollten, und sei es auch noch so klein, Platz zu nehmen. Machen Sie dadurch schon deutlich, daß Sie die Vereinbarungen im Sinn des sog. **Settings** von vorneherein selbst einhalten.

Achten Sie auf den **Zeitpunkt**, zu dem der Patient kommt; er sagt viel aus: Kommt er **zu früh** (vor allem **ängstliche, aber auch »kontrollierende« Patienten**), **genau auf die Minute** (Zwangskranke) oder **zu spät** (Narzißten und manche Borderline-Patienten).

Wie entschuldigt er evtl. Zuspätkommen?

Wie verhält er sich? Traut er sich, frei umher zu schauen, sucht er eine Garderobe oder läßt er Mantel und Jacke an und hält die Tasche fest? (Ob der Patient die Garderobe benutzt oder nicht kann bereits sehr viel zeigen: sehr mißtrauische Patienten mit unbewußten paranoiden Befürchtungen werden die Garderobe nicht benutzen. Patienten, die unbewußt hoffen, durch das Sich-An-und-Ausziehen im Sprechzimmer noch zusätzliche Zeit mit dem Therapeuten zu gewinnen, werden dies ebenfalls nicht tun. Eine dritte Gruppe, die die Garderobe nicht benutzen, sind die, die immer alles bei sich haben wollen und nicht loslassen können, d.h. also eher zwanghaft strukturierte Patienten).

Wie geht er, wo setzt er sich hin und wie? Setzt sich jemand nur auf die Stuhlkante, lümmelt er sich demonstrativ und bequem hin und ... viele andere Sitzhaltungen sind ja möglich. Wie hält eine Patientin die Tasche fest, wie geht sie, wo setzt sie sich hin und wie? Wie ist er/sie gekleidet? Sie können davon ausgehen, daß zumindest weibliche Patienten damit etwas von ihrem Problem ausdrücken. Beginnt er/sie schließlich spontan zu sprechen und schaut er/sie Sie dabei an oder nicht:

Achten Sie vor allem auf den **Blick** des Patienten; damit verrät sich z.B. oft eine psychotische Gefährdung, die sonst kaschiert wird.

Achten Sie dann auch während des Gesprächs auf die **Motorik**. Hat der Patient häufig wiederkehrende stereotype Bewegungen wie Nesteln, Fußbewegungen, Kopfschütteln, ändert er plötzlich seine Haltung, d.h. beugt er sich vor, lehnt er sich zurück (zeigt Spannung bzw. Entspannung an), zeigt er autistische Bewegungen wie Kratzen, Reiben, Streicheln bestimmter Kopf- oder Körperteile, führt er symbolische Gesten durch, wie Spielen mit dem Ehering, zieht er/sie evtl. spontan die Schuhe aus?

Weiter beobachten Sie die **Mimik**: Hat der Patient einen ziemlich maskenhaften Ausdruck oder eine lebendige Mimik, die zum Gesagten paßt, oder gibt es eine deutliche Diskrepanz zwischen Inhalt des Berichts und mimischem Ausdruck (z.B. lächelnde Depression). Wann ändert sich die Mimik plötzlich? Wann reißt jemand plötzlich die Augen auf, zuckt zusammen? Wie begleitet die Mimik die **Gestik**? Bewegt sich nur das Gesicht oder unterstreicht der Patient seine Aussagen mit Händen und Füßen?

Selbstbeobachtung bzw. Gegenübertragung des Therapeuten

Spätestens unmittelbar nach dem Interview sollten Sie sich fragen: Wie hat der Patient/die Patientin auf mich gewirkt, welche Impulse löst er/sie in mir aus, was erwarte oder befürchte ich für die Entwicklung der therapeutischen Beziehung?

Wenn wir unsere Gefühle dem Patienten gegenüber wahrnehmen, ist es zur Unterscheidung der Quelle wichtig, herauszuarbeiten, **wodurch** ein bestimmtes Gefühl bei uns ausgelöst wurde. Nur so können wir klären, ob es eine **Folge des Patientenverhaltens** oder eine **Gegenübertragungsreaktion** ist, deren Gründe in uns selber liegen. Bei letzterer ist es auch wichtig, herauszufinden, ob eine Gegenübertragung durch unsere momentane Befindlichkeit (z.B. eigenen Ärger) oder durch einen Wesenszug von uns selbst ausgelöst wird.

Vorsicht ist bei Patienten angezeigt, die uns entweder besonders sympathisch oder besonders unangenehm sind; bei beiden Gruppen ist es sehr wichtig, daß wir uns über die Gründe für die heftigen Gefühle klar werden, damit wir uns nicht verleiten lassen, unsere Empfindungen dem Patienten direkt oder indirekt mitzuteilen. Wir müssen uns darüber im klaren sein, daß bereits beim ersten Sich-Begrüßen der therapeutische Prozeß beginnt, in einem Moment, wo beide Gesprächspartner sich sehr wach und mit gespannter Erwartung gegenüber stehen. Es kann aber auch schon hier eine Enttäuschung auf Seiten des Patienten ebenso wie des Therapeuten entstehen. Wie auch sonst im Leben, ist der **erste Eindruck** beider Beteiligter Summe der bisherigen Lebenserfahrung und also bereits geprägt von heftigen Übertragungsreaktionen. Es lohnt sich, auch diese, soweit dem Therapeuten bewußt, zu notieren.

Nur der Vollständigkeit halber möchte ich noch anfügen, daß es höflicher ist, den Patienten vorausgehen zu lassen. Wenn dies nicht möglich ist, kann man die Situation dadurch freundlich gestalten, daß man sagt: »Erlauben Sie mir, daß ich vorausgehe, da ich den Weg schon kenne.«

Lassen Sie im Praxisraum den Patienten seinen Platz frei wählen. Es empfiehlt sich, mehrere Stühle, die selbstverständlich gleichwertig sein müssen, über Eck anzuordnen. Wenn Sie Analytiker sind, wird es ja außerdem im Gesprächszimmer eine Couch und den Sessel am Kopfende daneben geben. Wenn der Patient seinen Stuhl gewählt hat, wobei er oft denjenigen wählt, der ins Zimmer hinein sieht, setzten Sie sich im 90°-Winkel dazu. Dies tun Sie auch, wenn der Patient, was seltener ist, den Platz wählt, von dem aus er zum Fenster hinaussehen kann. Mit Blick nach draußen setzen sich meiner Erfahrung nach eher narzißtische Patienten, während Depressive mit dem Blick ins Zimmer Platz nehmen. Psychotisch gefährdete Patienten bestehen durch Drehen des Stuhles oft darauf, doch ein möglichstes Vis-à-Vis zu Ihnen herzustellen. Zwanghafte Patienten versuchen dies auch, erlauben sich jedoch oft nicht, den Stuhl zu verrücken.

Als Zeichen des entstehenden guten Kontaktes können Sie oft nach einigen Minuten wahrnehmen, daß der zunächst verkrampfte Patient sich locker hinsetzt. Zu Patienten, die verkrampft auf der Kippe des Stuhles sitzen bleiben, sage ich manchmal nach einigen Minuten: »Ich habe das Gefühl, Sie sitzen nicht sehr bequem. Wollen Sie sich's nicht etwas bequemer machen?« und kann dann oft sehen, wie eine sichtliche Entspannung durch den Körper geht, während der Patient die Sitzhaltung zum Sich-Anlehnen verändert.

Bei frühgestörten Patienten können Sie oft beobachten, daß sie etwas in der Hand behalten, womit sie nervös spielen, z.B. Schlüsselbund oder Geldbeutel oder – oft die Frauen – ihre Handtasche. Dies ist zu verstehen im Sinne eines »Übergangsobjekts« nach *Winnicott*. Schwer depressive Patienten machen dies auch noch während der probatorischen Sitzungen, leichter gestörte können dies oft nach dem Erstgespräch lassen. Achten Sie auch auf das sog. »**Nesteln**«, stereotype Finger- oder Handbewegungen, wie sie diagnostisch bedeutsam sind z.B. für anankastische Depressionen; achten Sie auch auf Grimassieren und maniriertes Verhalten.

Stereotyp sich wiederholende Bewegungen sind immer **mehr** als reine Verlegenheitsgesten. Sie geben Hinweis auf einen frühen unbewußten Fixierungspunkt.

Manche Patienten ziehen sofort die Schuhe aus, entweder schon bei der Garderobe und lassen sie dort stehen, oder spätestens wenn sie im Sprechzimmer einen Teppich sehen, auf dem die Stühle stehen. Dies kann auch Verschiedenes bedeuten, und es ist wichtig, den Patienten danach zu fragen, warum er die Schuhe auszieht. Manche tun es, weil sie so von zuhause dressiert sind. Andere tun es, weil sie ein besonders gutes Körpergefühl haben bzw. haben wollen, bei Körpertherapien ist dies absolut üblich. Wieder andere haben wirklich fast paranoide Ängste, die Praxis zu beschmutzen. Sie möchten »saubere« Patienten sein.

Was aus dieser letzten Beobachtung noch einmal deutlich wird, ist, daß die gleiche Handlung nicht das gleiche bei jedem Patienten bedeutet. Am klügsten verhält sich der Therapeut, wenn er zunächst in mehreren Sitzungen beobachtet – ohne Kommentar –, ob sich ein bestimmtes Verhalten wiederholt und dann evtl. – immer in nicht kränkender Weise – nachfragt, was ein bestimmtes Verhalten für den jeweiligen Patienten bedeutet.

Gesprächstechnik und Beobachtung der verbalen Signale des Patienten

Beginnt der Patient spontan selbst zu sprechen, so lassen Sie dies zu und versuchen, durch die **Stimmanalyse** weitere Informationen zu gewinnen zu denen, die der Patient verbal mitteilt. Achten Sie auf
– **Stimmfärbung** (hell, dunkel, schrill, rauh, etc.)
– **Stimmlage** (hoch, tief)
– **Stimm-Modulation, Art** der Artikulation und **Grad** der Artikulation

Jemand, der nuschelt, wird dadurch viel Ärger hervorrufen und entsprechend behandelt; jemand, der manieriert im Sprechen ist, oft als eitel abgelehnt. Achten Sie weiter auf das
– **Sprechtempo** und natürlich auf die
– **Lautstärke** und deren Variation.

Aus all diesen Punkten können sehr viele Rückschlüsse auf das **Kontaktverhalten** des Patienten gezogen werden.
– **Lispeln** kann Ausdruck einer frühen Störung sein.

Wenn der Patient nicht **spontan** beginnt, sollten Sie versuchen, ihm durch eine **freundliche Bemerkung**, die nicht einengt, die Schwellenangst zu nehmen, etwa: »Es ist schwer anzufangen ...« oder »Ich bin sicher, Sie wollen mir viel erzählen und wissen jetzt gar nicht so genau, womit Sie beginnen wollen ...« oder »Wir haben jetzt 50 Minuten Zeit, das ist eine ganze Menge, es ist also egal, womit Sie anfangen.«

All diese Bemerkungen sind dadurch gekennzeichnet, daß sie **keine Vorgaben** zum Thema geben. Dies ist wichtig; Ihre Gesprächsführung beim Erstkontakt sollte möglichst zurückhaltend sein, dem Patienten ganz die Richtung überlassen. Wenn es zu einer Therapie kommt, werden Sie den Patienten ja noch öfter sehen und können dann ergänzend fragen, falls nötig.

Wie schon eingangs erwähnt, beschreibt *Argelander* in seinem Buch »**Das Erstinterview**« meisterhaft, wie der Patient uns, wenn wir ihn lassen, unbewußt die traumatische Szene darstellt, die im Zentrum seines Leidens ist. Oft erkennen wir es nur nicht.

Es ist auch nicht unbedingt notwendig für das Verstehen des Patienten, daß wir das gleich so können wie Argelander, es lohnt sich aber, sich zu diesem Zweck möglichst umfangreiche Notizen über den Verlauf des Erstinterviews zu machen, z.B. den ersten Satz des Patienten möglichst wörtlich zu notieren, denn manchmal fällt einem beim Wiederlesen nach den nächsten Gesprächen dann noch Entscheidendes auf.

Stellen Sie also im Erstgespräch **möglichst wenig gezielte**, sondern **nur offe-**

ne **Fragen** oder greifen Sie nur auf, was der Patient gesagt hat – unmittelbar ehe er ins Stocken geriet.

Halten Sie **Schweigen** aus, aber **nicht zu lange**. Wenn Sie das Gefühl haben, die Angst des Patienten steigt beim Schweigen, unterbrechen Sie es mit einer warmen Bemerkung »ich spüre, wie bedrückt, geängstigt (oder Ähnliches) Sie jetzt sind, wollen Sie mir das genauer erzählen ...«.

Eine große Sorge, gerade des Anfängers, ist, bei scheinbar zu großer Passivität der Gesprächsführung **genug Informationen** zu bekommen. Das täuscht. Sie haben insgesamt fünf Sitzungen – bei geplanter Analyse sogar acht – außer dem Erstgespräch, um den Patienten und seine Problematik kennenzulernen, so daß es absolut ausreicht, wenn Sie z.B. in der dritten Sitzung ergänzende Fragen zur Biographie stellen.

Während Sie sich nach dem Erstgespräch Ihre Eindrücke notieren, sollten Sie sich auch unbedingt fragen: »worüber hat der Patient nicht gesprochen?«, d.h. Sie sollten sich fragen, welche **Lücken** haben Sie noch für die biographische Anamnese. Es kann sein, daß der Patient spontan nur von einem Elternteil berichtet oder evtl. gar nicht, daß er Geschwister hat. Notieren Sie sich diese Lücken, die Ihnen aufgefallen sind, fragen Sie aber nicht gleich in der Zweitsitzung danach, sondern erst, wenn es sich in den weiteren probatorischen Sitzungen anbietet.

Ich empfehle Ihnen, auch die Zweitsitzung möglichst analytisch zuhörend laufen zu lassen und bei Ihrer Selbstbeobachtung dann darauf zu achten, in welcher Weise verändert Sie dieses Mal den Patienten erleben. Erscheint er freier, depressiver, vorsichtiger? Wie ist eine Patientin im Vergleich zum Erstinterview bei der Zweitsitzung angezogen? Wenn der Patient beim Zweitgespräch nicht von sich aus beginnt, können Sie ihn dadurch gewissermaßen »anwärmen«, daß Sie ihn fragen: »Wie ist es Ihnen nach unserer ersten Begegnung ergangen?«. Denken Sie immer daran, daß für den Patienten jeder Gang zum Therapeuten zunächst wie eine Demütigung oder gar Blamage vor seinem Selbstgefühl erlebt wird. Mit wachsender Routine vergessen dies Kollegen leider allzu oft und schaffen dadurch eine unpersönliche, wenig erlaubnisgebende Atmosphäre in den Erstgesprächen, was sicher oft der Grund dafür ist, wenn ein Patient nicht mehr wiederkommt.

Ein gutes Erstgespräch sollte ebenso wie die probatorischen Sitzungen im Patienten immer das Gefühl auslösen, daß er eine wichtige Person ist und daß das, was er sagt, ernstgenommen und wohlwollend akzeptiert wird. Meiden Sie daher jede Form von Kritik sowohl mimisch wie verbal. Hat der Patient im Erstgespräch über körperliche Klagen berichtet, sollten Sie im Sinne des **Caring** und **Holding** sich spätestens am Ende des nächsten Gesprächs erkundigen, was aus seinen körperlichen Klagen inzwischen geworden ist, wenn er dies nicht spontan berichtet hat.

Gestaltung des Gesprächsendes

Wir machen uns normalerweise viel zu wenig klar, **wie wichtig das Gesprächsende** ist und **das Gefühl, mit dem uns ein Patient** beim Erstgespräch, aber auch bei allen weiteren **verläßt**.

Sehr oft entscheidet sich daran, ob es überhaupt zu einer Therapie kommt und wie sie verläuft.

Versuchen Sie daher, **nie abrupt ein Gespräch zu beenden**, es wirkt fatal auf den Patienten, der sich vielleicht endlich geöffnet hat. Unterbrechen Sie ihn daher ca. fünf Minuten vor Ende der vorgesehenen Zeit mit dem Ausdruck des Bedauerns, daß das Ende Ihres Gesprächs naht und sie gemeinsam innehalten wollen, um zu sehen, wie der Patient sich jetzt fühlt und was er möchte (wenn er es schon sagen kann). Wenn der Patient sehr am Reden ist und weiterreden will, lassen Sie es zu, beenden die Sitzung aber pünktlich mit dem Hinweis darauf, daß Sie ja schon vor einigen Minuten darauf hingewiesen haben, daß die gemeinsame Zeit begrenzt ist und sie sich leider trennen müssen.

Dann sagen Sie dem Patienten, er soll alles in sich wirken lassen und sie wieder anrufen, wenn er sich klar darüber ist, ob er Sie noch einmal sehen möchte.

Geben Sie ihm eine exakte Telefonzeit an.

Will er gleich einen Termin ausmachen und Sie können ihm einen anbieten, tun Sie es, aber lassen Sie mindestens zwei Tage dazwischen. Das ist sowohl für Sie wie für den Patienten wichtig, damit sich die wechselseitigen Eindrücke setzen können, d.h. Übertragung und Gegenübertragung sich entwickeln und Sie sich über Ihre Gegenübertragung ein wenig klar werden können.

Auch Erfahrene werden immer wieder erleben, daß der Patient trotz aller Strukturierung des Gesprächsendes einfach nicht gehen will. Sie können sich dadurch helfen, daß Sie aufstehen und mit ihm langsam zur Tür gehen. Auch da haben Patienten, vor allem depressiv gestörte, oft noch große Schwierigkeiten zu gehen. Sie sollten sie sanft, aber bestimmt dann hinausbegleiten und sich klarmachen, daß das Nicht-Gehen-Können ein unbewußtes **Testen** ist, inwieweit der Patient Sie manipulieren kann. Der andere Aspekt beim Depressiven ist natürlich eine anklammernde, **anaklitische Übertragung**, die sich oft schon im Erstgespräch aufbaut. Für beide Ursachen dieses Nicht-Gehen-Könnens bzw. -Wollens ist es daher besonders wichtig, daß Sie einen Weg finden, das Gespräch nicht kränkend zum vorher bestimmten Zeitpunkt zu beenden. Gar nicht selten gelingt es Patienten, die zu spät gekommen sind, den Therapeuten um genau diese Zeitspanne länger am Ende der Sitzung festzuhalten als vorgesehen war. Dies ist Ausdruck der analen Strukturanteile des Patienten, der »seine« Zeit haben will, auch wenn er am Anfang welche verschenkt hat!

Ich will nicht verschweigen, daß es gelegentlich kontrovers gehandhabt wird, ob auch das Erstgespräch exakt 50 Minuten dauern solle oder nicht vielleicht einfach solange, wie dem Patienten noch etwas einfällt. Meiner Ansicht nach ist ein exaktes Einhalten der 50 Minuten bei unseren gegenwärtigen Patienten vor allem deshalb sinnvoll, weil sie in der Regel **frühe Störungen** und damit besondere **Schwierigkeiten im Umgang mit Grenzen** haben. Indem der Therapeut von vorneherein klare Grenzen setzt, begünstigt er die Entwicklung günstigerer Beziehungsstrukturen. Vergegenwärtigen Sie sich doch einfach für einen Moment, wie sehr Sie sich in Ihrem Privatleben darüber ärgern, wenn Freunde unpünktlich sind oder nicht ein Ende finden und dadurch Ihren Tagesplan durcheinanderbringen. Das geht sicher nicht nur Ihnen so, sondern es dürfte die Wurzel von vielem zwischenmenschlichen Ärger sein. Insofern ist das **Entwickeln klarer Zeitstrukturen** vom Erstgespräch an bereits ein sehr wichtiger beziehungstherapeutischer Akt.

Anmerkungen zur Dokumentation und Dokumentationspflicht der therapeutischen und diagnostischen Gespräche

Wie auch *F.R. Faber* und *R. Haarstrick* in ihrem Kommentar zu den Psychotherapie-Richtlinien ausführen, besteht grundsätzlich für alle psychotherapeutischen Maßnahmen Dokumentationspflicht. (S. 54). Diese Autoren schreiben: »es genügen kurze Notizen zum Behandlungsverlauf, besondere Ereignisse, Pausen, u.ä., während Anamnese und Untersuchungsergebnis (d.h. auch probatorische Sitzungen) ausführlich dokumentiert sein müssen«.

Immer wieder werde ich gefragt, was das zweckmäßigste Mittel zur Dokumentation sei, wie der Kontakt zwischen Patient und Therapeut durch die Dokumentationspflicht am wenigsten gestört wird. Es gibt Anhänger der Tonband-Methode, z.B. die Ulmer Schule. Ich halte **Tonband-Aufzeichnungen** für sehr hilfreich, vor allem in der Lern- und Supervisions-Situation, auf die Dauer in der Praxis jedoch wenig praktikabel. Man wird kaum je Zeit haben, sich noch einmal ein ganzes Tonband anzuhören oder es abschreiben zu lassen. Letzteres verursacht ja auch relativ hohe Kosten. Tonband-Protokolle werden also im wesentlichen in der Psychotherapie-Forschung ihren Platz haben und behalten, nicht jedoch in der Alltagspraxis.

Dort ist man nach wie vor gut bedient damit, wenn man Kurzschrift beherrscht. Diese hat den Vorteil, daß in der Regel Dritte sich hart damit tun, diese zu lesen. Außerdem ermöglicht sie es – natürlich unter der Voraussetzung, daß man sie gut beherrscht –, daß man ohne allzugroße Kontaktstörung schon während der Sitzungen kurze Notizen machen kann. Leider ist die Kurzschrift immer mehr aus der Mode gekommen, da sich auch im Sekretariatsbereich Tonband-Diktate durchgesetzt haben. Außerdem wird in der Regel Kurzschrift an Gymnasien nicht vermittelt, sondern nur an Haupt- und Realschulen. Daher werden die meisten von Ihnen darauf angewiesen sein, mit normaler Handschrift Notizen zu machen. Dies empfiehlt sich erst **nach** einem diagnostischen oder therapeutischen Gespräch. Ich würde eine Ausnahme machen: den ersten Satz des Patienten sollten Sie, wenn möglich, wörtlich notieren. Er ist oft wie ein unbewußtes Motto für die ganze folgende Therapie. Außerdem bitte ich meine Klienten immer, daß sie mir erlauben, wenn sie Träume berichten, diesen Bericht **mitzuschreiben**. Die Traumbearbeitung setzt ein möglichst wörtliches Protokoll der Traumerzählung voraus.

Im übrigen ist es wohl ausreichend, sich nach den Sitzungen den wesentlichen Verlauf **aus dem Gedächtnis** zu notieren, und die Angst, daß dabei schon Wesentliches verlorengeht, erweist sich in der Erfahrung meist als unbegründet. Es kommt nicht auf die Vollständigkeit der Details an, sondern vielmehr auf die Dokumentation des emotionalen Klimas der Sitzung, der wesentlichen Themen, sowie der beobachteten Übertragungs- und Gegenübertragungsreaktionen. Auch festgestellte **Widerstände** des Patienten sollten notiert werden, sowohl **äußere** wie Zuspätkommen (wenn möglich mit Begründung) wie **innere** (z.B. längeres Schweigen). Am wenigsten Mühe werden Sie dabei haben, sich besondere traumatische Erlebnisse Ihrer Patienten bis zum Ende der Sitzung zu merken. Anfängern sei geraten, sich nach jeder Sitzung zunächst mindestens eine viertel bis eine halbe Stunde Zeit für diese Notizen zu lassen. Dies ist eine zugegebenermaßen kostbare Zeit in mehrerer Hinsicht: zunächst wird sie natürlich von niemand bezahlt. Wichtiger jedoch erscheint mir, daß bei diesem ausführlichen Notieren der abgelaufene Prozeß noch einmal vor dem inneren Auge des Therapeuten gesichtet wird. Damit gelingt es ihm auch, sich aus evtl. sehr rasch und intensiv einsetzenden Gegenübertragungsreaktionen zu befreien: solche sind besonders bei sehr frühgestörten Patienten an der Tagesordnung; sie schaffen es oft schon in den ersten Stunden, den Therapeuten via projektiver Identifizierung einzufangen. Außerdem ist es sehr hilfreich, sich während der Dokumentation einer Sitzung auch zu vergegenwärtigen, wie anders Sie den Klienten von Sitzung zu Sitzung erlebt haben, d.h. sich Gedanken über den Prozeß der Therapie zu machen. Mit der Zeit werden Sie natürlich immer weniger zeitlichen Aufwand für diese Notizen treiben müssen, Ihr Gedächtnis wird im Alltag ständig trainiert. Mit wachsender Erfahrung können die Notizen natürlich auch kürzer werden; für Erstinterview und probatorische Sitzungen sind allerdings ausführliche Notizen hilfreich, nicht nur für unser Hauptthema, die Erstellung der Kassenanträge.

Erstgespräch für eine psychoanalytische Behandlung

Erstes Beispiel: Patientin A 010446

Aus der Fülle der von mir im Laufe von 20 Jahren dokumentierten Erstgespräche zu Beginn einer Analyse greife ich eines der letzten heraus, weil ich an ihm einiges demonstrieren kann.

Es handelt sich um ein Erstgespräch »in zwei Etappen«, d.h. die Patientin, um die es sich handelt, suchte mich erstmals schon vor sechs Jahren auf, rief aber nach dem Erstgespräch damals an und sagte, sie glaube, sie komme doch ohne weitere Hilfe zurecht. Zunächst also das damalige Erstgespräch aus den stenographischen Notizen:

Die große, relativ schlanke Brillenträgerin mit halblangem, glattem blondem Haar drehte ihren Stuhl mir etwas zu, als sie mir berichtete, daß sie mich in einer Vernissage einer Freundin gesehen habe. Außerdem sei sie Zuhörerin bei einem Vortrag gewesen, den ich für die Mitarbeiter der Sozialdienste der Region gehalten hatte. Sie hatte also im Unterschied zu mir schon eine Menge von Vorinformationen über mich sammeln können und dementsprechend eine Erwartungshaltung/Übertragung aufgebaut. Ich machte mir Gedanken darüber, ob ihr Kommen mit dem in zehn Tagen bevorstehenden 40. Geburtstag zu tun haben könnte und registrierte bei mir, daß ich sie jünger aussehend fand, mit einem zarten Lächeln wie ein Schulmädchen. Bevor sie sich auf den Stuhl, von dem aus sie ins Grüne blicken konnte, setzte, schaute sie sich für einige Momente interessiert in meinem Praxisraum um. Bereits als sie sich setzte, kämpfte sie mit den Tränen und begann zu meiner Überraschung mit folgendem Satz: »Das Problem ist, daß meine Schwester in meine Nähe zieht. Ich wurde als kleines Kind mit 4½ Jahren, als sie geboren wurde, zu meinen Großeltern väterlicherseits weggegeben, nach Nordrhein-Westfalen, vorher war ich sehr intensiv bei meiner Mutter und deren Eltern im Bayerischen Wald, mein Vater hat damals in Erlangen studiert, und meine Mutter mußte arbeiten. Sie hatten nur ein Mansardenzimmer, ich durfte meine Eltern von da an nur mehr sporadisch besuchen.« Dabei weint die Patientin ziemlich heftig. Ich lasse dies zu und reiche ihr wortlos ein Papiertaschentuch (Sie sollten immer in Ihrem Praxisraum ein Kästchen mit Papiertaschentüchern für solche Situationen haben).

Die Patientin fuhr, als sie sich etwas beruhigt hatte, fort: »Ich habe jetzt einfach Angst, daß sie mir alle meine Freunde wegnimmt, wenn sie ein paar hundert Meter weiter in meine Nähe zieht.«

In diesen ersten Sätzen wird schon deutlich, daß die Patientin seit Kindheit mit einer massiven Neidproblematik zu kämpfen hat. Außerdem vermutlich mit einer ungelösten ödipalen Problematik, da sie gerade während der ödipalen Phase von den Eltern getrennt wurde. Außerdem ist zu vermuten, daß sie nicht nur aufgrund der großen räumlichen Nähe im Mansardenzimmer, sondern auch auf ihre Bemerkung »Ich war vorher sehr **intensiv** bei meiner Mutter« eine starke frühe Mutterfixierung hat. Traumatisch war schließlich sicher nicht nur die Trennung von den Eltern, als das jüngere Geschwister geboren wurde, sondern auch die räumliche Verpflanzung quer durch Deutschland, die nur seltene Besuche möglich machte. Später sollte sich bestätigen, daß die Patientin auf Ortsveränderungen depressiv reagierte.

Die 4½ Jahre jüngere Schwester wird von der Patientin als erhebliche Bedrohung ihres Selbst erlebt, gegen die sie sich zunächst nicht wehren kann, sondern mit Angst reagiert. Diese wenigen Sätze sprechen also bereits für eine depressive Entwicklung der Patientin.

In ihrem Bericht fährt die wenig schmeichelnd gekleidete Patientin fort: »Ich wurde dann ein schwieriges Kind und habe mich mit meiner Mutter nie mehr verstanden. Bis ich in die Volksschule kam, mußte ich bei den Großeltern bleiben. Nur die letzten vier Wochen vor der Einschulung war ich bei den Eltern; ich sehe immer nur meine Mutter mit meiner Schwester im Arm. Ich habe meine Mutter eigentlich gehaßt als Kind. Inzwischen ist es nicht mehr so. Später war ich dann recht sadistisch zu der Schwester. Das wurde mir von ihr und der Mutter vorgeworfen. Bei Familienfesten ging es mir bis heute schlecht, vor allem am Tag darauf. Meine Schwester hat einen Mann geheiratet, der meinen Eltern besser gefällt als mein Mann.«

In diesem zweiten Teil ihres Berichts kann die Patientin noch einmal ihr Leiden an der räumlichen Trennung von den Eltern darstellen. Darüber hinaus zeigt sie sich aber schonungslos mit ihren rächenden Seiten, für die sie natürlich prompt bestraft wurde. Das Trauma des Sich-Zurückgesetzt-Fühlens hielt bis heute an und wiederholte sich bei allen Familienfesten. Die Rivalität zur Schwester wurde dadurch verstärkt, daß die Eltern den Ehemann der Schwester ihrem eigenen vorzogen, wofür es allerdings, wie sich später herausstellte, manche realen Gründe gab. In diesem Gesprächs-Abschnitt wird also schon eine gute Introspektionsfähigkeit der Patientin deutlich, ein wichtiger Punkt für die Wahl des späteren Therapieverfahrens.

Jetzt wechselt die Patientin das Thema und fährt fort: »Mein Vater war meiner Mutter gegenüber sehr zurückhaltend und weich; mein Mann ist auch eher der Weiche, ein Einzelkind, sehr verwöhnt; mein Schwager war bei der Bundeswehr, ein harter Mann. Meine Schwester war letzte Woche hier.«

Mit diesen Sätzen bestätigt sich mein Verdacht auf eine ödipale Fixierung. Außerdem scheint die Patientin einen Partner geheiratet zu haben, der das hatte, was sie entbehrte: er war ein verwöhntes Einzelkind.

Die Patientin berichtet dann weiter zunächst ohne größere offensichtliche Emotion, daß sie vor sieben Jahren hierher in die Gegend gezogen sei und inzwischen einen großen Freundeskreis habe. Trotzdem fürchtet sie das Auftauchen der Schwester so sehr, daß ihre damals 16jährige Tochter gesagt habe: »Das gibt den Konkurrenzkampf des Jahrhunderts.«

Weiter berichtet die gelernte Kinderkrankenschwester, daß sie nächste Woche 40. Geburtstag habe und als Gemeindeschwester in ihrem Wohnort tätig sei. Nach ihrer Krankenpflege-Lehre in einer mittelgroßen bayerischen Stadt habe sie zehn Jahre in einem Krankenhaus in Nordbaden gearbeitet. Danach sei sie Gemeindeschwester in einer Pfarrei geworden, was ihr viel besser als die Arbeit im Krankenhaus gefallen habe. Als diese Gemeinde zusammen mit einer anderen eine gemeinsame Sozialstation aufbaute, sei sie deren Leiterin geworden. Als ihr Mann sich beruflich hierher veränderte, habe sie diese Position, in der sie sich sehr bestätigt fühlte, aufgeben müssen. Nach dem Umzug blieb ihr nur, eine gerade ausgeschriebene Stelle als Alten- und Krankenpflegerin anzunehmen. In dieser ist sie bis heute weiter tätig, halbtags, am Vormittag.

Weiter berichtet sie über ihren Mann, daß er auf dem Zweiten Bildungsweg studiert habe und Diplom-Kaufmann geworden sei. Die Stelle, weswegen sie hierher gezogen seien, sei so unbefriedigend für ihren Mann gewesen, daß er es vorgezogen habe, einige Zeit arbeitslos zu sein. Dies habe eine Ehekrise ausgelöst. Danach habe er eine Stelle zweieinhalb Autostunden von hier angenommen, in der er sich sehr wohlfühle. Daher hat das Paar derzeit ein Wochenend-Ehe, worunter sie zum Teil leidet, ihr Mann anscheinend nicht.

Es gibt noch einen 14jährigen Sohn, die Patientin tröstet sich über das Ehe-Defizit mit ihren Kindern hinweg. Ihr Mann sei seit einem Jahr weg, ein Ende sei nicht abzusehen, sie möchte jedoch nicht noch einmal umziehen.

In diesem Abschnitt wird deutlich, wie die Patientin um eines hohen Ideals von Ehe und Familie willen ihre eigenen Bedürfnisse denen des Mann nachgeordnet hat, darüber allerdings ziemlich unzufrieden ist. Sie fühlt sich betrogen durch die Entwicklung seit dem Umzug hierher. Kinder und Beruf trösten sie nur zum Teil.

In einem letzten Abschnitt des Erstgesprächs sagt die Patientin noch: »Meine Mutter war sehr depressiv und hat getrunken in letzter Zeit. Sie ist jetzt 60 Jahre alt, war ein ungeliebtes Kind; mein Vater konnte es nicht auffangen. Er war Lehrer und macht jetzt noch Hauslehrer nach der Pensionierung. Meine Mutter trank schon, bevor er pensioniert war.« Die Eltern leben nach wie vor in einer Kleinstadt in Niederbayern.

Nach diesem ersten Gespräch hatte ich mir dick unterstrichen notiert: »Helfersyndrom!«. Ich war daher nicht überrascht, als die Patientin nach wenigen Tagen damals anrief und sagte, das Gespräch habe ihr gut getan, sie glaube daher, sie komme weiter allein zurecht ohne Therapie.

Sechs Jahre später rief sie mich wieder an und bekam zunächst keinen Termin, weil sie es nicht dringend machte. Nach einem

Vierteljahr probierte sie es noch einmal und sagte, sie sei jetzt doch sehr depressiv, und erinnerte mich daran, daß sie ja vor sechs Jahren schon einmal bei mir gewesen sei. Ich gab ihr daraufhin einen relativ kurzfristigen Termin, zu dem die mittlerweile Mittvierzigerin pünktlich erschien. Ich erkannte sie sofort wieder; sie hatte sich kaum verändert. Sie trug einen langen Leinenrock und war wie früher schmucklos und wenig weiblich gekleidet. Lediglich der halblange Haarschnitt der glatten Haare war etwas chic. Die Patientin setzte sich diesmal auf einen anderen Stuhl mit dem Blick nach draußen, drehte sich den Stuhl aber etwas und begann sofort mit Tränen in den Augen: »Mein Vater ist mit 71 Jahren im Februar 92 gestorben. Damals habe ich Sie angerufen. Der Vater ist erstickt, war bis zuletzt bei Bewußtsein und hat meine Schwester hilfesuchend angeschaut, ich tröstete beide.«

Dann sagt die Patientin, sie habe z.T. mit dem Vater ein ganz gutes Verhältnis gehabt, er habe jedoch ihren Ehemann nicht so gemocht wie den ihrer Schwester (sofort ist also die vor sechs Jahren berichtete Rivalität wieder da).

Dann kommt eine neue Mitteilung: der Vater habe sie, als sie etwa 14 Jahre alt war, zu manuellen sexuellen Handlungen mißbraucht, Intimverkehr habe sie abwehren können. Berührungen habe er genauso erzwungen wie vorher schon sein Vater, der sie ebenfalls als Kind sexuell mißbrauchte. Dies sei alles beim Tod des Vaters wieder hochgekommen, und sie habe nachts nicht schlafen können und dadurch auch mit ihrer Schwester Probleme bekommen. Ihre Mutter lebe noch am gleichen Ort in Niederbayern, habe sie zu Pfingsten besucht, es sei eine sehr unglückliche Frau, die einen Tag bei ihr und einen Tag bei ihrer Schwester zugebracht habe. Jetzt trinke sie kaum mehr, früher habe sie mal »ganz schrecklich« getrunken. ... der Vater habe Lungenkrebs gehabt; er kam als starker Raucher mit einer Lungenentzündung ins Krankenhaus, wo der Tumor festgestellt wurde. Von da bis zu seinem Tod seien nur wenige Wochen vergangen.

In der Familie sei nie über Wesentliches gesprochen worden; sie habe die cholerische Art des Vaters gefürchtet, der zuletzt an Weihnachten mit ihr einen großen Krach gehabt habe.

Sie habe immer – wenn sie mit ihren Eltern zusammen war – gefroren und wenn diese wieder weg waren, habe sie Magenbeschwerden bekommen. Solche habe sie auch die ganze Zeit seit dem Tod des Vaters bis heute.

Dann wechselt sie das Thema (ich frage mich, ob sie diese traurigen Dinge nicht aushalten kann und abwehren muß) und berichtet, daß sie male und gute Freundinnen habe und in einem Chor singe.

Ein nochmaliger Themenwechsel führt zum Bericht, daß sie sich 1989 ein Eigenheim gebaut hätten mit sehr viel Eigenleistung, da das Geld knapp war. In der gleichen Zeit habe sie sich auch noch dadurch überfordert, daß sie eine 2½jährige Ausbildung als Lehrerin für Alten- und Krankenpflege gemacht habe, um selbst unterrichten zu können. Außerdem habe sie die Malerfreundin, auf deren Vernissage sie mich kennengelernt hatte, solange gepflegt (die Dame litt an einem Hirntumor), bis sie vor ihrem Tod ins Krankenhaus eingeliefert wurde.

Ihr Mann habe ein bißchen Geld geerbt, welches Startkapital für das Haus gewesen sei. Er habe damals noch eine feste Anstellung gehabt, dann jedoch die Idee bekommen, sich zusammen mit einem

Freund selbständig zu machen, was sie ihm nicht zutraute. Er tat es trotzdem, da ihm sein Beruf als Projekt-Manager in einem Verlag nicht mehr gefiel. Da er wußte, daß seine Frau nicht für das Selbständig-Machen war, verschwieg er es ihr ein Jahr lang. Inzwischen haben sich die beiden Freunde getrennt, da sie kaum etwas verdienten. »Jetzt ist ein totales Chaos da, sie haben ihr Büro aufgegeben, der Freund ist ausgestiegen, es gibt Schulden. Mein Mann hat mich immer angeschwindelt über das, was er bezahlen sollte und es nicht tat.« Sie habe auch schon mit dem Gedanken gespielt, ihn zu verlassen. Doch gebe sie zu, daß sie ihn erheblich unter Druck setze. Er arbeite jetzt zwei Wochen im Monat in Thüringen als Schulungsleiter.

Die Kinder sind inzwischen größer: die Tochter ist ausgezogen, hatte eine vier Jahre dauernde Freundschaft mit dem Sohn einer guten Freundin der Patientin, die Mitte letzten Jahres zuende ging. Danach habe die Tochter eine Woche lang geweint, vor Weihnachten sei sie dann zu einem neuen Partner gezogen. Die Tochter fehle ihr sehr, sagt die Patientin, während sie heftig weint, sie komme nur ganz selten.

Der Sohn sei noch zuhause; er mache gerade Zivildienst mit behinderten Kindern in einer benachbarten Kleinstadt. (Offensichtlich ist er mit dem Helfersyndrom der Mutter identifiziert, während die Tochter sich gegen die vermutlich recht dominante Mutter abzugrenzen sucht.)

Soviel erfahre ich in diesem zweiten Erstgespräch, wobei mir deutlich ist, daß die Patientin wirklich therapeutische Hilfe bräuchte, zumal sie die Vorgeschichte des sexuellen Mißbrauchs erst jetzt erzählen konnte. Sie ist in einer Schwellensituation ihres Lebens: die Kinder werden flügge, die Ehe kommt in ein sehr kritisches Stadium, es besteht die Gefahr, daß das gemeinsam erarbeitete Nest wieder aufgegeben werden muß. Alles erscheint der Patientin brüchig außer ihrer Berufstätigkeit als Gemeindeschwester, die eine Ich-stabilisierende Funktion hat und außerdem das einzig wirklich feste Einkommen für die Familie im Augenblick darstellt.

In meiner Gegenübertragung spüre ich ein warmes Mitgefühl mit der Patientin, die mich dankbar anlächelt und sagt, daß sie dieses Mal wirklich therapeutische Begleitung brauche und wolle. Trotzdem vergehen 19 Tage bis zur nächsten, der ersten probatorischen Sitzung.

Erstgespräch für eine psychoanalytische Behandlung

Zweites Beispiel: Patientin D 210352

Die folgende Patientin, die bei einer Privatkasse versichert war, suchte mich Ende August 1990 auf:

Die sehr zierliche, nicht unattraktive, eher etwas kindlich wirkende Blondine mit halblangem Haar, das in Dauerwellen gewellt ihr Gesicht umspielte, erschien ganz aufgeregt mit fast einer halben Stunde Verspätung in meiner Praxis, die sie damit begründete, sie habe auf der Autobahn einen Stau gehabt. (Dies ist zwar wahrscheinlich richtig, die Patientin hatte sich wohl aber zu wenig Zeit für ihre weite Fahrt eingeplant.)

Sie setzte sich nervös, zunächst aufrecht, auf einen angebotenen Sessel; nach wenigen Minuten lehnte sie sich dann, ohne daß ich etwas sagen mußte, zurück.

Sie begann mit dem Satz: »Ich suche schon länger Therapie, ich fühle mich schon lange nicht gut oder gar wohl, auch nicht an meinem neuen Wohnort, an dem ich seit einem Jahr lebe und der in einem berühmten Feriengebiet liegt. Ich war nie richtig dort, vorher immer in München. Ich bin noch nicht dort angekommen.« Dann berichtet sie, daß sie bei einem männlichen Therapeuten Hilfe gesucht habe, der ihr nach dem Erstgespräch sagte, er wolle lieber mit ihr eine private Beziehung, als mit ihr eine Therapie machen (Ich kann mir dies gut vorstellen, da die Patientin wie eine Sirene lockt mit sehr großen, dunkel geschminkten und umflorten Augen.) Sie lebe mit ihrer 14jährigen Tochter, die eineinhalb Jahre alt war, als sie geschieden wurde (nach dreieinhalbjähriger Ehe). Seither habe sie verschiedene Freundschaften gehabt, aber es sei nie mehr zu einer Lebensbeziehung gekommen; sie habe auch im Augenblick einen Freund, der in Italien lebe. Sie sei mit einem Ägypter verheiratet gewesen, den sie mit 20 Jahren kennengelernt hatte, mit 21 wurde geheiratet. Dieser Ägypter sei sechs Jahre älter gewesen und habe keinen Pfennig weder für sie noch das Kind bezahlt. Er sei nach der Scheidung nach Kalifornien gegangen, während sie als zweites Studium (nach Amerikanistik) Psychologie studiert habe, sobald ihre Tochter vier Jahre alt gewesen sei. Ihre Mutter habe ihr die ganze Zeit über Geld gegeben, andere Bekannte ein Darlehen. BAföG habe sie für ihr erstes Studium schon verbraucht. Ihre Tochter sei zunächst im Ganztagskindergarten gewesen, dann im Hort (das sei schwierig gewesen, deshalb kam sie dann auch bei Freundinnen unter).
Die Mutter der Patientin wurde sehr depressiv, als die Patientin selbst vier Jahre alt war.

Der Vater der Patientin starb, als diese 13 Jahre war, an einem Herzinfarkt.
Es gibt drei Geschwister: einen Halbbruder mit gemeinsamem Vater, der in Wien lebt. Sie ist das dritte Kind der gleichen Mutter, nach ihr kommt noch ein fünf Jahre jüngerer Bruder: »Mein Vater war sehr verschlossen, litt lange an Angina pectoris. Er war relativ alt bei meiner Geburt (52 Jahre), ging mit dem Jahrhundert und starb 65jährig an einem Herzinfarkt. Die Mutter war 12 Jahre jünger, das Gegenteil des Vaters, sehr turbulent, unausgeglichen, aber vitaler und jünger. Die Eltern kamen aus Wien bzw. dem Sudetenland. Die Mutter floh mit den Kindern; bis zum vierten Lebensjahr der Patientin waren sie in einer Flüchtlingsunterkunft. Der Vater, der ursprünglich eine eigene Firma gehabt hatte, war dann nur mehr als Buchhalter tätig, was er nie verwand. Aber er konnte hier nie anfangen – »so wie ich nie zuhause bin«, trauerte er den alten Verhältnissen nach. Die Depression der Mutter ist inzwischen wieder besser.
Zum Schluß des verkürzten Erstgesprächs erwähnt die Patientin noch, daß sie am Samstag zu einer leiblichen Cousine fahre, die eine Autostunde von hier in einer Kleinstadt wohnt, und daß sie dort für eine Woche Ferien bleibe. Sie wolle jedoch – wenn irgend möglich – noch einmal davor kommen, da sie jetzt doch sehr frustriert über die Kürze der Zeit sei, die sie bei mir gehabt habe ... Ich kann ihr jedoch nicht mehr anbieten, da nach ihr kurzfristig wieder jemand kommt (außerdem würde ich es auch kaum tun, da ich es nicht für sinnvoll halte, wie bereits weiter oben dargelegt.) Ich gebe ihr jedoch, da es Ferienzeit ist und ich etwas mehr Raum im Terminkalender habe, einen Termin für ein Zweit-

gespräch bereits zwei Tage später, zu dem die Patientin dann pünktlich erscheint. Wiederum sehr apart und dunkel gekleidet, berichtet die Patientin als erstes, daß sie eine sehr symbiotische Beziehung zur Tochter habe: »Es gibt noch immer Zu-Bett-Geh-Atmosphäre.« Dann klagt die Patientin darüber, daß sie eine sehr laute Wohnung an einer Hauptstraße habe, drei Zimmer. Die Tochter schlafe in einem abgeschlossenen Zimmer, während sie, die Mutter, im Wohnzimmer schlafe.

Das Problem, alleinstehend zu sein und geschieden, sei als Studentin nicht so gravierend gewesen, wie sie es jetzt empfinde. Sie arbeitet in einer Kurklinik als Psychologin und hat zum Oberarzt der Klinik eine problematische emotionale Beziehung, keine intime. Eine solche hätte sie wohl gern; dieser ist jedoch verheiratet und wehrt ab.

Was ich hier so relativ klar darstelle als Inhalt der beiden Erstgespräche, die ich in eines zusammenfassen will, war für mich sehr mühsam klar herauszuarbeiten, da die Patientin eine merkwürdige Art hat, den Zuhörer »einzunebeln«. Sie springt von Thema zu Thema und wirkt sehr chaotisch, nervös, zappelig, strengt sich offensichtlich an, ruhig zu sitzen. Sie hat z.T. Manierismen wie Schizophrene, wirkt merkwürdig gekünstelt; als ich ihr das spiegele, lächelt sie und sagt, dies sei immer so, obwohl sie sich bemühe, natürlich zu wirken. Sie versteckt offensichtlich hinter einer um Glanz bemühten Fassade ihr Leiden und ihren Leidensdruck, so daß ich mich in der Gegenübertragung frage, warum ich mich während der Sommerferien um sie bemühe. Andererseits schildert sie, daß sie mehrfach in der Woche heftige Migräne-Anfälle habe bis zum Erbrechen, die sie mit Tabletten zu unterdrücken suche. Sie könne kaum essen, was glaubhaft ist, denn sie hat offensichtlich erhebliches Untergewicht, wohl gerade über der anorektischen Grenze.

Es ist mir völlig klar, daß diese Therapie – wenn sie gelingen soll – mich sehr fordern wird, zumal die Patientin hohe Erwartungen an mich als Lehranalytikerin hat und auch, weil sie den Weg von mindestens einer Autostunde (je nach Verkehrslage) auf sich nimmt. Umgekehrt schlägt sie meinen Vorschlag aus, ihr näher an ihrem Wohnort zu helfen, mir bekannte Therapeuten zu finden; sie hat sich offensichtlich – wie viele Frühgestörte das tun – sofort auf mich fixiert, wohl schon, ehe sie mich kannte, als Zuhörerin in einer meiner Vorlesungen. Ich kann nicht sagen, daß die Patientin mir besonders sympathisch wäre, aber ich spüre trotz aller Fassade eine große Not und möchte ihr helfen, mit Ende 30 vielleicht doch so gesund zu werden, daß sie zu einer befriedigenden Partnerbeziehung kommt, ehe ihr ihre eigene Tochter vormacht, wie das geht.

Vor weiteren Gesprächen muß ich ihr jedoch fast einen Monat Pause zumuten, da ich in Urlaub gehe.

Das Erstgespräch für eine tiefenpsychologisch fundierte Psychotherapie

Erstes Beispiel: Patientin B 111227

Grundsätzlich kann man das Erstgespräch für eine tiefenpsychologisch fundierte Psychotherapie entweder analytisch laufen lassen, wie ich es im folgenden tue; man kann es aber auch mehr oder weniger strukturieren, was ich im Anschluß daran klarlegen werde. Ich habe jedoch die Erfahrung gemacht, daß ein möglichstes Laufenlassen des Erstgesprächs auch für die tiefenpsychologisch fundierte Therapie mir die meisten Informationen liefert.

Im Januar 1987 stand eine schlanke, mittelgroße, weißhaarige, braungebrannte Dame im Hosenanzug vor meiner Tür, die mich etwas verlegen und verkrampft anlächelte. Ich bat sie herein und ließ sie ihre Garderobe ablegen. Dann gingen wir zum Sprechzimmer, wo sie sich kurz umsah und dann vorsichtig auf den Rand eines Stuhles setzte und schwieg. Sie hielt ihre Tasche krampfhaft fest und sagte auf meine Einleitung: »Die nächsten 50 Minuten gehören Ihnen, damit Sie mir sagen, warum Sie kommen« – sofort heftig losweinend: »Ich kann gar nicht darüber reden, ich muß mich erst beruhigen.« Ich lasse sie weinen und biete ihr aus dem dafür vorgesehenen Kästchen ein Papiertaschentuch an. Sie fängt sich schließlich wieder und berichtet weiter, daß sie schon ziemlich lange bei ihrem Hausarzt (einem Teilnehmer der von mir geleiteten Balint-Gruppe) wegen Depressionen in Behandlung sei und von ihm ein mildes Depot-Neurolepticum gespritzt bekomme, das auch geholfen habe. Dies gehe so seit etwa zwei Jahren. Seit zehn Jahren ungefähr sei sie »im Wechsel« und habe immer für ein paar Tage Zustände gehabt, wo es ihr mies gegangen sei, aber die letzte Zeit sei dies so anhaltend, sie habe keinen Appetit mehr, im Ganzen gehe es ihr miserabel. Sie denke immer wieder, es hänge mit ihrem Sohn zusammen, der vor zwölf Jahren eine so schlimme Depression hatte und ihr immer vorwarf, sie sei an allem schuld. »Das ist das, wo ich nicht drüber weg komme: ich habe nur den Sohn, hatte ihn schon, als ich nicht verheiratet war, den hat meine Mutter großgezogen; heute geht es ihm gut, aber der Kontakt ist nicht mehr da, so wie er früher war.

Ich habe mit meinem Mann keine Schwierigkeiten, er ist sehr nett, seit es mir schlecht gegangen ist. Er ist schon dominierend; ich bin schon so unterwürfig.«

In diesen letzten beiden Kommentaren zeigt sich, daß die Männer, sowohl der Ehemann wie der Sohn, die Erwartungen der Patientin frustrieren: zum Sohn wünscht sie sich noch einen so engen Kontakt wie wenn er ein Kind wäre, mit dem Mann gibt es auch wenig Austausch auf der gleichen Ebene. Die Patientin glaubt von sich, daß sie sich unterwerfe.

Sie fährt weiter: »Ich habe eine ganz schlimme Jugend gehabt, ich wollte alles mit meinen Kindern viel besser machen, und die Enttäuschung, daß mir alles mißlungen ist, ist so schlimm. Ich hing immer zwischen meinem Sohn und meinem Mann. Mein Bruder ist gefallen am Ende des Krieges. Meine Mutter hat sich von Anfang an meinen Sohn als Ersatz für den Toten genommen und gesagt: »Wenn du mal heiratest, kriegst du ihn nicht.« Dieser Sohn habe inzwischen selbst drei Kinder und sich eine gute materielle Existenz als Glasschleifer aufgebaut. Ihr Mann sei seit einem Jahr zuhause in Rente, da habe sie erst gemerkt, daß sie einfach alles mittue, obwohl sie vieles nicht möge. Mit diesem Mann ist sie 35 Jahre verheiratet: »Er ist sonst ein lieber, guter Mann, aber sehr dominierend. Ich habe ihn durch eine Bekannte kennengelernt; ich wußte damals nicht, was ich machen sollte; die Bekannte sagte: ›Mein Bekannter hat einen netten Freund ...‹ «

Hier wird deutlich, daß die Patientin wohl wirklich sich eher passiv lenken läßt, als selbst etwas zu entscheiden.

Dann fährt sie in ihrem Bericht weiter, sich wiederholend: »Meine Jugend war sehr, sehr schlimm, mein Baba war ein sehr jähzorniger Mensch, und die Ehe meiner Eltern war von Anfang an kaputt, und meine Mutter hat mich damit belastet, ich habe als Kind schon Zeiten gehabt, wo ich nur geheult habe. Er hat die Mutter geschlagen, mich hat er gemocht, mich hat er geschont, meinen Bruder hat er auch geschlagen«, da habe sie sehr drunter gelitten; der Bruder war eineinhalb Jahre älter. Mein Vater sagte, ›die Männer sind alle schlecht, Schlawiner.‹ »Ich habe es geglaubt. Wollte bloß jemand, wo ich eine Ruh' hab'. Mein erster Mann war ‚eine Schwärmerei', den habe ich sehr gemocht, er ist gleich im Krieg gefallen. Den Vater meines Sohnes habe ich in der Schule schon gekannt, aber der war ein Fiasko von A bis Z.

Wie ich meinen Mann kennengelernt habe, dacht' ich, es ist der erste Anständige, und er war es auch.«

Damals war die Patientin 23 Jahre alt. Bei der Geburt ihres ersten Sohnes war sie erst 19.

Ihr Vater sei vor 20 Jahren an Magenkrebs gestorben, wenige Monate danach ihr Onkel, so daß die Mutter mit ihrer Schwester zusammen in der elterlichen Wohnung blieb. Beide Damen sind noch rüstig, wenn auch über 80 Jahre alt.

Dann wechselt die Patientin das Thema und sagt: »Als das mit Tschernobyl war, war es ganz schlimm für mich, weil ich immer dachte, die Kinder haben's mal besser, und dann hatte ich das Gefühl, daß sie die ganze Welt kaputtmachen.« Seither gehe es ihr viel schlechter.

Die Kriegsjahre seien für sie ganz schlimm gewesen, ihre Mutter habe soviel Angst gehabt, wenn Luftalarm war, habe sie sie aus dem Bett ziehen und anziehen müssen. Damals schon habe sie Magen-Darm-Beschwerden gehabt.

Soviel erfahre ich in diesem Erstgespräch der relativ offenen Patientin, bei der mir ein Zwangsweinen auffällt und gleichzeitig das Bemühen, dieses zu beherrschen und immer wieder zu lachen, auch wenn es gar keinen Grund zum Lachen gibt.

Wenn man das Erstinterview **stärker strukturieren** möchte, ist dies in mehreren Abstufungen möglich:
– Man kann etwas direktere Fragen stellen, den Patienten häufiger unterbrechen und die Haupt-Problemkreise dadurch einkreisen im Sinne von zirkulärem Fragen.
– Man kann den Patienten auch einen Fragebogen ausfüllen lassen vor dem Erstgespräch und dann diesen Fragebogen mit ihm im einzelnen durchsprechen. Dadurch bekommt man eine Fülle von Sachinformationen, muß aber besondere Aufmerksamkeit dafür entwickeln, emotionale Informationen nicht zu verlieren, was am besten dadurch erreicht wird, daß man den Patienten beim Besprechen des Fragebogens verbal und nonverbal besonders subtil wahrzunehmen versucht.

Hypno- und NLP-Therapeuten bevorzugen sehr streng **strukturierte Interviews** wie z.B. *Carol Erickson*, die Tochter des berühmten *Milton Erickson*, es entwickelt hat. Dabei kann man sinnvollerweise vier Abschnitte des Interviews unterteilen:

In einem ersten Teil sammelt der Therapeut Informationen über den gesamten Kontext seines Patienten durch gezielte Fragen nach den Problemen oder Problemblöcken, die jemanden zu ihm führen. Weiter fragt er danach, wann das Problem aufgetaucht ist, ob es ein auslösendes Ereignis gab, und an welchen Orten die Probleme sich zeigen. Eine weitere Frage zielt darauf, herauszufinden, welche Personen an der Problematik beteiligt sind und welcher Art die zwischenmenschlichen Beziehungen zu diesen sind. Schließlich fragt der Therapeut, was Schritt für Schritt passiert, wenn sich die Symptomatik einstellt und wie sich in jedem dieser Abschnitte der Klient fühlt, welche Sinnessysteme (visuell? auditiv? kinästhetisch?) daran beteiligt sind.

Nachdem der Therapeut so ein klares Bild gewonnen hat über die aktuelle Problematik seines Klienten und die Zeitdauer dieser Symptomatik, wird in einem zweiten Themenblock erfragt, was für einen Zustand der Klient erreichen möchte mit Hilfe der Therapie. **Erwünschter Zustand:** Was ist das Ziel bzw. die Erwartung des Klienten an das Ergebnis der Therapie, und was würde passieren, wenn das Ziel wirklich erreicht würde? Wie würde sich der Klient fühlen, würde sich sein Selbstbild ändern? Und dann sollte man auch immer fragen: »Was wären drei gute Gründe, das Ziel nicht erreichen zu wollen?«. Damit wird im Grunde nichts anderes erfragt als der sog. sekundäre Krankheitsgewinn, die »Dauerbremse« des Fortschritts in der Therapie. Weiterhin wird gefragt, auch hier, welche Schritte im einzelnen nötig sind, um den erwünschten Zustand zu erreichen. Und schließlich, welche Details man sich ausdenken kann, um das Ziel leichter zu erreichen.

Nachdem also so der erwünschte Zustand erfragt ist, wird in einem dritten Abschnitt des strukturierten Erstinterviews danach gefragt, was aufgegeben werden muß, um das erwünschte Ziel zu erreichen und welche Muster gewohnten Verhaltens unterbrochen werden müssen, wo sie evtl. unterbrochen werden können und wie sie auf eine Weise unterbrochen werden können, die der Person dienlich ist.

Damit ist man bei der Frage nach den **Ressourcen** des Patienten; auch dies ist ein wichtiger Teil des Therapieplans. Er gibt nämlich Auskunft darüber, welche positiven Verstärker mobilisiert werden können, um dem Patienten beim Erreichen seiner Ziele zu helfen. Unter Ressourcen versteht man zunächst die Fähigkeiten und Talente des Patienten, in einem zweiten Schritt auch seine Motivationen und die Energie, die er mobilisieren kann, um diese zu verstärken.

Weitere Ressourcen sind die Weltanschauungen des Patienten, seine Glaubenssysteme, sein Verständnis von Gesundheit und Krankheit und guter Beziehung. Dies alles sollte im einzelnen hinterfragt werden. Außerdem ist es gut, wenn der Therapeut herausfindet, ob seinem Klienten **Humor** als ein wichtiges therapeutisches Agens zur Verfügung steht. Schließlich soll der Therapeut klären, wo die Stärken seines Patienten sind, welche Hobbies, Freuden und Vergnügen er hat, also letzten Endes das, was *Freud* als Genußfähigkeit bezeichnet hat, abklären. Indem dieser Teil der Fragen ans Ende des strukturierten Interviews gesetzt wird, bekommt der Patient dadurch einen positiven Anstoß, daß er spürt, daß der Therapeut ihm eine Menge zutraut und darüber genauer Bescheid wissen will. So wird noch einmal das **Selbsthilfe-Potential des Patienten direkt und indirekt angesprochen**, was immer eine deutliche Wirkung hat.

Kollegen mit dieser Art von Interview-Technik schaffen es gar nicht selten, innerhalb einer Sitzung die vier Themenbereiche abzufragen. Sie können dann bereits in weiteren probatorischen Sitzungen therapeutisch auf das erstrebte Ziel hinarbeiten. Ich halte dieses Verfahren für sinnvoll, wenn von vornherein nur ein begrenztes Therapieziel deutlich ist oder ein großer Zeitdruck besteht, weil z.B. der Patient in absehbarer Zeit durch einen Ortswechsel gezwungen ist, seine Therapie zu beenden.

Sicher sinnvoll ist ein solches Vorgehen auch bei älteren Patienten, wo natürlich eine möglichst rasch wirksame Kurztherapie indiziert erscheint, da eine Charakterstruktur nicht mehr zu ändern ist.

Fragebogen zu einem Bericht für den Psychotherapeuten

Bitte beantworten Sie alle nachstehenden Fragen, soweit es Ihnen möglich ist. Schreiben Sie bitte keinen »üblichen Lebenslauf«, sondern einen »Erlebnisbericht« über Ihr Leben, also das, was Sie im guten und im schlechten Sinne »mitgemacht« haben. Sie müssen sich nicht unbedingt an die zeitliche Reihenfolge Ihrer Erinnerungen oder Erlebnisse halten. Schreiben Sie alles, wovon Sie glauben, daß es für Sie typisch ist, auch was Sie aus Erzählungen anderer über sich wissen, oder was Ihnen sonst beim Schreiben einfällt, auch wenn Sie es für unwichtig halten. Machen Sie Ihrem Herzen ehrlich Luft! Ich weiß, daß Sie niemanden beschuldigen wollen, wenn Sie bekennen wie andere auf Sie gewirkt haben.

1. Wie kam es dazu, daß Sie Therapie suchen? Hatten Sie selbst den Wunsch oder wurden Sie geschickt? (von wem?)

2. Beschreiben Sie mit ihren eigenen Worten Ihre Hauptbeschwerden, die Sie zu dieser Therapie geführt haben. Vermeiden Sie dabei nur Diagnosen zu nennen, schreiben Sie z.B. statt »Depression«: »ich bin oft traurig, muß häufig weinen, fühle mich lustlos«. Erwähnen Sie dabei auch, wie häufig und wie lange Sie die Beschwerden haben. Nennen Sie auch körperliche Beschwerden, z.B. Kopfschmerzen, Störungen des Schlafes, des Appetits oder der Verdauung. Haben Sie sexuelle Probleme? Wenn ja, welche und seit wann?

3a) Beschreiben Sie die Familienatmosphäre, aus der Sie stammen: den Vater, die Mutter und die Geschwister (jeweils mit Altersangabe) und sonstige Personen, die in Ihrer Kindheit eine Rolle gespielt haben. Dazu Besonderheiten in der Familie (Krankheiten, Gewohnheiten, Eigenarten). Welchen Beruf hatten die Eltern?
Wie war Ihr Verhältnis zu Vater und Mutter? Worin schlagen Sie dem einen und worin dem anderen Elternteil nach? Das wievielte Kind sind Sie? Wie war das Verhältnis aller Geschwister untereinander und zu den Eltern?

b) Wo wurden Sie geboren? Was ist Ihnen über Ihre Geburt oder begleitende Umstände und Ereignisse bekannt? Was wissen Sie über Ihre frühkindliche Entwicklung, Brust- und Flaschenernährung, Beginn mit Laufen und Sprechen (soweit Sie davon erfahren haben)? Beginn und Art der Sauberkeitsentwicklung? Ihre früheste Lebenserinnerung, auch Träume als Kind, Ihr Lieblingsmärchen, -gedicht oder -lied?
Verlauf Ihrer Kindheit (welche Spiele und Beschäftigungen liebten Sie?). Haben Sie sich in irgendeiner Weise anders gefühlt als Ihre Altersgenossen? Hatten Sie irgendwelche Angewohnheiten, die Ihrer Umgebung Sorge bereiteten (Bettnäs-

sen, Nägelkauen, Daumenlutschen, Eßstörungen, Angstanfälle, Trotzphasen, Stottern, Haareausreißen, nächtliches Aufschreien, Schlafwandeln)?

c) Welche Erwachsenen hatten Einfluß auf Ihre Entwicklung und wer hat sie erzogen? Wann kamen Sie in den Kindergarten und wie kamen Sie mit den Kindern dort zurecht? Wie ging es Ihnen später mit den Schulkameraden und anderen Kindern? Wie mit den Kindern des anderen Geschlechts? Kannten Sie Doktorspiele? Wurden Sie aufgeklärt, wenn ja, von wem? Welche Erfahrungen machten Sie mit der Selbstbefriedigung (ab welchem Alter), welche Probleme traten in der Pubertät auf (erste Periode, erster Samenerguß)? In welchem Alter hatten Sie Ihre erste intime sexuelle Beziehung? Ihre Einstellung zu Liebe, Ehe und Familie (Partnerwahl, Erotik, Eheleben, Kindererziehung?) Haben Sie Probleme mit Partnerbeziehungen? Falls Sie verheiratet sind, seit wann? Falls Sie geschieden sind oder getrennt leben, wann und warum kam es dazu? Wie ist Ihre Einstellung zu Essen und Trinken, Sport und Spiel, Geld und Besitz, Mode und Schmuck? Wie ist Ihre Einstellung zum Beruf (Berufswahl, Berufsausbildung, Berufswechsel, Berufspläne)? Wie gestalten Sie Ihre Freizeit? Können Sie kurz Ihren Tagesablauf schildern?

d) Geben Sie eine ungefähre Beschreibung Ihrer Schul- und Berufsausbildung und Ihres beruflichen Werdeganges. Bitte erwähnen Sie einschneidende Ereignisse (insbesondere beruflichen Auf- oder Abstieg).

e) Wann haben Sie das Elternhaus verlassen, wie und wo leben Sie derzeit?

f) Wie ist Ihre Stimmungslage? Gibt es Schwankungen (tageszeitliche oder periodische)? Haben oder hatten Sie jemals Probleme mit Alkohol, Tabletten, Drogen?

4. Was mögen Sie an sich selbst am meisten, was am wenigsten? Nennen Sie drei Wünsche. Nennen Sie Ihr Lieblingstier. Was täten Sie am liebsten, wenn Sie beschwerdefrei wären? Ihre größte Angst?

5. Was sind Ihre eigenen Erklärungen für Ihre seelischen und körperlichen Beschwerden? Falls Sie bestimmte Ereignisse als auslösend ansehen, nennen Sie bitte diese und auch den Zeitpunkt. Was wäre aus Ihrer Sicht das Ziel der Psychotherapie?

6. Wie reagieren Sie, wenn andere Sie kritisieren?

7. Was haben sich Ihre Eltern wohl gewünscht, einen Jungen oder ein Mädchen? Sind Sie mit ihrem Geschlecht zufrieden? Haben Sie das Gefühl, als Kind erwünscht gewesen zu sein?

8. Nennen Sie bitte Ihre Kinderkrankheiten und alle übrigen schweren Krankheiten, die Sie mitgemacht haben, außerdem Operationen, Unfälle und chronische Leiden. Sind Sie derzeit in ärztlicher Behandlung? Welche Medikamente nehmen Sie ein? Bitte auch vorherige psychotherapeutische Behandlungen mit Namen des Therapeuten, bzw. der Kliniken, angeben; auch den Zeitraum der Therapie.

Erstgespräch für eine tiefenpsychologisch fundierte Psychotherapie

Zweites Beispiel: Patientin E 160745

Als **weiteres Beispiel** für ein tiefenpsychologisch fundiertes, wenig strukturiertes Erstgespräch folgt jetzt der Bericht einer depressiven Patientin, die uns im

Antragsteil des Buches als Beispiel für einen Antrag an die Beihilfestelle ihres Mannes dienen soll.

Die übergewichtige, kleine, blonde 43jährige Patientin suchte mich vor einigen Jahren Ende Mai auf und setzte sich mit dem Rücken zum Fenster zunächst nur auf den Rand des Stuhles. Sie hatte ein hübsches, sehr junges Gesicht und einen flotten Kurzhaarschnitt und berichtete, daß sie von Anfang März bis Anfang April mit einer Gallenoperation im Krankenhaus gelegen sei. Da habe sie mit ihrem Mann, mit dem sie große Probleme habe, reden wollen, er wollte dies jedoch nicht.

Seit zehn Jahren sei sie verheiratet und habe drei Kinder, zwei Söhne von neun und sieben Jahren und ein Mädchen von viereinhalb Jahren. Diese würden ihr sehr viel Freude machen, sie komme aber nicht zurecht mit allen Anforderungen von Haus und Kindern. Sie hätten ein großes Haus gebaut, das immer noch nicht fertig sei, obwohl sie schon seit über vier Jahren darin wohnen würden.

Die doch sehr mollige Patientin, die wenig Chic hat, berichtet dann weiter: »Mein Mann war ein vorbildlicher Ehemann, wie im Bilderbuch. Seit einem Jahr hat er weder an mir noch an den Kindern Interesse gezeigt. Er ist sehr ehrgeizig, hat eine Superkarriere gemacht.«

Dann läßt sich die Patientin noch ausgiebiger über den Hausbau aus, der offensichtlich einen großen Stellenwert in dem Familiensystem hat: Seit man begonnen habe, dieses – wie die Patientin meint – viel zu große Haus zu bauen, gäbe es nur Arbeit und nichts als Arbeit für beide Ehepartner. Das Haus sei eine permanente Baustelle; sie versuche immer wieder ihren Mann, der sehr viel selbst gemacht habe, um Kosten zu sparen, dazu zu bringen, weiterzubauen; dieser tue es jedoch nicht, sondern gehe sehr viel weg, um Tennis zu spielen.

Dann kommt etwas, was die Patientin offensichtlich sehr bedrückt (ich weiß das schon von der überweisenden Ärztin, die diese Patientin in der Balint-Gruppe vorstellte): »Mitte März dieses Jahres sagte mir mein Mann, er wäre lieber mit Männern zusammen. Jetzt habe ich Angst vor AIDS.« Die Patientin weint heftig. Sie sei mit ihrem Mann seit nunmehr 16 Jahren zusammen, und Homosexualität sei kein Thema gewesen. Im Gegenteil: sie hätten gemeinsam über Homosexuelle gelacht. Die Patientin sagt weiter, es wäre für sie weniger schlimm, wenn ihr Mann eine Freundin hätte, als dies jetzt. Sie ringt aber offensichtlich damit, ob sie dafür Verständnis haben soll oder nicht und fragt mich, ob es eine Krankheit sei. Es gibt noch ein weiteres Problem: »Finanziell ist es sehr schwierig; er verbraucht viel Geld für sich, vierstellige Summen in ein bis zwei Wochen.«

Weiter berichtet sie zunächst über ihren Mann, daß dieser aus dem Gaststätten-Gewerbe stamme und früher schon Kontakte mit Homosexuellen gehabt habe. Zusätzlich habe sie aber vorgestern in seiner Brieftasche einen Liebesbrief einer jüngeren Kollegin gefunden. Jetzt wisse sie überhaupt nicht mehr, was los sei. (An dieser Stelle weint die Patientin wieder heftig.)

Ihr Mann sei nicht der erste Mann in ihrem Leben gewesen, sie habe davor eine mehrjährige Beziehung gehabt. Ihr Mann ist sieben Jahre jünger als sie und habe sie extrem verwöhnt, er habe ihr während der Schwangerschaften sogar die Schnürsenkel gebunden.

Bis sie ihren Mann mit 27 Jahren kennengelernt habe, habe sie als »Mädchen für alles« in einer Bank gearbeitet, jedoch keine abgeschlossene Banklehre gemacht. Als sie geheiratet hätten, habe er nicht mehr gewollt, daß sie arbeite. Er ist bei einer Militärbehörde im Range eines Oberleutnants tätig.

Seit der Geburt der Tochter hätten sie keine intime Beziehung mehr. Ihr Mann sei immer erst um Mitternacht nach Hause gekommen und habe behauptet, er habe soviel Arbeit. Das Mädchen sei eigentlich nicht mehr geplant gewesen und trotz Spirale gekommen; mit der Pille habe sie immer Schwierigkeiten gehabt. Im vorigen Jahr hätten sie überlegt, wer von beiden sich sterilisieren lassen solle, hätten aber keine Entscheidung gefällt. Sie habe den Eindruck, sie schaffe es nicht.

Dann wechselt die Patientin das Thema und klagt immer depressiver: »Meine Mutter und mein Bruder werfen mir auch vor, ich tue nicht genug«.

Die Patientin ist die jüngste von vier Kindern, sie hat eine zehn Jahre ältere Schwester, einen sieben Jahre älteren Bruder und noch eine fünf Jahre ältere Schwester. Ihre Mutter sei sehr dynamisch, der Vater sei vor 15 Jahren ganz plötzlich an Herzversagen verstorben. »Unsere Mutter ist eine Seele von Mensch, es gibt kaum eine bessere; sie ist jetzt 74 Jahre alt. Mein Mann hängt sehr an ihr, sie ist eine ganz tolle Frau, die beiden haben ein tolles Verhältnis.« (Dies ist ein sehr schönes Beispiel dafür, wie depressive Patienten oft ihre Eltern und Partner idealisieren, was später dann deutlich wird.) Die Mutter stamme von einem Bauernhof, während sie ein Stadtkind sei.

Ihr Mann habe praktisch keine Mutter gehabt; seine Eltern seien geschieden worden, als er ganz klein war. Später habe die Mutter wieder geheiratet. Die beiden Schwestern der Patientin sind geschieden.

»Die Eltern haben viel ums Geld gestritten. Wir hatten ein Geschäft und einen Haufen Schulden. Der Vater arbeitete tagsüber woanders, dann in unserer Wäscherei. Wir haben mit nichts angefangen, wir Kinder mußten auch bald mithelfen. Der Vater war gelernter Industriekaufmann. Ich hatte keine kindliche Jugend. Es hatte keiner Zeit für mich, ich war viel bei meiner Tante.« Dann weint die Patientin wieder, als sie sagt. »Keiner brachte mich am ersten Schultag in die Schule.« Die Patientin stammt hier aus der Gegend; der Nachbar ihrer Kinderzeit war der berühmte Komiker Karl Valentin, der ihre Wiege gebastelt habe und sich darüber aufregte, wenn im Garten ihrer Eltern das Gras hochwuchs, während er seines nicht gemäht habe. Die Patientin ist sichtlich stolz auf ihren berühmten Nachbarn.

Ihr Mann stamme aus Niederbayern und sei mit etwa sechs Jahren nach München gekommen zu seiner Mutter, die eine Gastwirtschaft hatte, als ungeliebtes Kind. Um zu überleben, habe er einen »Wahnsinns-Ehrgeiz« entwickelt. Das Geld für das Haus (später erfahre ich, daß es über eine Million gekostet hat) stammt weitgehend von ihr. Das Haus ist deshalb nicht fertig, weil es mit dem Architekten Streit ums Geld gab, so daß dieser seine Arbeit nicht korrekt zuende brachte.

Soviel erfahre ich in diesem Erstgespräch. Ich will den Eindruck noch einmal zusammenfassen: Es handelt sich um eine oral-depressive Patientin, deren Selbstwertgefühl sehr schwach entwickelt ist und sich eigentlich nur an ihren Kindern und an Geld festmacht, das sie geerbt hat. Sie idealisiert sowohl ihre Mutter wie den sieben Jahre jüngeren

Ehemann; letzteren derartig, daß ich mich frage, warum er – wenn er wirklich so eindrucksvoll ist – diese Frau geheiratet hat, die wie ein fleißiges kleines Mädchen wirkt, nicht wie eine erwachsene Frau. Ich kann mir gut vorstellen, daß sie mit der Organisation der Familie nicht zurechtkommt und ihre Alltagspflichten nicht schafft, weil sie auch deutlich vermittelt, daß alles sehr perfekt sein muß. Umgekehrt wie beim Beispiel des ersten psychoanalytischen Erstinterviews hatte ich von dieser Patientin schon Vorinformationen durch die Vorstellung in der Balint-Gruppe, während sie wohl lediglich die beruhigende Information ihrer Hausärztin bekommen hatte, ich hätte viel Verständnis. In der Balint-Gruppe war das Depressive dadurch gespiegelt, daß sich die Gruppe den ganzen Abend mit dem Thema befaßte, was tun, wenn in einer langjährigen Ehe ein Partner plötzlich bi- bzw. homosexuell wird. Die Person der Patientin hatte die Gruppe kaum interessiert.

Besonderheiten beim Erstgespräch, wenn von vorneherein eine Gruppentherapie geplant ist

Beispiel Patient C 231253

Manchmal kommt es vor, daß ein Patient von vorneherein einen Gruppentherapie-Platz möchte, und dies hilft natürlich, während des sonst mehr oder weniger strukturierten Erstgesprächs besonders darauf zu achten, ob der Patient für Gruppentherapie grundsätzlich und für die gerade bei dem Therapeuten vorhandenen Gruppen geeignet erscheint. Der Therapeut darf sich keinesfalls vom Patienten diktieren lassen, daß Gruppentherapie in jedem Fall sein soll. Andererseits nehme ich die Wünsche der Klienten immer sehr ernst und versuche sie zu hinterfragen. Manchmal zwingen auch äußere Gründe – vor allem die Berufstätigkeit tagsüber –, eine Gruppentherapie zu empfehlen, auch wenn grundsätzlich eine Einzeltherapie genauso sinnvoll wäre.

Als **Beispiel** will ich eines der letzten Erstgespräche vorstellen, zu dem ich einen Patienten gesehen habe, der gleich sagte, er wolle eine Gruppentherapie. Als Grund dafür gab er an, daß er von einer früheren Patientin von mir, mit der seine Frau bekannt sei, Gutes über die Gruppen, die ich durchführe, gehört habe. Außerdem habe seine Hausärztin, die ebenfalls langjährige Teilnehmerin in der von mir geleiteten Balint-Gruppe ist, ihm dazu geraten. Bei dieser sei er schon, seit er hierher gezogen sei wegen immer wiederkehrender Herzbeschwerden, einer chronischen Prostatitis und weil er seit vielen Jahren im Frühjahr und Herbst Magenbeschwerden bekomme. Dann sei er meist zum Internisten gegangen, es sei immer wieder ein EKG gemacht worden, auch Magen- und Darmspiegelungen seien durchgeführt worden, alles ohne jemals einen pathologischen Befund zu zeigen.

Zum Erstgespräch kam der sehr groß gewachsene, massige, jungenhaft wirkende 38jährige Hochbau-Ingenieur auf die Minute. Er machte optisch auf mich den Eindruck eines großen, gutmütigen Jungen, trug eine Brille und Vollbart.

Nach seinen einleitenden Sätzen, die – wie sehr häufig bei männlichen Patienten – vorwiegend körperliche Klagen waren, fuhr er fort: er sei kurz vor Weihnachten zu seiner Hausärztin wegen Existenzängsten gegangen, und weil er nicht mehr schlafen konnte. Diese habe ihm Tabletten gegeben, und er habe geglaubt, es komme von der Arbeit, er sei fix und fertig gewesen, sei häufig eingenickt und habe nichts mehr tun können, weil er regelmäßig um 4 Uhr morgens aufgewacht sei. Im Augenblick (seit etwa drei Wochen) schlafe er wieder ohne Schlafmittel, nehme nur noch gelegentlich ein pflanzliches Beruhigungsmittel.

Diese wenigen Informationen zeigen offensichtlich eine depressive Reaktion mit dem typischen frühmorgendlichen Erwachen und der Existenzangst. Einen Teil seiner Beschwerden hat er wohl somatisch abgespalten seit vielen Jahren. Die jahreszeitliche Abhängigkeit der Magenbeschwerden im Frühjahr und Herbst läßt auch an eine endogene Depression denken. Es wird zu klären sein, ob eine solche vorliegt und inwieweit dann Psychotherapie trotzdem sinnvoll sein kann.

Der Patient, der sehr ruhig und gleichmäßig mit einem leichten hessischen Akzent spricht, fährt mit einem anderen Thema fort: »Meine Mutter ist eingebildet krank, sie rennt von Arzt zu Arzt, folgt aber den Anweisungen von diesen nicht, liest die Beipackzettel und ist dann noch kränker.« Die Mutter sei jetzt 64 Jahre alt, war 25 Jahre alt bei seiner Geburt. Der Vater sei gleich alt und trinke sehr gern. Der Patient ist in Frankfurt am Main geboren, wo seine Eltern heute noch leben, und zog vor 14 Jahren in die hiesige Gegend. Nachdem er auf der Fachhochschule sein Studium im Zweiten Bildungsweg abgeschlossen hatte, trat er in eine Baufirma ein, von der er hierher versetzt wurde. Vor zwei Jahren hat er sich mit viel Eigenleistung und Nervenkraft ein Hanghaus gebaut. Dort lebt er jetzt mit seiner Ehefrau und einem fünfjährigen adoptierten Töchterchen. Eine weitere große Belastung in den letzten Jahren sei gewesen, daß seine Schwiegermutter, die hier in der Nähe lebte, an einem metastasierenden Melanom verstorben sei und der Schwiegervater kurz darauf ebenfalls an Krebs. Seine Frau sei ein völlig anderer Typ als er, aber sie bräuchte vielleicht auch eine Therapie, meint der Patient dann, das Thema wechselnd. Seine Frau könne sich aber im Unterschied zu ihm abreagieren.

Nach diesen ersten biographischen Notizen ist außer der problematischen Mutter und der Neigung des Vaters zum Alkohol noch nicht klar, warum es dem Patienten so schlecht geht. Dies erklärt er dann in dem nächsten Gesprächsabschnitt, zumindest spielt dieser wohl eine wesentliche Rolle: Der Patient berichtet, daß er steril sei, bei mehreren Untersuchungen keine lebenden Spermien habe produzieren können, und sich daher seiner Frau gegenüber, die sehr kinderlieb sei, schuldig fühlen würde. Sie hätten sich schließlich dazu entschlossen, ein Kind zu adoptieren und dies gleich – wenige Tage alt – aus dem Krankenhaus abgeholt. Das jetzt fünfjährige Töchterchen sei ein uneheliches Kind gewesen, die Mutter habe es einfach nicht gewollt, weil sie einen neuen Partner hatte. Zunächst hätte das Ehepaar noch ein zweites Kind adoptieren wollen, dann sei dies jedoch durch die Krankheit der Schwiegermutter, die von ihrer Tochter gepflegt wurde, verhindert worden. Inzwischen wollten sie nicht mehr »neu anfangen«. Sie hätten ihrem Töchterchen bereits gesagt, daß sie nicht die leiblichen Eltern seien, berichtet der Patient weiter. Das kleine Mädchen würde immer fürchterlich schreien, wenn die Eltern auch nur kurz weggehen würden, weswegen sie seit Jahren nicht mehr abends ausgehen könnten.

Dies macht dem Patienten offensichtlich eine ganze Menge aus, andererseits ist er so auf sein Kind fixiert, daß er selbst ganz vorsichtige Vorschläge meinerseits, wie das Kind vielleicht mit einer guten Betreuungsperson langsam lernen könne, seine Eltern einmal für wenige Stunden freizulassen, als viel zu früh weit von sich weist.

Als nächstes berichtet der Patient aber – wie wenn er verdeutlichen wollte, wie schwer ihm das Zuhausebleiben fällt –, daß er mit seiner Frau vor der Adoption zweimal in Indien in Urlaub gewesen sei, einmal davor sogar noch alleine. Diese großen Reisen hätten ihm viel Anregung gegeben. Seine Frau sei ein Jahr jünger als er und stamme aus der hiesigen Gegend. Sie sei früher Zahnarzthelferin gewesen und sei jetzt glücklich zuhause, denke nicht mehr an Berufstätigkeit, sondern widme sich ganz dem Kind, und in der Freizeit male sie und mache Puppen.

Er selbst habe seit elf Jahren bei der gleichen Firma den Stress-Job eines Bauleiters und stelle zunehmend fest, daß er damit nicht mehr umgehen könne, je mehr das Personal zahlenmäßig schrumpfe und daher für ihn die Situation schwieriger werde. Er mache sich dann tagelang Gedanken, könne überhaupt nicht mehr abschalten, habe dann auch Konzentrationsschwierigkeiten und stottere in größeren Besprechungen.

Er hat 30 bis 40 Leute unter sich und muß täglich für sie die Arbeit beschaffen und verteilen.

Seine Frau sage von ihm, er sei ein alter Pessimist; dies sei vielleicht richtig, er habe schon mehrfach überlegt, ob er sein Eigenheim nicht wieder verkaufen solle, obwohl es keine ernsteren finanziellen Nöte gäbe.

Während ich dem massigen Mann mit Vollbart, der ganz monoton in seiner Schilderung ist, zuhöre, frage ich mich, wie er diesen Beruf überhaupt ausüben kann. Ich könnte ihn mir viel besser hinter einem Schreibtisch, als auf täglich wechselnden Baustellen mit viel personellem Kontakt vorstellen. Er wirkt auf mich nicht nur depressiv, sondern auch zwanghaft, was er sicher im Sinne einer anankastischen Depression ist.

Nachdem er also erklärt hat, daß er am liebsten sein Haus wieder verkaufen würde, schweigt er eine Weile, so wie wenn er jetzt nicht mehr weiter wisse. Ich ermutige ihn, indem ich ihn bitte, mir etwas über seine Kindheit zu erzählen.

Darauf antwortet er, er könne sich an wenig erinnern, zu Anfang hätten sie bei den Großeltern gewohnt, die Eltern hätten nur ein kleines Baugeschäft von den Großeltern übernommen. Seine Mutter habe immer mitgearbeitet, und er und seine ein Jahr jüngere Schwester seien bis zum Schulbeginn mit der Cousine aufgewachsen auf dem Bauernhof der Großeltern »zusammen mit den Schweinen und Hühnern und Hasen«. Dann sei nach sieben Jahren noch ein Bruder geboren. »Die Eltern hatten wenig Zeit und Geld für die Kinder, bauten dann ein Haus, ich teilte immer mit der Schwester ein Zimmer. Ich war von Kindheit an übergewichtig; deshalb ging meine Mutter immer mit mir zu Ärzten, ich hatte draußen Probleme und viele Kinderkrankheiten«. Im Kindergarten ist der Patient gewesen. Auf meine Frage, wie groß und schwer er jetzt sei, antwortet der Patient, er sei 183 cm groß und wiege jetzt 100 kg. Er habe 130 kg bei der Musterung gewogen; deshalb wurde er ausgemustert. Daraufhin nahm er ab, bis er 85 kg wog. Seither gehe er ab und zu zu den Weight Watchers, auch in letzter Zeit, da habe er 6 kg abgenommen. Seine Frau koche jetzt Vollwertkost. Er trinke gerne abends ein Glas Wein, d.h. das Ehepaar zusammen eine Flasche pro Abend. Während der Arbeit trinke er nicht.

Offensichtlich kompensiert das Ehepaar mit dem Wein das abendliche Ans-Haus-Gefesselt-Sein. Das Gewicht ist Ausdruck seines oralen Hungers, der bereits in der Kindheit nur mit Essen gestillt wurde.

Der jüngere Bruder habe das elterliche Geschäft übernommen; er habe es nicht gewollt, sagt der Patient. Inwieweit das wirklich stimmt, ist zu bezweifeln, jedenfalls wird deutlich, daß der Bruder dadurch von den Eltern bevorzugt wird. Der Vater arbeitet immer noch mit im Geschäft und würde auch tagsüber nichts, dafür um so mehr am Abend trinken.

Hier wird deutlich, daß der Patient unbewußt die Verhaltensmuster des Vaters kopiert.

Er hat die Schule in einem kleinen Dorf besucht, in der Realschule ist er wegen seiner häufigen Erkrankungen gescheitert. Aus dieser Zeit habe er noch zwei Operationsnarben neben den Schulterblättern von fraglichen Drüsenoperationen. Später sei er nach Frankfurt auf die Fachoberschule gegangen und habe nach der Mittleren Reife zunächst eine Lehre als Bauzeichner gemacht. Er schloß das Fachabitur und die Fachhochschule an. Nach dem Examen habe er zunächst 1½ Jahre bei einer Großfirma gearbeitet und dann auf eigenen Wunsch zu seiner jetzigen gewechselt.

Auch hier wird wieder die zwanghafte Leistungsorientiertheit des Patienten deutlich.

Dann wechselt er das Thema und berichtet von seiner Mutter etwas mehr: sie sei mit 17 Jahren vertrieben worden, wobei ihr Bruder auf der Flucht starb und sie ihren Vater kaum kannte. Nur deren Mutter lebe noch etwa 20 km entfernt von seinen Eltern. Sie habe es in der Familie des Vaters nicht leicht gehabt, die ja schon damals das Baugeschäft besaß. Sein Vater habe die Mutter, die täglich zweimal 25 km zur Arbeit ins Geschäft radelte, wenig unterstützt, sie habe auch in der Schwangerschaft schwer arbeiten müssen, während der Vater in der Wirtschaft an Geldautomaten spielte. Dies kritisiert der Patient, der sagt, daß er sich mit seiner Mutter besser als mit dem Vater verstehe. Auch er habe schon früh im Geschäft mithelfen müssen, weswegen er es nicht übernehmen wollte. Für ihn müsse nach Feierabend die Tür zu und Ruhe sein. Er sei gerne nach München gekommen und lebe jetzt gerne hier in der Gegend.

Dann wechselt der Patient noch einmal das Thema und kommt auf das Familienmuster zurück: »Meine beiden Eltern sind total dick, auch die Geschwister.« Hier ist die Zeit um, sicher nicht zufällig steht das orale Thema, das mit Magenbeschwerden am Anfang des Erstgesprächs stand, jetzt mit dem Gewichtsproblem am Ende. Dies werte ich als Ausdruck dafür, daß aggressive männliche Durchsetzung für den Patienten erheblich erschwert ist, obwohl er diese ja für seinen Beruf gerade dringend bräuchte.

Da dies ein Beruf ist, den er in einer ständig wechselnden Gruppe von Mitarbeitern als deren Leiter ausführt, sehe ich hier eine spezifische Indikation für Gruppentherapie. Angesichts der langen Vorgeschichte der depressiv-anankastischen Entwicklung ist jedoch mit Sicherheit eine tiefenpsychologisch fundierte Gruppentherapie im kassentechnisch möglichen Maximalumfang nicht ausreichend, weswegen eine analytische Gruppentherapie beantragt und inzwischen genehmigt wurde. Im späteren Teil des Buches werden Sie unschwer den Patienten im abgedruckten Antrag wiedererkennen.

Das Erstgespräch in der Verhaltenstherapie – Grundlagen
G. Görlitz

Für die Beantragung einer Langzeit-Verhaltenstherapie bei der zuständigen Krankenkasse ist, wie schon erwähnt, die Abfassung eines sogenannten »**Berichtes zum Erstantrag**« nötig. Dieser Bericht sollte sich auf die Angaben beschränken, die für das Verständnis psychischer Erkrankung, ihrer ätiologischen Begründung, ihrer Prognose und ihrer Behandlung erforderlich sind (vgl. Informationsblatt für Verhaltenstherapie VT 3a/b/c E).

Die Daten für diesen Bericht werden im Verlauf des **Erstgespräches** sowie in weiteren **probatorischen Sitzungen** (insgesamt vier für Psychologische Verhaltenstherapeuten, bis fünf für behandelnde Ärzte) erhoben. Da wir in der Regel erst nach Abschluß der probatorischen Sitzungen entscheiden können und sollten, ob eher eine Langzeit- oder eine Kurzzeittherapie indiziert ist, empfiehlt es sich, in jedem Fall schon im Verlauf des Erstgesprächs analog dem Bericht zum Erstantrag vorzugehen. Als **Strukturierungshilfe** habe ich hierfür einen **Übersichtsbogen als Akteinlage (Nr. 1 S. 74)** für die Erleichterung der Erstellung des Erstantrages entworfen. Dieser sollte unabhängig von der Dauer und Art der Therapie für jeden Patienten ausgefüllt werden, um auch einen **jeweils individuellen Behandlungsplan** entwickeln zu können.

Die Verwendung dieses Bogens in den probatorischen Sitzungen ermöglicht dem Verhaltenstherapeuten, den Patienten zunächst relativ frei berichten zu lassen und seine Angaben während oder im Anschluß an die Sitzungen den entsprechenden Kategorien von 1 bis 9 zuzuordnen.

Auch für den Verhaltenstherapeuten gelten prinzipiell sowohl für das Erstgespräch als auch für die probatorischen Sitzungen und die Dokumentationspflicht die meisten der bereits von Frau *Keil-Kuri* erwähnten wertvollen Hinweise, nur mit dem Unterschied, daß wir uns in der Verhaltenstherapie darum bemühen, das Verhalten des Patienten nur zu beobachten und möglichst wortwörtlich zu beschreiben. Aufgrund der umfangreichen Darstellung im analytischen Teil möchte ich hier nur noch die wichtigsten Punkte aufzählen, die sowohl für die erste als auch die weiteren probatorischen Sitzungen gelten:

1. Beobachtung des verbalen und nonverbalen Verhaltens des Patienten

Dies wird sowohl unter Punkt 1 »Angaben zur spontan berichteten und erfragten Symptomatik« als auch unter Punkt 4 »Psychischer Befund« eingetragen (z.B.: »die leise sprechende Patientin berichtet unter Tränen … und nimmt nur selten Blickkontakt zur Therapeutin auf« …).

Bei dieser ersten Verhaltensbeobachtung ist es gleichzeitig wichtig, die Erwartungen des Patienten an den Therapeuten festzuhalten und bei Bedarf zu klären. *Scholz* (1994) beschreibt in seinem sehr empfehlenswerten Übersichtsartikel zum

Thema »Die therapeutische Beziehung« die verschiedenen Rollenerwartungen, die Patienten an uns richten können, den seelsorgenden Priester, die wissensvermittelnde Lehrerin, Arzt, Richter, Anwalt, Eltern, Freund, Liebhaber usw. »Bei der Durchsicht dieser Liste wird deutlich, daß Therapeuten nicht selten mit all den genannten Erwartungen, und einigen mehr konfrontiert werden. Bleiben sie ungeklärt, scheitern die Therapien früher oder später, weil die Entwicklung einer therapeutischen Arbeitsbeziehung unter diesen Bedingungen undenkbar ist. Erste Aufgabe jedes Therapeuten muß deshalb sein, die eigene Rolle in der therapeutischen Beziehung zu klären.« (S. 79)

2. Beobachtung des eigenen Therapeutenverhaltens und Gefühls – Aufbau einer therapeutischen Beziehung zum Patienten

Achten Sie bereits beim Erstkontakt darauf, welche Unsicherheiten, wunden Punkte, Vorurteile, Abneigungen, Wünsche, Rollenerwartungen usw. der Patient in Ihnen mobilisiert, die Ihnen beiden eine gemeinsame therapeutische Arbeit erschweren könnten? D.h. also in der analytischen Terminologie ausgedrückt: Beobachten Sie die Entwicklung Ihrer Gegenübertragung.

Caspar und Grawe (1992) geben außerdem für die Gestaltung der therapeutischen Beziehung folgende Hinweise: »Als Basis für die therapeutische Beziehung empfehlen wir den TherapeutInnen, sich zu den wichtigsten zwischenmenschlichen Bedürfnissen von PatientInnen komplementär zu verhalten. Das bedeutet nicht einfach, daß Sie sich auf der Ebene von Verhalten kontingent verhalten sollen. Wenn z.B. PatientInnen einen großen Teil der Sitzung mit Klagen füllen, sollten die TherapeutInnen nicht einfach zuhören, und Empathie ausdrücken. Die TherapeutInnen sollten sich vielmehr komplementär verhalten, und zwar auf der Ebene von **Plänen**, die das klaghafte Verhalten steuern. In diesem Fall ist es nicht notwendigerweise ein Plan, Mitleid zu erwecken. Es könnte auch ein Plan sein, Verantwortung zu vermeiden, oder ein Plan, das Gesprächsthema in der therapeutischen Situation zu bestimmen. Wenn TherapeutInnen sich komplementär verhalten wollen, dann sollten sie sich komplementär zu diesen Plänen verhalten, und zwar aktiv und so wenig wie möglich kontingent zum Verhalten, das durch die Pläne gesteuert ist. Das bedeutet konkret, soweit möglich zu handeln, **bevor** das problematische Verhalten von den PatientInnen wieder produziert wird, und **nicht** als eine **Reaktion** darauf.« (S. 16)

Dies ist wohl einer der wichtigsten Unterschiede zwischen der **therapeutischen Beziehung** zum Patienten und unseren **Alltagsbeziehungen** zu persönlichen Bekannten, Freunden, Partnern, Kindern usw.

3. Anwendung einer erlaubenden und offenen Gesprächstechnik

Vor allem beim Erstkontakt sollte möglichst nur bezüglich der Erhebung der Basisdaten des Patienten strukturiert werden. Dies kann auch bereits vorab mit Hilfe des beiliegenden, vom Patienten vor der ersten Therapiesitzung im Wartezimmer auszufüllenden **Basis-Anamneseblattes** geschehen. Um genügend Zeit für die Besinnung auf die Basisdaten, das Ausfüllen und die innere Einstimmung auf den Erstkontakt zu haben, werden die

Patienten daher vor Beginn des tatsächlichen Erstgesprächs von mir jeweils ca. 20 Minuten früher bestellt.

Im Verlauf des nun stattfindenden Erstgespräches ist es wichtig, eine **erlaubende und akzeptierende Haltung** einzunehmen. Versuchen Sie auch eine möglichst offene Gesprächstechnik anzuwenden und damit auch eine »Ja-Haltung« beim Patienten zu erzeugen, um unnötige Abwehr oder Widerstände zu vermeiden. Der Patient sollte das Gefühl bekommen, daß Sie ihm Verständnis entgegenbringen, gleichgültig wie gravierend seine vorgebrachten Beschwerden sind. Dies ist auf der sprachlichen Ebene durch zustimmende Wiederholungen des vom Patienten Gesagten, durch emotionale Unterstützung, durch verständnisvolle Fragen usw. möglich, wie dies z.B. aus der **Gesprächstherapie**, der **Hypnotherapie** oder dem **Neurolinguistischen Programmieren** bekannt ist.

4. Beginn der Motivationsanalyse für die Therapie

Sie können auch bereits beim Erstgespräch versuchen, herauszufinden, ob der Patient aus eigener Initiative zu Ihnen kommt, oder ob er vom Hausarzt, Arbeitsamt, Vertrauensarzt, Chef, Angehörigen usw. »geschickt« wurde und damit eher eine äußere anstelle einer **inneren Motivation** aufweist.

Wieviele erfolglose Therapien hat der Patient schon hinter sich?

Wer unterstützt oder hindert ihn bei seiner Veränderung?

Kann er genügend Zeit und Energie für seine Therapie erübrigen oder wird es ein zusätzlicher Termin in einem ohnehin schon vollgepackten Tagesablauf sein? usw. Dies alles sind Fragen, die Sie im Erstgespräch oder den weiteren probatorischen Sitzungen einfließen lassen können.

5. Treffen einer Vorentscheidung

Manchmal müssen Sie sich bereits nach dem Erstgespräch entscheiden, ob Sie zur weiteren Abklärung einer therapeutisch tragfähigen Beziehung und Ihrer eigenen Kompetenzen den Patienten in den kommenden Wochen ein zweites Mal bestellen sollten, ihn an Kollegen weiterverweisen oder in Ihre Warteliste aufnehmen wollen. Spätestens jedoch am Ende der probatorischen Sitzungen müssen Sie das weitere Vorgehen festlegen, ob Sie dem Patienten z.B. sofort nach Genehmigung durch die Krankenkasse einen Therapieplatz anbieten können, ob Sie einen Testtermin vereinbaren oder eine Krisenintervention durchführen müssen.

Bitte machen Sie sich bei jeder dieser Entscheidungen auch immer Ihre eigenen Anteile bewußt, um mögliche persönliche Motive bei Ihrem Entscheidungsprozeß zu minimieren.

6. Aushändigen von Fragebögen zur Lebensgeschichte und zur Symptomatik

Insbesondere diejenigen Kollegen, die ein Studium der **Psychologie** absolviert haben und sich in ihrer Ausbildung mit Statistik und **Testpsychologie** intensiver beschäftigt haben, schätzen den Nutzen und die möglichen Zusatzinformationen, die sie durch das Ausfüllen verschiedener Fragebögen und die Anwendung anderer Testverfahren vom Patienten erhalten.

Abrechenbar sind neben den Fragebogentests auch orientierende Testverfahren, Funktionstests, projektive Testverfahren und standardisierte Intelligenz- und Entwicklungstests.

Für Weiterbildungsteilnehmer, praktizierende Verhaltenstherapeuten und auch für Kollegen die gerne mit dem Computer arbeiten, hat *Sulz* (1992) eine Reihe von Fragebögen und sehr empfehlenswerte Materialien entwickelt, das sog. »Verhaltensdiagnostiksystem« (VDS), sowie das entsprechende Software-Programm »Psychexpert«.

Der beiliegende **»Fragebogen für Verhaltenstherapie bei Erwachsenen«** (S. 62-73) wurde von mir in Anlehnung an den Fragebogen über die Lebensgeschichte von *Lazarus* (1978) unter Berücksichtigung diagnostischer Kategorien gemäß DSM-III-R (1989) und ICD-10 (1991) sowie des Informationsblattes für Verhaltenstherapie (1992) grundlegend überarbeitet. Er dient über die reine Informationsgewinnung hinaus bereits als erste therapeutische Intervention zur **Bewußtmachung und Mobilisierung der Selbsthilfekräfte des Patienten**.

Dieser Fragebogen ist so gestaltet, daß die für den Kassenantrag relevanten Daten in der dafür erforderlichen Reihenfolge erhoben werden. Er kann sowohl dem Patienten **nach** dem Erstgespräch ausgehändigt werden, um dann als vorbereitende Grundlage für die weiteren probatorischen Sitzungen zu dienen, als auch vom Verhaltenstherapeuten als Leitfaden und weitere Strukturierungshilfe für die Erhebung der biographischen Anamnese benutzt werden. Je nach Störung erhält der Patient weitere Fragebögen zur Symptomatik.

7. Aufbau von Selbstkontroll- und Selbstbeobachtungsmethoden

Nach dem Erstgespräch oder auch erst nach der zweiten oder dritten probatorischen Sitzung erhält der Patient eine sog. **»Selbstbeobachtungsliste« zur täglichen Aufzeichnung** seiner Symptomatik, des Tagesablaufes, der Einnahme von Medikamenten, Alkohol oder anderer relevanter Substanzen usw. Dies dient zur Erhebung einer sog. »**baseline**«, der Prüfung der für die Verhaltenstherapie notwendigen Compliance, erster Beobachtungen von möglichen Symptomzusammenhängen, sowie weiterer Informationen über den Patienten. Selbstbeobachtungs- und Selbstkontrollisten werden von vielen Patienten über den gesamten Therapieverlauf hinweg geführt.

Wenn Sie sich über das hier kurz Gesagte hinaus für das Thema **Hausaufgaben in der Psychotherapie** interessieren sollten, dann möchte ich Ihnen die Lektüre des gleichnamigen Artikels von *Kemmler* et al. über eine aktuelle Praktikerbefragung empfehlen. Ich persönlich verwende jedoch lieber den Begriff **»Therapieaufgaben«**, da bei vielen Patienten der schulische Begriff »Hausaufgaben« zu negativ besetzt ist und deshalb manchmal unnötige Widerstände gegen Veränderung erzeugt.

Sowohl die **Akteinlage**, als auch der **»Fragebogen für Verhaltenstherapie bei Erwachsenen«** stellen als Grundlage für den »Bericht zum Erstantrag« eine deutliche **Erleichterung für die Erstellung des Kassenantrags** dar, da Sie bereits mit Hilfe des Patienten und der probatorischen Sitzungen unter Benutzung dieser Hilfsmittel einen Vorentwurf erstellen können. Auch bei der Durchführung einer Kurzzeittherapie möchte ich Ihnen dringend diese Vorgehensweise empfehlen, da sie Ihnen das Erstellen eines realistischen Behandlungsplanes in jedem Fall erleichtert.

Im Kapitel über »Die Abfassung des Kassenantrags« (S. 143-149) werde ich noch ausführlicher auf theoretische Hintergründe und Inhalte in Form eines Leitfadens zur Erstellung des Erstantrags für Verhaltenstherapeuten eingehen.

Praktisches Vorgehen

Zusammenfassend möchte ich nochmals das mögliche praktische Vorgehen bei Erstgesprächen in der Praxis skizzieren:
1. Die Patienten füllen **vor** Beginn des Erstgesprächs den Bogen **Basisanamnese** (S. 60) aus.
2. Nur diejenigen Patienten, die Sie in die engere Auswahl für die Durchführung einer Kurzzeit- oder Langzeittherapie nehmen, erhalten den **Fragebogen für Verhaltenstherapie** (S. 62-73).
3. Die mündlich und schriftlich gewonnenen Anamnesedaten werden von Ihnen bereits in Fachtermini in die **Akteinlage Nr. 1** (S. 74-76) übertragen, die Ihnen als Gerüst für die Erstellung des Kassenantrags dient.
4. Nach Beendigung des Erstgesprächs füllen diejenigen Patienten, die Sie nochmals einbestellen, im Wartezimmer das **Informationsblatt** (S. 77-78) aus, sowie das Formular PTV für die Krankenkasse.

Basisanamnese-Bogen
G. Görlitz

Zur Vorbereitung auf das Erstgespräch mit der Psychotherapeutin/dem Psychotherapeuten bitten wir Sie, folgenden Bogen für das im Anschluß stattfindende Erstgespräch auszufüllen.

A. Persönliche Angaben

– Name: . . . . Geburtsdatum: . . . .

– Adresse: . . . .

– Wie sind Sie auf unsere Praxis gekommen? . . . .

– Von welchem Arzt wurden Sie überwiesen? . . . .

– Bei welchem Hausarzt oder welchen Fachärzten sind Sie in den vergangenen drei Jahren in Behandlung gewesen?
. . . .

– Mit wieviel Personen (Erwachsenen . . . /Kindern . . .) wohnen Sie zusammen?

– Größe Ihrer Wohnung oder Ihres Hauses: . . . .

– Schulabschluß: . . . .

– Derzeitige Berufstätigkeit: . . . .

   seit: . . . . bei: . . . .

– frühere Tätigkeiten: . . . .

– Unter welchen Problemen leiden Sie (Grund des Kommens)?

B. Medizinischer Bereich

– Größe: . . . . Gewicht: . . . .

– körperliche Erkrankungen:

   früher: heute:

– bisherige medizinische Untersuchungen/Klinikaufenthalte:

– Bitte geben Sie an, was Sie regelmäßig oder unregelmäßig einnehmen:
   früher: heute:

Medikamente: . . . .

Alkohol: . . . .

   früher: heute:

Zigaretten: . . . .

Drogen: . . . .
(Haschisch, Heroin, LSD, Ecstasy,
Drogenersatzmittel etc.)

Kaffee: . . . .

Tee: . . . .

C. Psychischer Bereich

Bisherige Behandlungen, Klinikaufenthalte (im psychischen Bereich)

Was möchten Sie in Ihrem Leben verändern?

Beschreiben Sie bitte kurz Ihren Lebenslauf und wie er Ihrer Meinung nach zu den heutigen Problemen geführt haben könnte:

Das Erstinterview

Fragebogen für Verhaltenstherapie bei Erwachsenen
G. Görlitz

Name . . . . Alter . . . . . . Datum . . . .

Die Absicht dieses Fragebogens besteht darin, ein umfassendes Bild von Ihnen und der Umwelt zu bekommen, in der Sie leben.

Wenn Sie diesen Fragebogen so vollständig und genau wie möglich ausfüllen, erleichtern Sie sich und Ihrem Therapeuten das Erkennen der Problemzusammenhänge sowie die Durchführung der therapeutischen Behandlung. Die aufgeführten Fragen sind nur eine Vorbereitung auf das Gespräch mit Ihrem Therapeuten, der jede einzelne Frage nocheinmal mit Ihnen durchsprechen wird. Sie können dann Ihre Angaben jederzeit noch ergänzen oder korrigieren.

Die folgenden Fragen verdeutlichen Ihnen vielleicht bereits, daß wir davon ausgehen, daß der Mensch viele Selbsthilfemöglichkeiten besitzt, die mit Hilfe einer verhaltenstherapeutischen Behandlung mobilisiert werden können. Der Therapeut selbst versteht sich nur als Begleiter und Wegweiser, Verhaltenstherapie als Hilfe zur Selbsthilfe.

Viele der folgenden Fragen sind sehr persönlich. Ihre Angaben werden daher streng vertraulich behandelt. Es ist keinem Außenstehenden ohne Ihre Erlaubnis gestattet, diese Daten einzusehen. Nach der Besprechung und Auswertung erhalten Sie den Fragebogen wieder zurück.

Bitte planen Sie für diesen Fragebogen ca. 3-5 Stunden störungsfreier Zeit ein und bringen Sie ihn ausgefüllt zum zweiten Vorgespräch mit.

I. Angaben zur Symptomatik:

1. Beschwerden in ihrer **Kinder- und Jugendzeit** bis ca. 18. Lebensjahr

   Bitte unterstreichen Sie im folgenden nur die Probleme, die in Ihrer **Kindheit bzw. Jugend** für einen längeren Zeitraum als drei Monate auftraten oder heute noch bestehen:

   Nägelknabbern – Haareausreißen – Tics – Einnässen – Einkoten – Anfallsleiden – Krämpfe – Schlafwandeln – nächtliches Schreien – Entwicklungsverzögerung – vorzeitige Entwicklung – Wachstumsstörung – Übergewicht – Untergewicht – Eßstörungen (z.B. Magersucht, Eß-Brech-Sucht usw.) – Selbstverletzungen – übertriebene Selbstbefriedigung – sexuelle Abweichungen – Stehlen – Lügen – Zündeln – Ausreißen – Schuleschwänzen – Konzentrationsstörungen – Lese-, Rechen- oder Schreibstörungen – Lispeln – Stottern – Stammeln – Poltern oder andere Sprachstörungen – Kopfschmerzen – Kreislaufbeschwerden – Magen-Darm-Beschwerden – Übelkeit – Mißbrauch von Medikamenten – Alkohol – Rauchen – Drogen – Allergien – Atembeschwerden – Asthma – übertriebener Ehrgeiz – Leistungsschwankungen – Minderwertigkeitsgefühle – Kontaktprobleme – Unselbständigkeit – Ängste – Zwänge – Ordnungsdrang – Schlampigkeit – Distanzlosigkeit – Kasperlverhalten – aggressives Verhalten – Trotz – Eifersucht – Selbstmordäußerungen – Traurigkeit

   . . . .

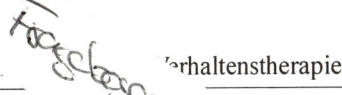
...rhaltenstherapie

2. Beschwerden die heute im **Erwachsenen-Alter** auf Sie zutreffen:

Schmerzen – Schlafstörungen – Arbeitsstörungen – Angst vor Menschen – Minderwertigkeitsgefühle – Erröten – Zittern – Schwitzen – Kloßgefühl – Umweltzerstörung – Angst vor dem Alleinsein – wechselnde körperliche Beschw... sexuelle Probleme – Stimmungsschwankungen – grundlose anhaltende Traurigkei... Selbstmordgedanken – Sprachstörungen – Panikzustände – Partnerschaftsprobleme – Tagträumen – Grübeln – Verfolgungsgedanken – Überempfindlichkeit – Katastrophenphantasien – Ohnmachtsanfälle – Angst vor Höhen – Angst in geschlossenen Räumen – Schuldgefühle – übertriebene Aufregung – Zukunftsängste – Hilflosigkeit – Selbstmordversuche – Prüfungsangst – häufiger Arbeitsplatzwechsel – Schwindel – Herzbeschwerden – körperliche Unruhe – Kopfschmerzen – Benommenheit – Bewegungsmangel – Magen-Darm-Beschwerden – Zwänge – Spielsucht – Arbeitssucht – Kontaktprobleme – Konflikte – Ärger – Alkohol – Beruhigungsmittel – Schlaflosigkeit – Diäten – Drogen – Störungen des Eßverhaltens – Lustlosigkeit – Überforderung – Unterforderung – Entscheidungsprobleme – finanzielle Probleme – Abhängigkeiten – Einsamkeit – Konzentrationsschwierigkeiten – Gedächtnisprobleme – Antriebslosigkeit – Gewichtsverlust – Appetitverlust – unkontrollierte Wutausbrüche – Allergien – Asthma – Libidoverlust – Krankheiten

. . . .

Die folgenden Fragen beziehen sich nun auf das Problem, unter dem Sie momentan am meisten leiden, auf den **Grund Ihres Kommens**:

3. Angaben zur Symptomatik, Problembeschreibung:

4. Seit wann bestehen Ihre Probleme?

5. Bitte beschreiben Sie, wie sich Ihre Probleme vom ersten Auftreten bis heute entwickelt haben.

6. Haben Sie bereits zu einem früheren Zeitpunkt einen Psychotherapeuten aufgesucht, oder sich in psychotherapeutische Behandlung begeben, oder waren Sie bereits in einer psychotherapeutischen Klinik? (Therapieform/Jahr/Dauer)

7. Wie versuchen Sie bisher sich selbst zu helfen?

II. Lebensgeschichtliche Entwicklung – Krankheitsanamnese

1. **Lebensgeschichtliche Ereignisse**

   Bitte beschreiben Sie wichtige angenehme und unangenehme Ereignisse Ihrer Lebensgeschichte während der unten angegebenen Lebensabschnitte und die möglichen Zusammenhänge zur heutigen Symptomatik:

   0-3 Jahre (z.B. Probleme bei Schwangerschaft, Geburt, Ernährung, frühkindlicher Entwicklung, wer hat Sie betreut, wo sind Sie aufgewachsen usw.)

   3-6 Jahre (z.B. Kindergarten, Umzüge, Bezugspersonenwechsel usw.)

   6-10 Jahre (z.B. Einschulung, Beziehung zu Lehrern, Erziehern usw.)

   10-15 Jahre (z.B. erste sexuelle Erfahrungen, Freundschaften, Pubertätsprobleme usw.)

   15-20 Jahre (z.B. Schulabschluß, Berufsausbildung, Ablösungsprozeß vom Elternhaus, Einstellung und Beziehung zum anderen Geschlecht usw.)

   20-25 Jahre (z.B. Partnersuche, Abgrenzungswünsche von den Eltern, Selbständigkeitsentwicklung usw.)

   ab dem 25. Lebensjahr:

2. **Familie und Bezugspersonen:**
   Wie erlebten Sie die Atmosphäre in Ihrer Herkunftsfamilie?
   (z.B. harmonisch, angespannt, konfliktvermeidend, durch Streit geprägt, ruhig, hektisch, liebevoll, unpersönlich usw.) Unterstreichen Sie Zutreffendes und beschreiben Sie diese mit Ihren eigenen Worten:

   . . . .

   Mutter: Alter bei Geburt . . . . . . Beruf: . . . .

   falls verstorben: Jahr . . . . Todesursache: . . . .

   Beschreiben Sie die Persönlichkeit Ihrer Mutter und Ihre gegenseitige Beziehung während Ihrer Kindheit.

Welche Erlebnisse mit Ihrer Mutter prägen Sie heute noch?

Schreiben Sie bitte zwei bis drei typische Sätze Ihrer Mutter auf:
1.
2.
3.
Erziehungsstil (Lob, Strafen, Regeln, Zuwendung, Strenge usw.:)

Wie versuchen Sie selbst, heute Ihren erwachsenen Beitrag zu einer befriedigenden Beziehung zu Ihrer Mutter zu leisten?

Vater: Alter bei Geburt . . . . Beruf: . . . .

falls verstorben: Jahr . . . . Todesursache: . . . .

Beschreiben Sie die Persönlichkeit Ihres Vaters und Ihre gegenseitige Beziehung während Ihrer Kindheit.

Welche Erlebnisse mit Ihrem Vater prägen Sie heute noch?

Schreiben Sie bitte zwei bis drei typische Sätze Ihres Vaters auf:
1.
2.
3.
Erziehungsstil (Lob, Strafen, Regeln, Zuwendung, Strenge usw.:)

Wie versuchen Sie selbst, heute Ihren erwachsenen Beitrag zu einer befriedigenden Beziehung zu Ihrem Vater zu leisten?

Geschwister:
Beschreiben Sie Ihre Beziehungen zu Ihren Geschwistern:
Name   (Alter)   früher   heute
...
...
...

andere Bezugspersonen:

Sexualität
Beschreiben Sie nun Ihre eigene sexuelle Entwicklung:
. . . .

Einstellung Ihrer Eltern/Geschwister gegenüber Sexualität:
. . . .

Gab es sexuelle Anzüglichkeiten, Grenzüberschreitungen oder Mißbrauch in Ihrer Familie?
. . . .

Familiäre Erkrankungen
Schildern Sie Ihre eigene sexuelle Entwicklung, Ihre Einstellungen und sexuellen Gewohnheiten . . . .
Welche der folgenden Erkrankungen trifft auf eines Ihrer Familienmitglieder zu?
seelische Erkrankungen . . . .
schwere körperliche Erkrankungen . . . .
Alkoholismus – Selbstmordversuche – Behinderungen . . . .
Welche Familienmitglieder oder andere Verwandte leiden unter ähnlichen Problemen wie Sie? . . . .
. . . .

3. Schulische/berufliche Laufbahn:

Welche Schulzweige besuchten Sie (von – bis/Abschluß/Noten)

1.   3.
2.   4.

Schulabschluß: . . . . Durchschnittsnote: . . . .
Anschließende Berufsausbildung: . . . .
von . . . . bis . . . .
zusätzliche Schulbesuche/Weiterbildungen: . . . .
Berufswunsch Ihrer Eltern: . . . .
eigener Berufswunsch: . . . .
bisherige Arbeitsstellen: . . . .

Jetzige Tätigkeit seit: . . . . sind Sie damit zufrieden? . . . .
Veränderungswünsche: . . . .
. . . .
Wieviel Geld verdienen Sie? (Brutto) . . . . (Netto) . . . .
Wieviel Geld benötigen sie monatlich für Ihren Lebensunterhalt? . . . .

4. Partnerschaft: Alter des Partners: . . . . , Schulabschluß: . . . .
Beruf . . . . .befreundet seit . . . . , verheiratet seit . . . .
In welchen Bereichen verstehen Sie sich gut?

weniger gut?

Bitte zählen Sie noch frühere Freunde bzw. Partnerschaften auf und deren Dauer
...
...
...

5. Kinder:

Name	Geschlecht	Alter	Schule/Beruf	Positives	Beziehung
...					
...					
...					
...					

Hat eines Ihrer Kinder spezielle Probleme?

Hatten Sie Früh- oder Fehlgeburten, Schwangerschaftsabbrüche oder anderes?

6. Aktuelle Lebenssituation:
Zeichnen Sie nun eine kleine Skizze Ihrer Wohnung und machen Sie daneben kurze Angaben über Größe, Positives und Negatives Ihrer Wohnsituation.

Wie verbringen Sie Ihre Freizeit?

Haben Sie Bekannte und Freunde?
Vorname, Alter, Dauer der Freundschaften, Gemeinsamkeiten, wie häufig treffen Sie sich?
…
…
…
…
…
Welche Hobbies haben Sie und wie häufig im Monat beschäftigen Sie sich damit?

Mögen Sie Wochenenden und Urlaub?
Was gefällt Ihnen daran? Was gefällt Ihnen nicht?

Was möchten Sie an Ihrer Lebenssituation verändern?
. . . .

Was hindert Sie daran?
. . . .

Wie versuchen Sie sich dabei bereits selbst zu helfen?
. . . .
. . . .

III. Psychischer Befund / Beziehung zum Therapeuten:

1. Wie ist gewöhnlich Ihre Grundstimmung?

2. Haben Sie in der Schule, beim Arbeitsamt oder an anderen Stellen bereits eine psychologische Testuntersuchung gemacht?

3. Wie wünschen Sie sich idealerweise die Beziehung zu Ihrer Therapeutin bzw. Ihrem Therapeuten?

4. Wie stellen Sie sich den idealen Patienten vor?

5. Was glauben Sie selbst davon nicht erfüllen zu können?

6. Was befürchten Sie im Kontakt mit Ihrer Therapeutin/Ihrem Therapeuten?

IV. Körperlicher Befund:

1. Welche ärztlichen Diagnosen und Untersuchungsbefunde der letzten fünf Jahre sind Ihnen bekannt? (bitten Sie Ihre behandelnden Ärzte um die Zusendung ärztlicher Befundberichte an Ihren Therapeuten/Ihre Therapeutin)

2. Welche Krankheiten, Unfälle, Operationen haben Sie durchgemacht?

3. Größe . . . . . Gewicht (heute) . . . . . mit 18 J. . . . . . Wunschgewicht: . . . . .
4. Wieviele warme und kalte Mahlzeiten essen Sie pro Tag? . . . .
5. Ernähren Sie sich auf eine bestimmte Art und Weise? . . . .
6. Zählen Sie Kalorien? . . . . Wieviele pro Tag . . . .
7. Wann gehen Sie gewöhnlich zu Bett und stehen wieder auf? . . . .
8. Wieviele Stunden schlafen Sie im Durchschnitt? . . . .
   Halten Sie dies für ausreichend?
9. Wieviele Tage pro Woche . . . . / Std. pro Tag . . . . Überstd. pro Tag
   . . . . arbeiten Sie?
   Welche Arbeitszeit wünschen sie sich? . . . .
10. Bitte geben Sie an, welche der folgenden Substanzen Sie **in den letzten fünf Jahren** eingenommen haben und zur Zeit einnehmen.

    Medikamente: früher   heute

    Drogen: früher   heute

    Alkohol: früher   heute

    Zigaretten: früher   heute

    Kaffee/schwarzer Tee: früher   heute

11. Wie halten Sie Ihren Körper fit?
    Welchen Sport machen Sie? (früher – heute – wie häufig pro Woche)

V. Verhaltensanalyse:

a) **Bedingungsanalyse:**

   1. Was ist Ihnen über die Entstehungsbedingungen Ihrer Probleme bekannt, was glauben Sie selbst, womit sie zusammenhängen?

2. In welchen Situationen und unter welchen Bedingungen treten Ihre Probleme gehäuft auf?

3. In welchen Situationen und unter welchen Bedingungen treten Ihre Probleme nicht bzw. seltener auf? Wann fühlen Sie sich besser?

b) **Phänomenologie (Erlebnisebenen):**
   1. Welche typischen **Gedanken** bestimmen heute ihr Leben?

   2. Welche **Gefühle** sind damit verbunden?

   3. Welche **körperlichen Reaktionen** erleben Sie im Zusammenhang mit Ihren Problemen?

   4. Wie **verhalten** Sie sich, wenn Ihr Problem auftritt, was tun Sie, um sich zu helfen?

c) **Funktionsanalyse (Krankheitssinn):**
   1. Wer unterstützt Sie im Umgang mit Ihren Problemen? Wer hilft Ihnen und spricht mit Ihnen?

   2. Vielleicht wissen Sie, daß in jeder Krise auch eine Chance und ein positiver Sinn liegt. Welchen möglichen Sinn könnte Ihr Problem haben?
   für Sie:

   für Ihre Umgebung:

   3. Was möchten Sie gerne mit der freien Zeit tun, die Sie möglicherweise dann haben, wenn Sie sich nicht mehr mit Ihren Problemen beschäftigen müssen?

   4. Welche Personen außer Ihnen würden von einem Therapieerfolg profitieren?

   5. Woran hindert Sie Ihr Problem?

   6. Wann benutzen Sie Ihre Probleme auch schon mal als Ausrede?

   7. Was müßte passieren, damit Ihr Problem wie von selbst verschwindet?

   8. Auf welche mögliche Überforderung oder Überbelastung macht Ihr Problem Sie aufmerksam?

d) **Analyse weiterer Einflußfaktoren:**

1. **Begabungen, Fähigkeiten, Aktivitäten:**

   Was können Sie gut? Was macht Ihnen Spaß (früher – heute)?

   Wofür erhalten Sie Lob und Anerkennung?

   Was beruhigt Sie?

2. **Selbsthilfemöglichkeiten und Bewältigungsfertigkeiten:**

   Wie haben Sie sich bisher bei Krisen oder Lebensproblemen geholfen?

   Sind Sie bereit, zwischen den einzelnen Sitzungen Therapieaufgaben zu erledigen (z.B. täglich schriftliche Problemaufzeichnungen, Umstellung von Gewohnheiten, Kontaktübungen o.ä.)?

   Wieviel Prozent der Verantwortung für Ihr Problem tragen Sie selbst
   (0-100):   andere (0-100):

3. **Defizite / Schwächen / fehlende Strategien:**

   Welche Anforderungen des Lebens fallen Ihnen besonders schwer zu erfüllen?

   Welche Schwächen sind Ihnen bewußt?

   In welchen Situationen fühlen Sie sich völlig hilflos?

   Was vermeiden Sie?

4. **Umweltbedingungen:**

   Wieviele und welche Gedanken machen Sie sich über gesellschaftliche Bedingungen, Politik, Umweltbedrohungen und Umweltzerstörung?

   Mit welchen Umweltthemen beschäftigen Sie sich (z.B. Naturerhaltung, Kernkraft, Energiesparen, Ozon, Müllvermeidung usw.)

   Was tun Sie selbst, um sich diesbezüglich besser zu fühlen?

Welcher mögliche Zusammenhang könnte zwischen Ihren Beschwerden einerseits und gesellschaftlichen Bedingungen und Umweltproblemen andererseits bestehen?

5. **Motivationsanalyse:**

In welcher Form können Sie selbst zur Unterstützung Ihrer gewünschten Veränderung beitragen?

Wer außer Ihnen hat noch Interesse daran, daß Sie sich in Therapie begeben?

Wer steht Ihrer psychotherapeutischen Behandlung eher ablehnend gegenüber?

Wie dringend ist es für Sie, sich in psychotherapeutische Behandlung zu begeben?
0 (unnötig) — 20 — 40 — 50 (mittel) — 60 — 80 — 100 (unbedingt sofort erforderlich)

Welche Ihrer Bezugspersonen wären bereit, gelegentlich zu Therapiesitzungen mitzukommen?

VI. Diagnose:

Wie bezeichnen Sie selbst Ihr Problem? . . . .

Wie bezeichnen Angehörige Ihr Problem? . . . .

Diagnose des Hausarztes: . . . .

andere fachärztliche Diagnosen: . . . .

VII. Therapieziele:

Nennen Sie nun bitte Ihre 3 wichtigsten **Wünsche**: . . . .
. . . .

Nennen Sie bitte konkrete therapeutische Veränderungsziele:	Was wäre konkret zu tun, um diese Ziele zu erreichen?
1.	1.
2.	2.
3.	3.
4.	4.
5.	5.

Wie haben Sie bereits selbst begonnen, sich zu verändern, oder was könnten Sie zusätzlich noch zu Ihrer Veränderung beitragen?

Fragebogen für Verhaltenstherapie

VIII. Behandlungsplan:

a) Wieviel Zeit können Sie pro Tag für therapeutische Aufgaben zur Mobilisierung Ihrer Selbsthilfekräfte einplanen?

b) Wieviele Sitzungen und Monate sollte eine therapeutische Behandlung Ihrer Meinung nach dauern? (mindestens/höchstens)

c) Wie haben Sie sich im Vorfeld der Therapie mit Hilfsmöglichkeiten beschäftigt (z.B. Autogenes Training, Lesen psychologischer Literatur, Selbsthilfegruppen usw.)

d) Ist Ihnen beim Ausfüllen des Fragebogens irgendetwas deutlicher oder bewußter geworden, das Ihnen selbst helfen könnte, die Probleme zu bewältigen?

e) Welche Veränderungsschritte kosten am wenigsten Mut

....

am meisten Mut ....

....

Zum Schluß:

Wie fühlen Sie sich jetzt nach dem Ausfüllen des gesamten Fragebogens?

Der Erfolg der Therapie hängt u.a. auch von Ihrer Bereitschaft ab, der Therapeutin/dem Therapeuten möglichst umfassende Informationen zu geben. Welche zusätzlichen Informationen erscheinen Ihnen noch wichtig zu sein (beängstigende Erfahrungen, familiäre Geheimnisse, kriminelle Handlungen, Vorerkrankungen usw.)

Wenn es Ihnen gelungen ist, diesen Fragebogen offen und ehrlich bis hierher auszufüllen, dann ist dies bereits ein erster wichtiger therapeutischer Schritt.

Literatur:

Lazarus, A.A., Fragebogen über die Lebensgeschichte. Verhaltenstherapie im Übergang. Ernst Reinhardt Verlag 1978 / ICD-10. Verlag Hans Huber 1991 / DSM IV Hogrefe 1996 / Informationsblatt für Verhaltenstherapie Formblatt PTV 3abc. Paul Albrecht Verlag 1992

Akteinlage Nr. 1: zur Erstellung des Kassenantrags bei Erwachsenen
— für Verhaltenstherapie —
G. Görlitz

Name . . . . geb. . . . .
Krankenkasse
überwiesen durch . . . .

1. Angaben zur spontan berichteten und erfragten Symptomatik

2. Lebensgeschichtliche Entwicklung, Krankheitsanamnese
a) Belastende Lebensereignisse
0-10 Jahre

10-20 Jahre

ab 20 Jahre

b) bisher durchgeführte Behandlungen

c) Situation in der Herkunftsfamilie

d) Bezugspersonen
Mutter: . . . . Alter bei Geburt: . . . . Beruf: . . . .

Vater: . . . . Alter bei Geburt: . . . . Beruf: . . . .

Geschwister

andere Bezugspersonen:

e) schulische/berufliche Laufbahn

f) Partnerschaft

g) Kinder

h) aktuelle Lebenssituation

3. **Psychischer Befund** (Testbefunde, psychopathologische Befunde, Interaktion usw.)

4. **Somatischer Befund**
ärztliche Diagnosen und Untersuchungsbefunde

relevante Krankheiten

Größe . . . . Gewicht (heute) . . . . (mit 18 J.) . . . .
Medikamente:
Drogen:
Alkohol:
Zigaretten:
Kaffee/Tee:

5. **Verhaltensanalyse**
a) Bedingungsanalyse
Theoretisches Modell (Entstehungsbedingungen der Störung)

Auslösebedingungen (Bedingungen unter denen das Problem gehäuft auftritt)

Bedingungen unter denen das Problem nicht bzw. seltener auftritt

b) Phänomenologie (vier Ebenen)
Kognitionen

Emotionen

Physiologie

Motorik und Verhalten

c) Funktionsanalyse (Krankheitssinn und Krankheitsgewinn)

d) Analyse weiterer Einflußfaktoren:
Verstärker, Fähigkeiten, Aktivitäten, Ressourcen

Selbsthilfemöglichkeiten und Bewältigungsfertigkeiten

Defizite, Schwächen, fehlende Strategien

Motivationsanalyse, Compliance, Prognose

6. **Diagnose**

7. **Therapieziele**

8. **Behandlungsplan**

9. **Umwandlung von Kurzzeit- in Langzeittherapie** (Begründung, bisheriger Therapieverlauf)

Psychologische Gemeinschaftspraxis
verhaltenstherapeutische Kinder-, Jugendlichen- und Erwachsenentherapie

G. Görlitz, Dipl.Psych. – Dr. B. Hippler, Dipl.Psych. – W. Scholz, Dipl.Psych.

Informationsblatt

Sie haben sich bei uns für eine Psychotherapie (Verhaltenstherapie) angemeldet: dazu gehört immer noch ein wenig Mut, da der Gang zum Psychotherapeuten auch heute noch keineswegs selbstverständlich ist. Es bedarf dazu manchmal eines Anstosses von außen, ganz gewiß aber auch eines inneren Entschlusses.
Nach unseren Erfahrungen haben Sie einen ersten wichtigen Schritt für sich getan, möglicherweise schon dadurch Veränderungen anzubahnen. Natürlich sind Sie daran interessiert, mit der Therapie so bald wie möglich beginnen zu können und ärgern sich über unsere Wartezeit. Wegen der vielen Anmeldungen in unserer Praxis ist es jedoch nicht zu vermeiden, daß Sie eine gewisse Zeit warten müssen. Sie können sich und uns jedoch helfen, die Therapie vorzubereiten. Dazu sollen Ihnen die folgenden Informationen dienen.

1. Zur Abrechnung

Wenn Sie bei einer Ersatzkrankenkasse oder einer sonstigen gesetzlichen Krankenkasse (AOK, IKK, BKK, LKK usw.) versichert sind, werden die Kosten verhaltenstherapeutischer Behandlung von diesen Kassen in der Regel übernommen.
Prinzipiell gesichert hierbei ist die Kostenübernahme der probatorischen Sitzungen (bis zu vier). Die Genehmigung zur Durchführung einer Verhaltenstherapie erfolgt durch die Krankenkassen, nachdem vorher dort ein Antrag gestellt worden ist. Beantragt werden können eine Probetherapie bis zu 15 Sitzungen, Kurzzeittherapien über 25 Sitzungen und Langzeittherapien über 45 Sitzungen, die nochmals um 15 Sitzungen verlängert werden können.
Sollten Sie bei einer privaten Krankenkasse oder bei einer Beihilfestelle versichert sein, empfiehlt es sich dringend, vor Antritt der Therapie nachzufragen, wie diese Krankenkassen Verhaltenstherapie bezuschussen, die von einem »durch die Kassenärztliche Vereinigung anerkannten Psychotherapeuten« durchgeführt wird. Die Regelungen der einzelnen privaten Kassen sind sehr unterschiedlich und reichen von voller Deckung des Honorarsatzes bis zu völliger Ablehnung der Übernahme.
Die Wartezeit nach der letzten Sitzung einer vorangegangenen Psychotherapie beträgt in der Regel 2 Jahre bis zum möglichen Beginn einer erneuten psychotherapeutischen Behandlung. Dies ist auch deshalb sinnvoll, weil der psychotherapeutische Prozeß auch nach Abschluß einer Therapie noch längere Zeit nachwirkt und verarbeitet werden muß.

2. Zu den Terminvereinbarungen

Ihre Termine werden so vereinbart, daß in der Regel vor den Sitzungen keine Wartezeiten anfallen. Das bedeutet für den Therapeuten, daß bei zu kurzfristigen Absagen kein anderer Klient einspringen kann. Deshalb werden Sitzungen, die nicht spätestens zwei Werktage vor dem Termin abgesagt werden und die auch von uns nicht mehr kurzfristig mit einem anderen Klienten zu besetzen sind, Ihnen in Rechnung gestellt. Hierbei wird der jeweilige Kassensatz berechnet.
Einzelsitzungen dauern in der Regel 50 Minuten (in Ausnahmefällen 25 Minuten), Gruppensitzungen dauern 100 Minuten.
Sollten Sie Kinder zur Therapie angemeldet haben, so findet das Erstgespräch nur mit den Eltern statt.

3. Mitteilungen an Ärzte

Um die meist sehr wichtige Zusammenarbeit zwischen Ihren behandelnden Ärzten und uns sicherzustellen, ist es sinnvoll, Informationen auszutauschen. Aus Gründen des Datenschutzes und der Schweigepflicht brauchen wir hierfür Ihr schriftliches Einverständnis.
Bitte führen Sie alle behandelnden Ärzte unten auf und kennzeichnen Sie in der rechten Spalte, ob Sie uns eine Schweigepflichtentbindung erteilen wollen.

Behandelnde Ärzte   Schweigepflichtentbindung   ja / nein

. . . .   ja / nein

. . . .   ja / nein

. . . .   ja / nein

. . . .   ja / nein

. . . .   ja / nein

4. Zur Therapie

Noch ein Wort zu Ihrer Therapie.
Veränderungen, die Sie bei sich erreichen wollen, sind manchmal mit schmerzhaften seelischen Prozessen verbunden. Es ist wichtig für Sie zu wissen, daß auch so etwas auf Sie zukommen kann. Für Ihre und unsere Arbeit ist die Bereitschaft wichtig, solche schmerzhaften Perioden durchzustehen, damit Sie Ihre Therapie erfolgreich gestalten und beenden können. Bitte besprechen sie dies auch mit Ihren Angehörigen.
Bitte prüfen Sie für sich noch vor Therapiebeginn ob es Ihnen möglich sein wird, in den kommenden 1 bis 2 Jahren auch die notwendigen regelmäßigen wöchentlichen Termine verläßlich einzuhalten und Ihre Urlaubspläne mit ihrem Therapeuten rechtzeitig zu besprechen.

Der Erfolg einer verhaltenstherapeutischen Behandlung hängt auch wesentlich von Ihrer Bereitschaft zur Mitarbeit ab und Ihren zeitlichen Möglichkeiten. Für therapeutische Übungen und das Ausfüllen von Fragebögen und Selbstbeobachtungslisten usw. benötigen Sie während Ihres gesamten Therapieprozesses täglich ca. ½ – 1 Stunde zusätzliche Zeit. Bitte prüfen Sie vor Therapiebeginn, ob Ihnen dies in Ihrer momentanen Lebensphase auch möglich ist.

Ich erkläre mich mit dem Inhalt des Informationsblattes einverstanden

Augsburg, den . . . .   Unterschrift . . . .

**Das Erstgespräch in der Verhaltenstherapie – Ein Beispiel:
Patientin: F 050763**

G. Görlitz

Im folgenden möchte ich Ihnen gerne auszugsweise ein Protokoll eines verhaltenstherapeutischen Erstgespräches mit der Patientin F. exemplarisch aufzeigen. Da ich das Erstgespräch und die probatorischen Sitzungen für eine Lehrveranstaltung zum Thema »Soziale Ängste und Selbstunsichere Persönlichkeitsstörungen« auf Video-Band aufgenommen habe, ist es mir auch möglich, Auszüge in wörtlicher Rede wiederzugeben. Die persönlichen Angaben der Patientin habe ich jedoch im folgenden so verändert, daß sie für den Leser nicht identifizierbar ist.

Die Patientin hat bereits vor Beginn der Therapiesitzung im Warteraum ihre **Basisdaten** aufgeschrieben und händigt das Blatt nun der Therapeutin aus. Daraufhin bitte ich die 28jährige, mittelgroße, freundlich lächelnde Patientin Platz zu nehmen und beginne die Sitzung mit folgenden Worten:

Ther.: »Wir machen heute zunächst einmal ein Informationsgespräch, um für Sie und mich abzuklären, ob Verhaltenstherapie für Sie die richtige Behandlungsmethode ist, ob Sie sich hier wohlfühlen, ob wir beide das Gefühl haben, gut zusammenarbeiten zu können ... und auch um Ihre möglichen Fragen bezüglich einer Therapie zu beantworten.«

Pat.: »Mein Hausarzt sagte aber, daß ich hier bei Ihnen richtig sei.«

Ther.: »Und gleichzeitig ist es für Sie und für mich wichtig zu prüfen, ob dies hier auch die richtige Methode ist, Ihnen zu helfen, Ihre Probleme zu überwinden und ob wir beide uns gut verstehen werden. Bevor Sie mir über den Grund Ihres Kommens berichten, möchte ich mit Ihnen noch kurz Ihre Angaben auf diesem Blatt durchgehen.

Anmerkung: Es folgen jetzt konkrete Fragen zu den einzelnen Angaben, z.B. »Wie häufig und aus welchen Gründen sind Sie in ärztlicher Behandlung? Berichten Sie mir bitte noch etwas ausführlicher über Ihre schulische und berufliche Laufbahn. Wie wohl fühlen Sie sich in Ihrem Beruf und an Ihrem Arbeitsplatz? Wie geht es Ihnen in Ihrer Ehe? Beschreiben Sie bitte kurz die Beziehung zwischen Ihnen und Ihrem Ehemann« usw. Die Besprechung dieser Basisdaten dauert in der Regel ca. 10-20 Minuten. Im Anschluß daran stellte ich der oben erwähnten Patientin ebenfalls die meist wiederkehrende Frage:

Ther.: »Bitte erzählen Sie mir nun etwas ausführlicher, warum Sie sich in eine verhaltenstherapeutische Behandlung begeben möchten und auch warum gerade zu diesem Zeitpunkt.«

Pat.: »Ich schaffe es einfach nicht mehr. Ständig fühle ich mich krank, habe Durchfall und Magen-Darm-Beschwerden, renne von einem Arzt zum anderen, keiner findet etwas. Ich bin völlig fertig, muß dauernd weinen, bin meinem Sohn eine schlechte Mutter und meinem Mann eine schlechte Frau. Ich tauge einfach nicht für dieses Leben, habe ständig Angst, daß mir oder meinem Sohn etwas zustoßen könnte und traue mich nicht mehr unter Menschen zu gehen.«

(Die Patientin versucht krampfhaft, ihre Tränen zu unterdrücken.)

Ther.: »Sie brauchen hier bei mir Ihre Tränen nicht zu unterdrücken. Sie können ihnen ruhig freien Lauf lassen. Es ist hier erlaubt zu weinen. Vielleicht haben Sie schon gesehen, daß hier auch in

allen Räumen Papiertaschentücher stehen.«
Pat.: »Aber mein Mann kann es nicht leiden, wenn ich weine. Auch meine Eltern nicht. Ich möchte einfach keine Heulsuse mehr sein.«
Anm.: Dies ist ein Hinweis auf eine internalisierte Elternanweisung, die als »**kognitives Lernprogramm**« heute noch das Leben der Patientin prägt. »Du darfst nicht weinen.«
Ther.: »Vielleicht haben Sie wichtige Gründe zu weinen und traurig zu sein.«
Pat.: »Das habe ich eigentlich nicht, denn von außen betrachtet geht es mir doch wirklich gut. Ich bin nicht arm, habe einen Mann und ein Kind und müßte doch zufrieden sein können, das meint zumindest meine Familie. Aber mein Leben macht mir zur Zeit keinen Spaß mehr, und ich muß dauernd heulen, obwohl ich es nicht will, ich hasse es, vor anderen zu weinen. Mein Mann, der den ganzen Tag arbeitet, kann mich nicht verstehen, die Schwiegereltern schon gar nicht …«
(Die Patientin berichtet nun über die im Antrag auf Seite 152 dargestellte aktuelle Lebenssituation.)
Ther.: (nach Abschluß des aktuellen Berichts): »Können Sie mir heute auch noch ein wenig darüber erzählen, wie Sie aufgewachsen sind, über Ihre Kindheit, Ihre Eltern und Geschwister.«
Pat.: »Da gibt es nicht viel zu erzählen. Es war schön auf dem Land, aber irgendwie haben wir alle drei Kinder einen Knacks weg. Meine Schwester putzt den ganzen Tag wie eine Verrückte und mein Bruder kommt als Mamasöhnchen immer noch nicht von der Mutter los. Wahrscheinlich ist auch meine Erziehung an vielem schuld. Mein Vater hat mir mit seinem Zorn immer nur Angst eingejagt und meine Mutter ließ sich alles gefallen.

Sie hat genauso wie ich ständig über Krankheiten gejammert. Wahrscheinlich habe ich das von ihr abgeschaut …«
(Die Patientin berichtet nun weiter über ihre Kindheit, ihre Eltern und kommt immer wieder auf ihre eigenen Krankheitsbefürchtungen zurück.)
Anm.: Die Patientin schildert die Mutter ebenfalls als selbstunsicher, ängstlich und hypochondrisch, was ein Hinweis auf das »**Modellverhalten**« der Mutter ist.
Pat.: »Am meisten fertig macht mich aber der Hansi (ihr 5jähriger Sohn), weil er ständig etwas anderes hat. Einmal sticht ihn eine Biene und er schreit wie am Spieß und ich muß gleich mit ihm zum Doktor rennen. Ein anderes Mal beißt er sich auf die Zunge, daß er blutet. Mein Mann hat natürlich keine Zeit, so muß ich mich immer alleine kümmern, sehr oft hat er Husten oder ein bißchen Fieber und ich kriege gleich immer Panik, daß es etwas Schlimmeres sein könnte. Wenn mit ihm etwas ist, dann habe auch ich gleich wieder Durchfall, kann tagelang nichts essen, muß mir dann immer die schlauen Ratschläge meiner Mutter anhören, die sich in alles einmischt und mir nicht zutraut, daß ich das alleine schaffe, aber wahrscheinlich hat sie Recht, oft habe ich ja auch selbst das Gefühl, daß ich nichts kann und nichts weiß.«
Anm.: Die im Gespräch wiederkehrenden **Kognitionen** »ich kann nichts, ich weiß nichts« sind ein Hinweis auf das mangelnde »**Selbst-Effizienz-Konzept**« der Patientin.
Ther.: »Die Krankheiten Ihres Sohnes belasten Sie so sehr, daß Sie selbst Durchfall bekommen und Ihre Mutter um Rat fragen?«
Pat.: »Ja, das ist das Schlimmste. Vor allem, wenn man sich so eingesperrt und

alleine fühlt, dann bleibt mir auch nichts anderes übrig als in jeder freien Minute zu meiner Mutter zu gehen, wen habe ich denn sonst? Aber die ist für mich auch nicht sehr hilfreich und trotzdem gebe ich immer noch nicht die Hoffnung auf, daß sie sich auch noch mal ändern könnte.«
Ther.: »Sind dies die Gründe, die Sie zu mir führen?«
Pat.: »Ja, ich glaube schon, daß dies alles mit meiner Angst zusammenhängt. Ich habe Angst, daß Hansi etwas passieren könnte, ich habe Angst, daß mir etwas passieren könnte und manchmal überkommt mich die Angst wie ein Panikanfall mit Zittern, Schwitzen, Herzklopfen (*Anm.:* **Physiologie**) und erst wenn es mir ganz schlecht geht, kümmert sich dann mein Mann auch mal um uns (*Anm.:* **Funktionsanalyse – Sekundärer Krankheitsgewinn**). Die ganze Situation, in der ich lebe, ist beschissen. Entschuldigen Sie, aber so ist es nun mal. Er hat keine Zeit für mich, hängt ständig mit seinen Eltern zusammen und ich habe in diesem Betrieb auch keinen so richtigen Platz …«
Anm.: An dieser Stelle zeigt die Patientin für kurze Zeit durch ihre Wortwahl, die Mimik und eine laute ärgerliche Stimme auch ihre aggressiven und verzweifelten **Emotionen**.
(Die Patientin berichtet über ihre Ehe, die Schwiegereltern und nochmals sehr ausführlich über verschiedene Krankheiten, weint immer wieder und ist gegen Ende der Sitzung nur schwer zu unterbrechen.)
Ther.: »Ich finde es gut, daß es Ihnen heute schon gelungen ist, so offen über Ihre Probleme zu sprechen und sicherlich genügt eine erste Sitzung nicht, um heute schon alles mitzuteilen. Es wird jedoch Ihnen und mir möglich sein, in den kommenden Sitzungen noch ausführlicher zu fragen und zu erzählen. Zur Vorbereitung auf diese kommenden Sitzungen möchte ich Ihnen deshalb einige Fragebögen mitgeben und Sie bitten, sich etwa vier bis fünf Stunden Zeit dafür zu nehmen, diese ganz alleine und in Ruhe an einem ungestörten Ort auszufüllen und sie auch nicht an Angehörige weiterzugeben.
Was glauben Sie, wieviele Tage oder Wochen Sie brauchen werden, diese Bögen auszufüllen?«
Pat.: »Ich habe viel Zeit. Das schaffe ich leicht in drei Tagen.«
Ther.: »Gut, ist es Ihnen dann recht, wenn ich Ihnen in ca. einer Woche nochmals einen zweiten Termin gebe?«
Pat.: »Ich kann jederzeit. Ich bin froh, wenn ich anfangen kann und wenn mir geholfen wird.«
Ther.: »Ich wünsche Ihnen, daß Sie hier viel darüber lernen werden, wie Sie auch sich selbst helfen können.«
Pat.: »Das wäre schon schön, aber ich weiß nicht wie das gehen soll.«
Ther.: »Wir werden gemeinsam auf die Suche nach dem Weg der von Ihnen gewünschten Veränderung gehen.
Ich möchte Sie jetzt zum Schluß noch bitten sich zurückzulehnen und – wenn es Ihnen möglich ist –, auch die Augen zu schließen, um sich noch kurz zu besinnen, wie Sie sich jetzt im Moment fühlen … und ob Sie heute schon einen ersten kleinen Schritt für Ihre Veränderung selbständig getan haben.«
Anm.: Dies sind sowohl sprachliche Hinweise als auch eine erste kleine Übung für die **Förderung des Selbsthilfepotentials** der Patientin.
Pat.: (lehnt sich zurück, schließt die Augen, wischt ihre Tränen ab, atmet tief durch, die Anspannung entweicht ihrem Körper, sie schluchzt und seufzt laut und sagt schließlich): »Ich habe schon lange nicht mehr so ausführlich über mich

selbst gesprochen. Das tut mir richtig gut. Aber daß ich vor Ihnen weinen muß, ist mir schon ein wenig peinlich.«

Ther.: »Vielleicht hilft es Ihnen tatsächlich schon ein wenig weiter, auch mit anderen Personen ihrer Umgebung über Ihre Gefühle, Gedanken und Probleme etwas ausführlicher als bisher zu sprechen, und weinen Sie hier ruhig, so oft es Ihnen möglich ist, es ist in Ordnung und gehört sehr häufig zum Therapieprozeß dazu ...

Bitte bringen Sie in der kommenden Woche die ausgefüllten Fragebögen mit, wir werden sie dann gemeinsam in der nächsten Sitzung besprechen. Im Anschluß an die heutige Sitzung möchte ich Sie noch bitten, im Wartezimmer das Formular für die Krankenkasse (Formblatt PTV 1E, grün für Ersatzkassen, PTV 1, weiß für RVO-Kassen) und das Informationsblatt auszufüllen und im Sekretariat abzugeben.

Für heute müssen wir in wenigen Minuten Schluß machen, haben Sie noch eine Frage an mich, bevor wir uns verabschieden?«

Pat.: »Bestimmt fällt mir noch eine Menge ein, wenn ich draußen bin.«

Ther.: »Schreiben Sie sich Ihre Fragen ruhig alle bis zur nächsten Sitzung zu Hause auf, wir werden noch genügend Zeit haben, über alles, was Ihnen im Zusammenhang mit einer Therapie wichtig erscheint, zu sprechen. Für heute verabschiede ich mich von Ihnen und notiere Ihnen noch Ihren nächsten Termin. Auf Wiedersehen.«

Abschließende Bemerkung:

Im Anschluß an diese erste Sitzung übertrage ich die Basisdaten sowie die im Erstgespräch zusätzlich erfragten Daten zur Anamnese in meine Akteinlage (Nr. 1, S. 70). Dabei wird gleichzeitig sichtbar, in welchen Bereichen in den folgenden probatorischen Sitzungen noch gezielter nachgefragt werden muß. Die geschilderte Patientin hat bisher überwiegend über ihre aktuelle Lebenssituation und die »äußere« Symptomatik berichtet, in den kommenden probatorischen Sitzungen wird es wichtig sein, mehr über die Lebensgeschichte und die »inneren« Symptomzusammenhänge zu erfahren.

Die probatorischen Sitzungen

Wie der Name sagt, sollen die **probatorischen Sitzungen** vor allem dazu dienen, daß Therapeut und Patient sich klar werden, was sie miteinander wollen und können und – im Hinblick auf den Kostenträger bzw. den zu stellenden Kassenantrag – welche Therapiemethode die wirtschaftlichste ist, d.h. die Störung vermutlich ausreichend und auf längere Sicht beseitigt. Sie müssen also in den Probesitzungen klären, wie der Patient mitarbeiten kann. Dazu gibt es mehrere technische Schritte
- sog. **Reizdeutungen**
- Umgang mit **Widerständen**
- Einschätzen der **Flexibilität** bzw. **Fixierungen**
- Beobachten der **Abwehrstruktur**
- evtl. rasche **Übertragungsreaktionen**

Reizdeutungen: davon sollten Sie nicht mehr als eine oder zwei pro Sitzung dem Patienten geben, um zu testen, wie er mit aufdeckenden Interventionen umgehen kann. Beispiel: »Wir beide spüren, wie stark Ihre Bindung zu Ihrer Mutter noch ist, obwohl Sie selbst bereits Mutter grosser Kinder sind.«

Achten Sie in den Probesitzungen darauf, inwieweit der Patient spontan bemüht ist, Ihnen mehr Informationen zu geben: Müssen Sie viel fragen zur Ergänzung der Biografie, oder berichtet er spontan weiter, was Sie wissen müssen? Merkt er zunehmend, worauf es Ihnen ankommt, und wie geht er damit um?

Welche **Widerstände spüren Sie**? Gehen Sie in den Probesitzungen die Widerstände möglichst noch nicht direkt an, sondern registrieren Sie sie lediglich, es sei denn, eine Weiterarbeit ist nicht möglich, dann müssen Sie eine sog. **Widerstandsdeutung** geben: Tun Sie dies aber nicht ärgerlich, sondern freundlich, z.B.: »Ich glaube, das und das hindert jetzt unser Verständnis oder unsere Arbeit, wir müssen erst darüber weiter sprechen.« Wenn Sie ganz sicher sind, was der Widerstand besagen will, können Sie es als Hypothese anbieten, z.B.: »Ich denke Sie sind jetzt blockiert, weil ... ich Sie z.B. zu sehr an diese unangenehme Person erinnere«.

Für die Einschätzung des prospektiven Therapieverlaufs ist die **zweite** Sitzung besonders wichtig: Achten Sie vor allem auf den Beginn:
- wie anders verhält sich der Patient/die Patientin beim zweiten Besuch? Wie anders **nonverbal** oder **verbal**? Wie ist das Äußere verändert, die Kleidung, die Haltung, die Mimik und Gestik? Wirkt der Patient im Vergleich zur Erstsicht selbstsicherer oder zeigt er mehr Depression?

Wieviel Angst spüren Sie, wie geht der Patient mit den Grenzen der Zeit um und mit anderen Grenzen (Borderline-Patienten gehen z.B. an den Bücherschrank des Therapeuten oder fassen Einrichtungsgegenstände an oder verblüffen Sie durch direkte Fragen nach Ihrem Privatleben)? Kann der Patient Grenzen respektieren, die offen oder nonverbal mitgeteilt werden oder versucht er, Sie zu Äußerungen zu verführen, die Sie nicht machen wollen?

Sie spüren, daß wichtiger als vollständige Detailinformationen über die Biografie des Patienten die Wahrnehmung der sich entwickelnden Beziehungsdynamik zwischen Ihnen und ihm/ihr ist.

Achten Sie bitte besonders auf **Übertragungsreaktionen** verschiedener Art, insbesondere auch erotische. In den probatorischen Sitzungen treten heftige **erotische Übertragungs- und Gegenübertragungsreaktionen** in der Regel nur bei sehr frühgestörten Patienten auf.

Die Gegenübertragung und die Ängste des Therapeuten

Die **Gegenübertragung** beginnt bereits während des Telefon-Erstkontaktes. Sie verändert sich im ersten Moment, wenn der Patient in persona kommt und dann fortwährend im Laufe der Sitzung und natürlich auch in der Zeit zwischen den Sitzungen genau wie die **Übertragung** des Patienten. Es ist wichtig, die **Gegenübertragungsgefühle** nicht zu unterdrücken, sondern sie (besonders, wenn sie ungewöhnlich stark werden) wahrzunehmen und zu analysieren. Sie sollten auch darauf achten, welche scheinbar nicht dazu gehörenden Einfälle Ihnen beim Zuhören kommen aus Ihrer eigenen Situation. In der Regel haben diese sehr viel mit der Entwicklung der unbewußten Beziehungsdynamik zu tun. Besonders heftige **Gegenübertragungsgefühle** sollten in uns den Verdacht auf eigene »blinde Flecke« bzw. verwandte Strukturen zum Patienten wecken. Darüber sollten Sie zweckmäßig in Ihren Kontrollstunden sprechen. Heftige **Gegenübertragungsreaktionen** sind nicht per se gefährlich, sondern nur, wenn sie nicht analysiert werden. Wenn sie durchanalysiert werden, können sie eine Therapie sogar ausgesprochen fördern (Lit.: *Heinrich Racker*, »Übertragung und Gegenübertragung, Studien zur psychoanalytischen Technik«, Ernst Reinhardt Verlag, München – Basel 1978).
Es gibt auch – analog den Widerständen des Patienten – **Gegenübertragungswiderstände**; z.B. Sie vergessen den Patienten in den Terminkalender einzutragen und sind dann nicht zum vereinbarten Termin da oder Sie schicken ihn »aus Versehen« zu früh weg oder Sie schlafen fast ein, weil Sie etwas nicht hören wollen.

Die Ängste des Therapeuten und ihre Gründe

Besonders als Anfänger haben wir Angst, etwas zu übersehen, überhören, nicht wahrzunehmen. Wir tendieren zu »objektiven Hilfen« wie Fragebogen oder Tonbändern, vom Patienten selbst geschriebenen Lebensläufen o.ä. Noch einmal: Ich möchte Ihnen Mut machen, auf derlei zu verzichten, da Sie dabei zwar Informationen bekommen über die Lebensdaten, aber Informationen auch verlieren über den emotionalen Kontext.
Es kursieren eine Reihe derartiger Fragebogen: ein relativ gutes Muster füge ich Ihnen in der Anlage bei. Außerdem ist der VT-Fragebogen, den Frau Görlitz erarbeitet hat, ein ausgezeichnetes Beispiel, aus dem Sie auch für andere Therapieformen lernen können.
Wenn Sie sich schriftlich Informationen geben lassen, sprechen Sie diese auf jeden Fall mit dem Patienten durch, z.B. »wie haben Sie den Krankenhausaufenthalt 1985« erlebt?
Verzichten Sie auf Tonbandaufnahmen, es sei denn, Sie brauchen sie für wissenschaftliche Zwecke.
Bitten Sie stattdessen den Patienten, daß Sie sich Notizen machen dürfen, weil Sie kein »totales« Gedächtnis haben.
Notieren Sie möglichst den ersten Satz des Erstgesprächs wörtlich (evtl. auch den letzten) und Träume, falls solche

spontan berichtet werden. Wenn keine Träume spontan berichtet werden, können sie danach fragen, wenn das Gespräch es nahelegt, sonst in einer späteren Sitzung.

Das gleiche gilt für die Frage nach **frühen Erinnerungen**: oft sind es Deckerinnerungen, die natürlich auch ihre Bedeutung haben, aber nicht unverzichtbar sind.

Dies gilt ebenso für die Frage nach den **3 Wünschen**: Stellen Sie diese Frage nur, wenn sie sich ergibt; sie ist nicht unbedingt nötig, gibt aber natürlich Aufschluß über die Phantasien des Patienten und seine Stimmungslage.

Überwinden Sie Ängste, die Ihr Perfektionismus oder Ihr Narzißmus Ihnen eingeben, durch eine Analyse der Lücken. Was der Patient spontan verschweigt, ist meist ein »heißes« Thema. Eine andere Angst – gerade des Anfängers – ist die, der Patient durchschaue Ihre Unsicherheit und Unvollkommenheit. Dies kann der Fall sein, meist jedoch ist der Patient im Erstinterview mit seinen Ängsten so beschäftigt, daß er Ihre nicht im gleichen Maße wahrnimmt, wenn Sie sie nicht besonders zeigen. Versuchen Sie aber trotzdem nicht, sich bewußt zu verstellen; wenn Sie sich vom Patienten überfordert fühlen, ist es am besten, ihm das zu sagen und gleichzeitig nach dem Grund zu fragen. Manche KollegInnen haben auch Angst um ihren guten Ruf oder vor juristischen Querelen, da es ja nicht zu selten PatientInnen mit einem querulatorischen Syndrom oder sog. Koryphäenkiller gibt, deren Psychopathologie u.a. darin besteht, beim jeweils zuletzt konsultierten Therapeuten auf alle vorigen zu schimpfen. Zu Rechtsstreiten im Zusammenhang mit Psychotherapie kommt es aber bislang erfreulicherweise nur selten.

Der therapeutische Aspekt der probatorischen Sitzungen

Bereits im **Erstinterview** geschieht »zwangsläufig« eine ganze Menge Therapie. In den Probesitzungen ebenfalls; das ist gut so, auch damit Sie die **Therapierbarkeit** des Patienten einschätzen lernen.

Dabei sind drei Schritte besonders wichtig:

1. Ich-Stärkung oder narzißtische Bestärkung des Patienten

Der Patient kommt voller offen geäußerter oder latenter Ängste. Es ist daher notwendig, ihm zu zeigen, daß Sie ihn annehmen, so wie er ist, und seinen Mut, sich der unangenehmen Situation zu stellen, schätzen. Greifen Sie dafür **offensichtliche Ich-Leistungen** heraus, etwa: »Ich spüre, wie schwer es Ihnen fällt, z.B. über Sexualität zu reden, aber es bringt uns weiter ...« oder »Sie haben ja in dem Bereich, trotz vieler Hindernisse, viel erreicht ...« oder »trotz Ihres weiten Weges sind Sie ganz pünktlich da ...«. Auch narzißtische Patienten brauchen Ich-Stärkung, selbst wenn sie sie abwehren oder abwerten. Lassen Sie sich nicht blenden durch zur Schau gestellte Souveränität! Loben Sie aber nur etwas, was Ihnen lobenswert erscheint! Ehrlichkeit ist die Basis der Therapie bereits in den ersten Stunden!

2. Einhalten von Grenzen

Dieser Punkt ist extrem wichtig, vor allem bei den ja zunehmend häufigen frühgestörten Patienten. Es ist erfahrungsgemäß technisch einer der wichtigsten

Punkte zu Beginn und fällt Anfängern besonders schwer. Wir haben etwa Ängste, den Patienten durch ein Einhalten von Zeitgrenzen zu vergrämen oder zu kränken oder in der Weise zu ärgern, daß er zur nächsten Stunde mit mehr **Widerstand** kommen wird.

Leicht werden wir aber auch zum Opfer unserer Neugier und meinen, wenn der Patient gerade bei einem spannenden Thema ist, wir sollten ihn nicht unterbrechen, sondern etwas zu Ende bringen.

Dabei gibt es Patienten, die eine geradezu artistische Fähigkeit haben, uns zu verführen, vergleichbar kleinen Kindern, die ihre Eltern zu etwas »rumkriegen« wollen, was diese nicht erlauben wollen.

Machen Sie sich dabei aber immer klar, daß der Patient Sie vom ersten Moment Ihrer Begegnung an testet, er macht mit Ihnen auch **probatorische Sitzungen**, nicht nur Sie mit ihm! Und je nachdem, wie Sie von ihm beurteilt werden, wird er sich öffnen oder **Widerstände** entwickeln. Also nicht nur seiner unbewußten Dynamik entsprechend. Manchmal kann man das ansprechen, wenn es offensichtlich ist, am besten mit Humor: »Jetzt wollen Sie anscheinend ausprobieren, wann ich ärgerlich werde ...« oder: »Es macht Spaß herauszufinden, wieviel sich jemand wie ich bieten läßt, ehe er aus der Fassung gerät ...«.

3. Reizdeutungen haben einen therapeutischen Aspekt!

Sie sollten dem Patienten pro Sitzung nie mehr als zwei Reizdeutungen geben, damit Sie ihn nicht überfordern.

Da Sie spätestens am Ende der probatorischen Sitzungen mit dem Patienten darüber einig werden müssen, welche Form von Therapie Sie beantragen wollen, sollten Sie ihm dies möglichst schon in der zweiten Sitzung sagen, evtl. schon im Erstinterview. Am sachlichsten tun Sie das, indem Sie sagen: »es wäre am schönsten, wenn wir einfach ohne äußere Beschränkungen miteinander sprechen könnten. Leider verlangt bis heute die Krankenkasse die Klärung der Notwendigkeit der Therapie durch ein sog. Gutachterverfahren, bei dem ein erfahrener Fachtherapeut von einem schriftlichen Antrag, den ich für Sie erstellen muß, abhängig macht, ob die Kasse die Therapie finanzieren wird. Daher ist es wichtig, daß Sie mir bestimmte Informationen geben, die ich für den Antrag brauche.«

Wenn Sie das zu Beginn gesagt haben, können Sie jederzeit während der probatorischen Sitzungen darauf zurückkommen und sagen, etwa, wenn der Patient ins Stocken gerät oder es sich anbietet, weil ein Thema erledigt ist: »Wir wollen uns daran erinnern, daß ich für die Erstellung des Erstantrags noch einige Informationen brauche.«

Häufig ist bereits nach dem Erstgespräch oder nach den ersten beiden Sitzungen klar, welche Form von Therapie sinnvoll und indiziert ist. Dann sind Sie freier, die probatorischen Sitzungen »laufen« zu lassen. Wenn dies nicht der Fall ist, können Sie zunehmend und möglichst mit einer offenen, nicht gezielten Fragetechnik die noch offenen Punkte für den Kassenantrag abfragen.

Am Ende der probatorischen Sitzungen sollten Sie mit dem Patienten vereinbaren, ob er die zeitliche Pause bis zur Klärung des Antrags ohne Sitzungen durchstehen will oder ob er das finanzielle Risiko tragen kann und will, in dem ja häufig bereits intensiven Prozeß keine Pause eintreten zu lassen.

Auch wenn es Ihnen selbst schwer fällt oder gar peinlich ist, über den **äußeren Rahmen** und die **Finanzierung** der Therapie mit dem Patienten zu sprechen, ist dies absolut notwendig und sollte spätestens in der letzten probatorischen Sitzung, im Sinne einer sog. **Pakt-Besprechung**, stattfinden.
Hier sollten Sie klare Abmachungen treffen über
– **Urlaubsregelung**
– **Ausfallhonorar**
– **Betonen** der **Notwendigkeit** von **Regelmäßigkeit** und **Verläßlichkeit**
– **Umgang** mit auftretenden **Abbruchstendenzen** und
– **Beendigung** der **Therapie**
Dies erscheint Ihnen vielleicht grotesk zu Beginn, Sie ersparen sich aber sehr viel Ärger, dem Patienten evtl. auch, und schaffen **Klarheit**.
Klarheit in der Beziehung ist eines der wichtigsten therapeutischen Elemente jeder Art von Psychotherapie, und insofern sollten Sie diese von vornherein in Ihrem eigenen Verhalten demonstrieren, aber auch mit dem Patienten erarbeiten.
Verlangen Sie von Ihrem Patienten nichts, was für Sie selbst unzumutbar wäre!

Die probatorischen Sitzungen bei einer beabsichtigten psychoanalytischen Behandlung

Während es von den meisten Kollegen als erleichternd empfunden wird, daß in den neuen Richtlinien insgesamt acht probatorische Sitzungen vor der Einleitung eines Kassenantrags für eine psychoanalytische Behandlung genehmigt werden, ist Frau *Eckstaedt* der Meinung, mehr als zwei Sitzungen zu Beginn seien nicht sehr sinnvoll. Sie meint wörtlich: »Bei der Überdeterminierung der ersten Stunde ist es jedoch meistens notwendig, eine zweite Stunde einzurichten. Günstig ist ein solcher Termin in einem zeitlichen Abstand, der eine Woche möglichst nicht überschreitet. In dieser Zeit kann der Anschluß an das erste Gespräch von beiden noch übersehen und geleistet werden. Ich bin dann darauf gespannt, was der Patient aus der ersten Stunde gemacht hat, wie er jetzt fortführt bzw. das Gewesene aufgreift; denn davon lebt die spätere analytische Arbeit. Es ist wie ein erster Probelauf von Trennung und Wiederkommen; letzteres bedeutet im Sinne von *Margaret S. Mahler* Wiederannäherung. Es wird sichtbar, wie der Patient mit dem Gespräch umgegangen ist. So sage ich in der zweiten Sitzung zunächst nichts, ich gebe allenfalls, beginnt der Patient nicht von selbst, den Raum in der Weise frei, bzw. fordere indirekt auf, indem ich etwa konstatierend sage: ›Wir haben vor einer Woche miteinander gesprochen.‹ Die Art seiner Fortsetzung verdeutlicht seine analytische Arbeitsfähigkeit. Eine Bedeutung der vergangenen Stunde ist beispielsweise daran erkennbar, daß der Patient erzählt, er sei auf wichtige neue Gedanken gekommen, daß er etwas erinnerte, daß es ihm evtl. hinsichtlich seines Symptoms besser ging, oder er erstmals geträumt hat, daß er – unter Umständen ist das vorzeitig – etwas in einer oder seinen Beziehungen veränderte. Bleibt er jedoch ausschließlich bei der alten Klage, ist der Fall im Hinblick auf die Frage einer psychoanalytischen Behandlung ziemlich entschieden. Eigentlich merkt man das im ersten Gespräch und sollte, um nicht dann enttäuschte Hoffnungen zu erwecken, einen solchen Fall im Erstgespräch bereits beschließen.

Eine zweite Stunde gibt dem Patienten nochmals Raum für die Darstellung weiterer Bedürfnisse und Mitteilungen über sich, oder aber der Analytiker selbst kann seine eigenen Überlegungen, die ihm in der Zwischenzeit gekommen sind, in das Gespräch einfügen. ...

Ich halte noch weitere Gespräche für ungünstig, weil sich nicht nur eine innere, stärkere Erwartung des Patienten als Übertragung einstellt, die sich unter Umständen nicht erfüllt, sondern auch, weil jede Verlängerung nicht mehr klärt, wichtiges psychoanalytisches Material nur oberflächlich aus dem Kontext herausgreift und den Übertragungswiderstand des Patienten nährt, der mich allzulange im Gegenüber und schließlich auch als unentschieden und unsicher erlebt.« (Zitat aus »Die Kunst des Anfangs«, S. 47-48).

Ich gebe Frau *Eckstaedt* grundsätzlich recht, sehe es allerdings nicht ganz so streng. Bei unserer **Patientin A**, die in zwei Erstgesprächen im Abstand von sechs Jahren bei mir war, verging bis zur nächsten probatorischen Sitzung ein Zeitraum von 19 Tagen, bedingt durch zwischenzeitliche Ferien. Eine dritte Sitzung folgte eine Woche später; ich hätte den Antrag durchaus auch schon nach der zweiten Sitzung stellen können, die Patientin war sich aber noch etwas unsicher, ob sie sich wirklich den Aufwand einer Einzelanalyse zugestehen sollte.

Erstes Beispiel: Patientin A 010446

Doch nun zum Inhalt der zweiten und dritten Sitzung: Die Patientin begann die zweite Sitzung folgendermaßen: »Die ersten Nächte nach der letzten Sitzung habe ich gut geschlafen; danach wieder wechselnd, auch mit Schweißausbrüchen. Im Traum habe ich meinen Vater gesehen in einem Bett liegend, ich bin hingegangen, und da lag er zusammengekrümmt und hat geweint.«

Zu diesem Initialtraum (so nennt man seit Beginn der Psychoanalyse den ersten manifesten Traum, der in den Sitzungen berichtet wird) fiel der Patientin zunächst nichts ein, sondern sie berichtete weiter: »Prämenstruell bin ich heulerig und gespannt. Ich habe Angst vor Wechseljahrdepressionen, meine Mutter hatte das auch.« Dann berichtet sie weiter, daß sie ihre Tochter getroffen habe und es eine erfreuliche Begegnung gewesen sei. Die Tochter jobbe an der Theke eines vegetarischen Restaurants in der Stadt; sie habe sie dort abgeholt und sei mit ihr zu einem Open-Air-Festival gegangen.

Weiter kommt sie noch einmal auf ihren Mann zu sprechen und bezeichnet ihn als einen »sehr liebevollen Chaoten« und gibt zu, daß sie immer sehr böse gewesen sei, wenn er »Mist gebaut« hätte. Dann wiederholt sie ausgiebig seine Schwierigkeiten, regelmäßig einer Tätigkeit nachzugehen, mit deutlich geäußertem Ärger. Schließlich frage ich sie, ob und welche Gemeinsamkeiten es mit ihrem Mann noch gäbe. Sie antwortet ohne langes Überlegen: »Radltouren; Reisen, weg vom Alltag, da haben wir dieselbe Vorstellung und sind uns total einig.«

Weiteres neues Material kam in der zweiten Sitzung nicht, die Patientin sprach ausführlich über den Ablauf ihrer Berufstätigkeit, die offensichtlich eine Ich-stärkende Funktion für sie hat und nur in zweiter Linie wichtig ist als Geldquelle für den Lebensunterhalt. Die dritte Sitzung beginnt die Patientin mit der Erinnerung, daß ihr eine Ausbildungsleiterin während ihrer Ausbildung bereits empfohlen hätte, bei mir eine Therapie zu machen. Damals sei sie nach einem Rollenspiel psychisch fast zusammengebrochen. Sie hätte kurz vor dem Rollenspiel einen Patienten an eine Kollegin abgegeben, den sie zehn Jahre lang betreut hatte. Nach dem Rollenspiel hatte sie einen heftigen Weinkrampf. Auch jetzt werden ihre Augen bei der Erinnerung wieder feucht. Sie berichtet, daß sie zweimal im Monat Wochenend-Dienst hat; dies falle ihr aber nicht sehr schwer. Offensichtlich braucht sie die narzißtische Bestätigung, die ihr ihre Patienten geben, denn sie erzählt weiter: »Die Mutter hat uns nie umsorgt, uns als Kindern nie ein Frühstück gemacht. Sie stand morgens nicht auf. Mein Vater war Lehrer am Gymnasium und hat die Nacht zum Tage gemacht und war früh auch nicht gut drauf. Manchmal habe ich ein Fünfz'gerl gekriegt, freute mich aufs Speckbrot einer Kameradin vom Bauernhof. Mein Vater ist dann später morgens aufgestanden und hat das Frühstück gemacht. (Im Ruhestand hat er alles gemacht und meine Mutter immer weniger.). Wir mußten immer alles machen: abspülen, z.B. wie ich acht Jahre alt war und meine Schwester dreieinhalb Jahre.

Dann erwähnte die Patientin noch eine interessante weitere Einzelheit: »Meine Schwester erzählt, daß ich gestottert habe, als mein Sohn im Trotzalter war und ich ihn nicht verhauen wollte.« Sie selbst könne sich nur noch sehr vage erinnern. Die Mutter wurde äußerst problematisch erlebt. Einerseits habe sie viel mit den Kindern gesungen, andererseits sich so wenig gekümmert, daß die Patientin sich erinnert, wie sie sie mit neun Jahren einmal angeschrien hat: »Ich hasse dich.« Daraufhin sei ihre Mutter sehr erschrocken, während sie selbst Angst gehabt habe, sie würde sie erschlagen. Die Mutter hatte häufige Wutanfälle (wahrscheinlich im Suff), die der Tochter erhebliche Angst machten. Ich hatte die Patientin gebeten, in diese Sitzung eine Auflistung ihrer körperlichen Erkrankungen mitzubringen, was sie mit großzügiger Schrift auf einem DIN-A-4-Blatt machte. Sie gab stichwortartig an: »in meiner Kindheit Keuchhusten, Masern (auf meine Frage sagte sie ›zusammen mit der Schwester, als sie etwa acht Jahre alt war‹), Mumps (später, da war die Oma da und verwöhnte mich. Ich durfte im Elternschlafzimmer schlafen), Windpocken, Röteln. Zwischen dem 25. und 30. Lebensjahr oft vereiterte Stirnhöhlen. (Bei einer Durchspülung sei sie ohnmächtig geworden). Ab dem 32. Lebensjahr Heuschnupfen« (auf meine Frage berichtet die Patientin, daß dies ein recht belastendes Jahr gewesen sei, bevor sie nach Bayern zog. Der Heuschnupfen sei inzwischen ohne spezifische Behandlung wesentlich besser, komme aber alljährlich immer noch).

Seit einem Jahr habe sie Rückenschmerzen; mal im Hals- und Brustbereich und zeitweise auch in der Lendengegend. Manchmal verspüre sie ein Kribbeln im rechten Arm bis zum Daumen und Zeigefinger, wobei sie selbst dafür den 6. Halswirbel anschuldigt.

Die probatorischen Sitzungen für eine psychoanalytische Behandlung

Zweites Beispiel: Patientin D 190252

Als nächstes will ich die probatorischen Sitzungen der Patientin D zusammenfassend darstellen, die uns als Beispiel für einen Antrag auf Einzelanalyse bei Privatkassen dient. Bei dieser Patientin habe ich bis zur Stellung des Antrags das zulässige Höchstmaß an probatorischen Sitzungen ausgefüllt, da die Patientin nachlässig war mit dem Anfordern der Formulare bei ihrer Privatkasse (dies passiert besonders bei narzißtisch gestörten Patienten häufig, deren Grandiosität sich über derlei Formalismen hinwegsetzen möchte). Diese probatorischen Sitzungen zogen sich hin bis in den Winter des gleichen Jahres, dann wurde es für die Patientin wetterbedingt schwieriger, pünktlich zu kommen. Sie gab sich jedoch große Mühe dafür, und meist gelang es ihr, pünktlich da zu sein. Dabei demonstrierte sie öfter Erschöpfung und kam auch mit Migräne.

Ende September zur ersten probatorischen Sitzung nach den Ferien kam die Patientin fast auf die Minute und nutzte die ganze Zeit dafür aus, sich zu beschweren über ihre früheren Therapeuten – es zeigte sich, daß sie schon mehrere Anläufe gemacht hatte, zuletzt auch mit einer Diplom-Psychologin, die an ihrem jetzigen Wohnort mit einem Arzt verheiratet ist. Auch mit dieser kam sie nicht mehr zurecht. In meiner Gegenübertragung spüre ich, wie die Patientin durch das Ablassen ihres Ärgers über meine Kollegin mir gleichzeitig die Botschaft gibt: »Du mußt top sein, wenn ich hier bleiben soll.« Davon bin ich nicht gerade begeistert, kann mir aber vorstellen, woran die Kollegen gescheitert sind oder die Lust verloren haben. Es ist äußerst anstrengend, dieser Patientin zuzuhören, die wie eine Pseudo-Persönlichkeit wirkt, ungeheuer aufgesetzt, immer betonend, daß sie eigentlich außerordentlich begabt und im Grund für die normale Welt viel zu schade sei. Auch ihre Tochter, die einen sehr ausgefallenen Namen hat, sei ein besonderes Geschöpf. Eigentlich würde ihnen beiden permanent Unrecht geschehen dadurch, daß sie sich um Kleinigkeiten wie den alltäglichen Lebensunterhalt kümmern müßten. Aber die Männer seien nunmal alle unfähig, und sie habe wenig Hoffnung, noch einmal im Leben jemand zu begegnen, der sie verstehe.

Auch die Arbeit in der Kurklinik befriedige sie nicht, sie habe sehr viel zu tun und lerne wenig dazu. Sie frage sich, warum andere im Leben so viel mehr Glück hätten als sie und ist darüber recht unzufrieden.

Nach dieser ersten probatorischen Sitzung fühle ich mich etwas matt und ärgerlich und frage mich, warum ich mir das antun soll.

Fünf Tage später zur zweiten probatorischen Sitzung kommt die Patientin angestrengt nach dem Wochenenddienst, in dem sie sich sehr isoliert vorkam. Sie ist sehr nahe am Weinen, meint, dies sei dadurch bedingt, daß sie kurz vor ihrer Regelblutung stünde, aber auch sonst sei ihr zum Heulen. Sie fühle sich leicht sehr isoliert, habe sich dies auch während der Ehe mit ihrem Mann gefühlt. Er habe sie von ihren Altersgenossinnen isoliert, und als sie nach ihrer Trennung wieder die Möglichkeit gehabt hätte, diese zu treffen, habe sie allein sein wollen, sich aber im Alleinsein wie schwimmend gefühlt. Sie habe immer wieder Beziehungen begonnen, »die doch keine waren«. Sie fühle sich oft mißverstanden und habe daher jetzt eine Beziehung auf weite Entfernung mit einem 62jährigen Franzosen, der in Luxemburg gearbeitet habe und jetzt als Pensionär seit 15 Jahren mit der gleichen Italienerin zusammen in Oberitalien lebe. Dieser Mann war eine Urlaubsbekanntschaft, als sie mit ihrer Tochter dort Urlaub machte. Die seltenen Begegnungen mit ihm erlebt sie als sehr reich und sexuell befriedigend, um so bitterer ist der Abschied. Sie kann ihren Freund nicht anrufen, da das Risiko, daß die Rivalin am Apparat ist, zu groß ist. Daher kann sie ihm nur schreiben und muß warten, ob er anruft, was sie sehr wohl als unbefriedigend und frustrierend erlebt.

Auch in dieser zweiten probatorischen Sitzung wirkt die Patientin, sich dauernd beklagend, sehr frustriert. Es gibt anscheinend nichts und niemand, der es ihr recht machen kann und mit dem sie sich wirklich wohlfühlt. Wenn dies der Spiegel ihrer frühkindlichen Erfahrung ist, wundert es nicht, daß sie eine wohl sehr schwere Störung hat im Sinne eines Borderline-Syndroms.

In der nächsten probatorischen Sitzung eine Woche später beschwert sich die Patientin darüber, sie habe die letzte Sitzung als zu oberflächlich erlebt und sich gefragt, ob ich das Bedürfnis hätte, nur an der Oberfläche zu bleiben. Damit verleugnet sie jeden eigenen Anteil an ihrer Unzufriedenheit und schiebt mir den Schwarzen Peter zu. Ich spiegele ihr das, was sie nur noch ärgerlicher macht. Ich hatte in der Gegenübertragung die letzte probatorische Stunde nicht als oberflächlich erlebt, sondern erlebe eher, daß die Patientin ihr Leiden an Isolation und Frustration jetzt wieder verdrängen bzw. ungeschehen machen muß. Ich gehe daher warm und liebevoll mit ihr um und erkundige mich nach der Alltagsrealität in ihrer Arbeit und zuhause und lasse sie mir beschreiben, wobei ich sehr wenig Konkretes erfahre außer der Tatsache, daß sie durchschnittlich zwölf Berichte pro Woche schreiben müsse, was ihr sehr schwerfalle und zuviel sei. Außerdem berichtet sie, daß ihre Tochter – offensichtlich wenig kooperativ – sich von ihr bedienen lasse und sie sich daher völlig überfordert fühle durch Beruf und Haushalt. (Ich frage mich, wieso das so ist, denn ich halte es nicht für so überfordernd, einen Dienst in einer Kurklinik, den sie nach eigenen Angaben relativ pünktlich nach acht Stunden beenden kann und die Versorgung eines Zwei-Personen-Haushalts in einer pflegeleichten Wohnung zu bewältigen.)

Ich werte für mich die Beschwerde der Patientin, alles sei ungeheuer viel, sie könne es kaum schaffen, als Ausdruck der unterschwellig deutlich spürbaren depressiven Lähmung. Die Patientin versucht diese zwar immer wieder zu verstecken, sie wird mir jedoch von Mal zu Mal spürbarer. Meine Motivation, weiter mit ihr zu arbeiten, nimmt daher zu.

Eine Woche später kommt die Patientin mit dem Bericht, daß sie einen massiven Migräneanfall am Wochenende gehabt habe; sie habe derzeit fast jede Woche einen solchen. Früher sei dies noch viel schlimmer gewesen. Sie nehme sowohl Anti-Migränika, Azetylsalizylsäure und Mittel gegen Übelkeit.

Auf meine Frage, warum sie mir denn die Stunde nicht abgesagt habe, betont sie, sie habe unbedingt kommen wollen.

Dann überlegt sie, worüber sie heute reden will und sagt schließlich: »Jetzt möchte ich doch über meine Tochter reden: ich mag sie – glaube ich – wirklich. Ich habe ihr immer auch viel zugemutet mit der Migräne. Wir haben aber auch heftige Streitereien.« Sie selbst habe mit ihrer eigenen Mutter auch erhebliche Konflikte während der Pubertät gehabt, fährt die Patientin dann weiter: »Ich habe meine Mutter als wirklich unberechenbar erlebt, sie konnte das Gleiche mal gut, mal schlecht finden. Ich fand die Streits mit meiner Mutter sehr bösartig und irrational. Ich versuche mit meiner Tochter dies anders zu machen, auch im Streit rede ich bestimmt tonnenweise mehr mit ihr, als ich mit meiner Mutter reden konnte.« Dann erwähnt die Patientin, daß die Tochter in der Waldorf-Schule sei. Auf meine Frage, inwieweit sie selbst eine Anhängerin der Anthroposophie sei, sagt sie, ihr Vater sei Anthroposoph gewesen, sie selbst halte es nicht so mit dieser Lehre, fände aber das Schulprinzip der Waldorfschule gut.

Ich frage mich, inwieweit die Anthroposophie sie doch so beeinflußt hat, daß Psychoanalyse schwierig wird, denke aber, man muß das abwarten.

Die nächste probatorische Sitzung findet erst 14 Tage später statt, da die Patientin durch Nachtdienste verhindert war. Inzwischen hat sie Herbstferien (es ist Ende Oktober), klagt trotzdem über eine immense innere Spannung auf meine Frage, was sie während der Ferien vorhabe. Sie ist sich nicht klar darüber, wie sie die Zeit sinnvoll für sich nutzen kann, und klagt generell darüber, daß sie damit Schwierigkeiten habe. Andererseits beschäftigt sie im Moment sehr der Therapeut, den sie vor mir, vor inzwischen etwa einem halben Jahr einmal aufgesucht hatte. Er ist etwa sieben Jahre älter als sie und hat damals keine Rechnung geschickt, sondern sie danach gefragt, ob sie ihn privat treffen wolle. Inzwischen hat er sie angerufen, und sie trifft sich anschließend an die probatorische Sitzung mit ihm zum Essen. Sie ist so aufgeregt über dieses Ereignis, daß sie kaum in der Lage ist, sich während der Sitzung mit etwas anderem zu befassen. Sie berichtet von ihren Befürchtungen, er könne zu rasch – wie alle ihre früheren Männerbekanntschaften – eine erotische Beziehung wollen, während sie das Gefühl habe, so entstehe nie eine wirklich gute und tragfähige Partnerbeziehung. Sie ist aber offensichtlich an diesem Kollegen sehr interessiert und aufgeregt wie ein junges Mädchen. Sie beschäftigt sich damit, was sich jetzt vielleicht entwickeln könnte und hat bereits beschlossen, ihren französischen Freund, der während der Herbstferien kommen wollte, zu vertrösten.

Während die Patientin zu Beginn der Sitzung heute kaum einen klaren Gedanken ausdrücken kann, wird sie dann mit der Zeit ruhiger und wirkt recht attraktiv.

Da es Monatsende ist und weil ich möchte, daß sie sich um die Kassenanträge bei ihrer Privatkasse bemüht, gebe ich ihr die Rechnung für die bisherigen Stunden mit. Sie steckt sie ohne Kommentar ein.

Eine Woche später zur vorletzten probatorischen Sitzung kommt die Patientin wiederum pünktlich und berichtet sofort über ihr Treffen mit dem Kollegen. Dieser lebe in einer festen Beziehung, sie nennt mir sogar, fragend, ob ich ihn kenne, seinen Namen. Ich verneine es der Wahrheit entsprechend und bin gespannt, was sie weiter berichtet. Sie erzählt, er wolle mit ihr eine Freundschaft, es tue ihr aber doch sehr weh, es sei wie ein Schlag vor den Magen gewesen, als sie erfuhr, daß er in einer festen Beziehung lebt. Trotzdem hat sie ihn am vergangenen Wochenende noch einmal getroffen, die Begegnung sei sehr lustig gewesen, sie glaube, er habe eine hauptsächlich erotische Beziehung im Sinn: »Ich glaube, sonst kriegt er da nicht viel.« Weiter meint sie festzustellen, daß dieser Kollege und sie viele Ähnlichkeiten hätten.

Während der Herbstferien, zwei Tage nach der Begegnung mit dem Kollegen, hatte die Patientin wieder einen heftigen

Migräne-Anfall, der sie sehr erschöpft habe. Sie sei alleine in der Münchner Wohnung ihres Bruders gewesen, der verreist gewesen sei. Die Ruhe dort habe ihr sehr gut getan. Sie sei sehr dankbar dafür, daß ihr Bruder ihr dies gelegentlich ermögliche.

Zur letzten probatorischen Sitzung kam sie eine Woche später und begann damit, daß »Analytische Psychologie«, d.h. die Psychologie *C.G. Jung's*, sie sehr beschäftige. Sie fragt, ob ich damit Erfahrung habe und meine Behandlung auch daran orientiere. Ich erlebe diese Frage in verschiedenen Ebenen: in der Realebene legitim, in der Meta-Ebene als einen Test und eine Art Provokation und gleichzeitig als evtl. Bahnen eines Auswegs aus der Therapie mit mir: wenn ich kein Jungianer bin, will sie sich vielleicht doch nicht einlassen. Es bleibt abzuwarten. In der vergangenen Woche hatte sie keinen Migräne-Anfall, es war eine ruhige Woche nach den gleichzeitig aufregenden und frustrierenden Ferientagen. Die Patientin behauptet, sie habe bei der Krankenkasse die Formulare angefordert; dies erst auf meine nochmalige Frage hin und den Hinweis, daß heute die letzte der normalerweise von der Kasse übernommen werdenden probatorischen Sitzungen sei. Sie hat offensichtlich die Erwartungshaltung, ich würde sie auch ohne Honorar behandeln, wenn die Krankenkasse dies nicht übernimmt, obwohl derlei in keinster Weise besprochen wurde. In der Gegenübertragung spüre ich über diesen Leichtsinn einen deutlichen Ärger und schwanke, ob ich ihr nicht eine längere Pause zumuten soll. Diese möchte sie jedoch nicht, sondern bittet darum – wobei sie bereit ist, das finanzielle Risiko zu tragen –, daß die Therapie nahtlos weitergehe.

Es geht der Patientin offensichtlich nicht gut; sie berichtet erstmals von Träumen: »Ich habe immer wieder geträumt, daß ich ersticke, ich hatte am Wochenende das Gefühl, ich hätte die ganze Nacht geröchelt. Diesen Traum hatte ich zum ersten Mal vor etwa einem Jahr im Zusammenhang mit dem Umzug nach meinem jetzigen Wohnort. Da ihr selbst relativ wenig zu dem Traum einfällt, frage ich sie, ob sie als ganz kleines Kind vielleicht einmal Atemnot hatte. Sie berichtet daraufhin von Keuchhusten mit sechs Wochen, der so schlimm gewesen sei, daß die Mutter gesagt habe, sie habe sie nur eben darüber hinwegretten können.

Sie berichtet noch einen weiteren – wie sie meint – lustigen Traum aus der gleichen Nacht: »ich saß in der Nähe von Leuten, auch Bundeskanzler Kohl war dabei, und ich bat, das Fenster zu öffnen, da ich schlecht Luft bekam. Da sind alle gegangen außer Kohl und mir, und wir hatten beide zu kleine Schuhe und standen nur halb drin. Ich hatte zwei Paar übereinandergezogen und stand mit den Fersen halb drin und halb draußen.«

Die Patientin kommentiert diesen Traum folgendermaßen: »Wenn es mir gut geht, habe ich ganz lustige und witzige Träume; in einem habe ich sogar gedichtet nach einem Gedicht von Theodor Storm, aber mit einem anderen Text (Von draußen vom Walde komm' ich her). Da habe ich einen satirischen Text draus gemacht über eine Zeitschriftenflut.« Schließlich berichtet die Patientin gegen Ende der letzten probatorischen Sitzung, daß ihr französischer Freund verärgert sei über ihre Absage während der Herbstferien. Dies mache ihr jedoch relativ wenig aus, da sie ohnehin der Ansicht sei, eine gemeinsame Zukunft oder gar ein Zusammenleben sei für beide nicht gut.

Den verbleibenden Rest der letzten probatorischen Sitzung verwenden wir für die sog. **Pakt-Besprechung**, d.h. die Abmachungen zum **Setting** der von der Patientin gewünschten psychoanalytischen Einzelbehandlung. Wie später im Buch berichtet wird, habe ich für diese Patientin – entsprechend den inzwischen geltenden neuen Richtlinien – 160 Stunden Einzelanalyse bei ihrer Privatkasse beantragt. Wir besprechen insbesondere die **Urlaubs-** und **Ausfallhonorar-Regelung**, wobei ich ihr – soweit möglich – entgegenkomme. **Klare Absprachen für das Setting** sind äußerst wichtig; wenn man solche unterläßt, ist abzusehen, daß der Patient einen irgendwann dafür bestraft.

Da ich eine sehr volle Praxis habe und im Grunde über gelegentliche unverhoffte Freistunden froh bin, habe ich die international übliche Regelung von Absagen länger als 48 Stunden vor einer Stunde für mich dahingehend entschieden, daß es mir reicht, wenn der Patient 24 Stunden vorher absagt. Dann entstehen ihm keine Kosten. Bei kürzeren Absagen halte ich es so: wenn ich vor Beginn der Sitzung Bescheid bekomme, verlange ich 50% des Ersatzkassen-Stundenhonorars, nur wenn der Patient überhaupt nicht oder erst gegen Ende seine Sitzung absagt, weil er vielleicht verschlafen hat, verlange ich ein Stundenhonorar, das den gesetzlichen Kassen entspricht. Bei Arbeitslosen oder Studenten bin ich sogar nach Absprache zu einem geringeren Ausfallhonorar bereit. Es geht mir lediglich darum, daß der Patient die Abmachungen ernst nimmt und seine Widerstände möglichst wenig agiert, sondern bespricht.

Zur **Urlaubsregelung** bin ich ebenfalls **flexibel**: da ich selbst durch meine vielen Verpflichtungen öfter den Patienten kürzere Unterbrechungen zumuten muß, gestehe ich ihnen auch zu, dann Urlaub zu machen, wann sie wollen, selbst wenn dann manchmal längere Pausen entstehen. Ich finde es aber nicht gut für das Gefühl der partnerschaftlichen Beziehung in der Analyse, wenn der Therapeut – wie früher allgemein und jetzt gelegentlich immer noch üblich – seinen Analysanden vorschreibt, wann sie in Urlaub zu gehen haben. Das konnte allenfalls *Freud* tun, der seine Patienten täglich, dafür aber nur für wenige Monate sah. Bei den jetzt üblichen analytischen Stundenfrequenzen von zwei bis drei Sitzungen pro Woche und einer Analysedauer über mehrere Jahre halte ich es für eine unfaire Forderung dem Analysanden gegenüber, sich immer nach dem Zeitplan des Analytikers zu richten. Dies gilt auch für die **Stundenzeiten**: ich versuche – soweit möglich – den Analysanden in der Wahl ihrer Zeit entgegenzukommen. Nur wenn es mir überhaupt nicht möglich ist, auf ihre Wünsche einzugehen, sage ich dies mit dem Ausdruck von Bedauern. Außerdem stelle ich den Analysanden in Aussicht, sobald zeitliche Änderungen möglich sind, von mir aus ihnen solche anzubieten.

Andererseits bin ich sehr korrekt im Einhalten der abgemachten Sitzungsdauer und versuche, mich nicht von Patienten – die wahre Artisten in dieser Richtung sind – zu einem »Überziehen« der Sitzungen verführen zu lassen. Dies auch, wenn der Patient aus eigenen Gründen zu spät kommt. Ich selbst habe meinen Praxisablauf so durchorganisiert, daß ich kaum jemals zu spät komme oder einen Patienten warten lassen muß, da ich beides ziemlich unzumutbar finde.

Die probatorischen Sitzungen für eine tiefenpsychologisch fundierte Therapie

Die von den Kassen her zulässigen insgesamt fünf probatorischen Sitzungen bei der tiefenpsychologisch fundierten Therapie sollten möglichst schon maximal therapeutisch genutzt werden in Anbetracht der zeitlich engeren Grenzen dieser Therapieform. Daneben dienen sie natürlich auch weiterer diagnostischer Abklärung, sowie dem Aufbau einer tragfähigen Übertragungsbeziehung. Bei Aktualkonflikten gelingt es erfahrenen Therapeuten manchmal schon, mit diesen fünf probatorischen Sitzungen einen ausreichenden Teilerfolg bzw. Auflösung der aktuellen Problematik zu erreichen. Da dies äußerst wichtige Sitzungen sind, sollten die Krankenkassen sie – ebenso wie die Kurztherapiesitzungen – eher höher honorieren als die regulären Therapiesitzungen.

Erstes Beispiel: Patientin B 111227

Jetzt wollen wir uns den probatorischen Sitzungen der Patientin zuwenden, die wir als **Beispiel** für eine tiefenpsychologisch fundierte Therapie bereits durch das Erstgespräch kennengelernt haben. Wie Sie sich wahrscheinlich erinnern, handelt es sich um eine 59jährige verheiratete Frau mit einem ausgeprägten, seit zehn Jahren bestehenden und seit einem Jahr zunehmenden depressiven Syndrom mit Zwangsweinen, Schlafstörungen und anderer Symptomatik, die während der Probesitzungen aufschien.

Die zweite Sitzung, also die erste der sog. probatorischen Sitzungen fand genau eine Woche nach der ersten statt. Die Patientin kam wiederum pünktlich, sichtlich schon vertrauensvoller und weinte sofort los, während sie sagte, sie habe schlecht geschlafen.

Dann berichtet sie erstmals über ihre berufliche Tätigkeit, mit der sie aktuellen Ärger hatte: sie hat acht Jahre aushilfsweise im Verkauf in einem großen Kleiderkaufhaus in der Innenstadt gearbeitet, wurde aber immer wieder und gerade in den letzten Tagen von ihrem Abteilungsleiter schikaniert, so daß sie überlegt, ihre Tätigkeit zu beenden. Gleichzeitig meint sie jedoch, es habe auch ein paar gute Tage in der Firma gegeben und sie könne nicht gut allein sein, die Arbeit verschaffe ihr menschliche Kontakte »Mein Mann ist zwar an sich daheim, aber er ist sehr verschlossen und spricht kaum. Außerdem geht er immer noch in seine alte Firma und arbeitet dort wochenweise mit einem Werkvertrag.« Dann wechselt sie das Thema und spricht von ihren Beziehungsideen, die das Ausmaß ihrer psychischen Störung verdeutlichen: »Ich beziehe immer alles zu sehr auf mich.« Sie springt dann zurück in die Kindheit und erzählt, daß sie schon als Kind zum Teil sehr aufbrausend gewesen sei, dann hätte ihre Mutter wochenlang nicht mehr mit ihr geredet, und das sei für sie fürchterlich gewesen.

In den Auseinandersetzungen mit ihrem Mann habe sie immer das Gefühl gehabt, den kürzeren zu ziehen, dann hätte sie irgendwann aufgegeben und tue jetzt, was er wolle.

Weiter berichtet sie, daß sie noch einen zweiten Sohn habe aus ihrer Ehe, der ebenfalls verheiratet sei, zwei Kinder habe und als Steuerbevollmächtigter gut verdiene. Über ihren ledig geborenen Sohn, der ihr so viele Sorgen macht, sagt sie, er sei als Kind schon oft sehr apathisch gewesen, da er sich von seinem Stiefvater nie akzeptiert gefühlt habe. Dieser sei auch recht streng mit beiden Söhnen umgegangen, wenn er zuhause war.

Als eine längere Pause entsteht, frage ich sie nach ihrer körperlichen Vorgeschichte, und sie berichtet, daß sie eine Polyarthrose an den Fingern seit vielen Jahren zunehmend habe, die ihr Beschwerden mache. Diese waren zum Teil so stark, daß sie ihren Beruf als gelernte Schneiderin nicht mehr ausüben konnte und deshalb als Kleiderverkäuferin arbeitete. In diesem Geschäft bekam sie manchmal an den Händen allergische rote Flecken und eine Bindehautentzündung. Trotzdem liebe sie ihren Beruf in dem voll klimatisierten anstrengenden Kaufhaus. Sonst sei sie relativ gesund gewesen, habe lediglich zwei Krampfader-Operationen nach der ersten Entbindung gehabt. 15 Jahre nach der ersten Operation hätte eine Reoperation erfolgen müssen, weil sie wieder erhebliche Beschwerden gehabt habe.

Die zweite probatorische Sitzung beginnt die Patientin wieder weinend, diesmal darüber, daß ihr Mann die Kinder immer abgelehnt hätte und auch an seinen Enkeln eher wenig Interesse habe. Darunter leide sie gegenwärtig sehr, da die Enkel ihre Hauptlebensfreude seien. Trotzdem richte sie sich nach ihrem Mann, da sie ihm dankbar sei, daß er sie mit dem ledigen Sohn geheiratet habe. Diesmal kam sie wenige Minuten zu früh, was ich als Ausdruck für ihren großen Wunsch, sich auszusprechen, ansah.

Dann kommt die Patientin nochmals auf ihre berufliche Laufbahn zu sprechen und berichtet, daß sie nach ihrer Lehrzeit als Schneiderin als Gesellin zunächst in einer Schneiderei, dann in einer Kürschnerei gearbeitet habe bis zu ihrer Heirat. Danach habe sie zuhause für private Kunden geschneidert. Es tue ihr sehr leid, daß sie auch keine Handarbeiten mehr machen könne, weil die Finger dann zu sehr schmerzten.

Dann berichtet die Patientin, daß sie wieder in der Nacht vor der Sitzung schlecht geschlafen habe und auch sonst, und daß sie sich sehr viele Gedanken machen müsse über alle möglichen Leute und deren Geschichte. Da sie auf mich weiter immer depressiver wirkt, entschließe ich mich, ihr vorzuschlagen, abends 25 mg Amitryptilin retard zu nehmen. Dies akzeptiert sie, da die Schlafstörung zu quälend ist.

In dieser zweiten probatorischen Sitzung nimmt dann die körperliche Vorgeschichte einen recht breiten Raum ein: die Patientin berichtet ergänzend, daß sie während ihrer ersten Schwangerschaft eine Pyelonephritis gehabt habe, später immer wieder heftige Blasenentzündungen. Man habe eine Hängeniere festgestellt, die allerdings gut funktioniere. Angeblich habe sie immer eine vergrößerte Gebärmutter gehabt, die sich jetzt, nach der Menopause, zurückgebildet hätte.

An dieser Stelle der Sitzung machte ich mir eine Notiz über meine Gegenübertragung, nämlich, daß ihr jammeriger Ton bei gleichzeitigem Versuch zu lächeln in mir eine aggressive Spannung auslöste.

Die somatische Vorgeschichte lief dabei weiter: die Patientin berichtete von einer Kieferhöhlenoperation vor etwa zehn Jahren, einer Tonsillektomie vor 15 Jahren und einer Appendektomie vor 30 Jahren. Vor der Kieferhöhlenoperation sei längere Zeit bei ihr immer wieder ein »schlechtes Blutbild« gefunden worden; sie habe eine verkapselte Zyste in der Kieferhöhle gehabt, die gespült wurde,

ohne daß etwas herausgekommen sei. Da sei es ihr jahrelang schlecht gegangen.
Sie sei seit zehn Jahren in der Postmenopause, ohne Beschwerden zunächst. Erst zwei Jahre danach hätten die Depressionen begonnen und auch gelegentliche Schweißausbrüche. »Die Depressionen fingen an, als sie bei meinem Sohn anfingen. Ich hatte ein komisches Gefühl im Magen, Gurgeln auch im Darm, hauptsächlich nachts, Appetitlosigkeit, die sich wieder besserte.«
Die Heberden-Arthrosen (Diagnose einer Universitätsklinik) an beiden Händen hätten sich seit der Kieferhöhlenerkrankung entwickelt.
Darauf springt die Patientin wieder zu ihrer Kindheitsgeschichte und meint, sie würde heute noch am meisten unter dem schlimmen Verhältnis, das ihre Eltern miteinander hatten, leiden. Sie sehe ihren prügelnden Vater und einen prügelnden Lehrer vor sich, und müsse gleich wieder weinen. Ihre Mutter sei jetzt seit etwa einem Jahr (sie ist 83 Jahre) friedlicher, vorher war sie sehr beherrschend. »Meine Mutter wollte mich nicht, ich war als Kind immer kränklich, hatte laufend Mandelentzündungen und habe viel geschlafen.«
Es ist bemerkenswert, daß das Ausmaß ihrer körperlichen Leiden in der Kinderzeit ebenso wie der seelischen erst in der dritten probatorischen Sitzung voll herauskommt. Ich werte dies als Ausdruck dafür, daß sie ein lebenslanges Training von Verleugnung ihrer Leiden hat und sich immer bemühen mußte, nach außen die Lächelnde, Zugewandte zu sein. Es wird immer wieder beobachtet, daß Patienten erst nach einigen Stunden das volle Ausmaß ihres Leidens offenbaren. Dies hat damit zu tun, daß ihr narzißtisches Selbst nicht zuläßt, die als Blamage empfundenen Schwierigkeiten einzugestehen. Außerdem müssen sie erst eine tragfähige Beziehung zum Therapeuten entwickeln im Sinne einer guten Mutter-Übertragung. Wenn die eigene Mutter sehr frustrierend erlebt wurde – wie bei unserer Patientin – braucht das doch einige Sitzungen.
Ähnlich werden manchmal auch psychische Symptome zunächst verschwiegen, sowohl Zwänge wie auch paranoide Befürchtungen. Es ist wichtig, daß der Therapeut zunehmend ein sicheres Gefühl für die Zeit, zu fragen und die Zeit, abzuwarten entwickelt, um diesen hochempfindlichen Prozeß des Abbaus der Blamage-Angst und Aufbaus von Vertrauen nicht zu stören.
Wenn der Therapeut sich dazu entschließt – was gelegentlich zweckmäßig erscheint –, eine medikamentöse Begleittherapie selbst vorzuschlagen und zu überwachen (sofern er dies ausreichend gut gelernt hat), sollte er nur in Extremfällen dies gleich zu Beginn der probatorischen Sitzungen tun. Es ist besser, wie bei unserer Patientin, zumindest zwei Sitzungen abzuwarten, da manchmal der Patient sich auch zu Beginn aus Angst kränker darstellt, als er tatsächlich ist. Dies kommt ungefähr ebenso oft vor wie das Gegenteil, daß nämlich der Patient versucht, sich gesünder darzustellen, als er ist, als kontraphobische Angstabwehr der therapeutischen Situation.
Doch nun noch zu den letzten beiden probatorischen Sitzungen, die ich mit der Patientin vor Stellung des Kassenantrags durchgeführt habe.
Da sie nach der dritten Sitzung mit ihrem Mann in Ski-Urlaub fuhr, verging bis zur vierten ein guter Monat. Mittlerweile war es Frühling geworden, und die Patientin berichtete, daß sie wegen des permanen-

ten Ärgers in dem Kaufhaus, in dem sie arbeitete, aufgehört habe. Jetzt weint sie darüber und sagt, sie müsse die Trauerarbeit um das verlassene Nest leisten.

Dann berichtet sie ausführlicher über ihren Urlaub und über eine bereits wieder geplante Reise – ihr Ehemann war 30 Jahre in einem Reisebüro tätig und ist sehr reisefreudig, während sie am liebsten zuhause bleibt: »Ich möchte Ruhe haben.« Sie habe immer Angst vor dem Urlaub; wenn ihre Eltern Ferien hatten, sei dies immer eine scheußliche Zeit gewesen.

Dann berichtet die Patientin, daß sie die von mir verordneten Amitryptilin-Tabletten nur viermal eingenommen hat, da es ihr schwindlig wurde. Sie möchte keine Tabletten, sondern will alle ihre eigenen Kräfte mobilisieren und liest stattdessen ein Buch über Autosuggestion. Sie bringt es mir mit, um es von mir kritisch betrachten zu lassen. Ich akzeptiere es, obwohl es eine Trivialliteratur über positives Denken darstellt.

Hier können wir zwei weitere häufige Phänomene bei Patienten zu Beginn der Therapie beobachten: sie versuchen uns zu verführen, ihnen Pillen zu geben. Tun wir dies, so ist die Compliance meist schlecht, und die Medikamente werden, wenn überhaupt, nur sehr kurz genommen. Sie haben psychodynamisch die Funktion des Versuchs des Kindes, »Was kann ich bekommen?« und dann, »Wenn ich es bekommen habe, will ich es nicht«. Dies sollte mit dem Patienten unbedingt durchgearbeitet werden, es erspart vielen weiteren Ärger und unnötige Kosten für Medikamente.

Eigenwillige Patienten neigen dazu – wie unsere Patientin –, schon während der ersten Sitzung Ausschau zu halten nach Alternativ-Methoden zum Angebotenen nach dem Motto: »Ich weiß nicht, ob mir deine Suppe schmeckt, ich will auch noch andere probieren«. So ist es auch zu werten, daß derzeit sehr viele Patienten neben der Psychotherapie gleichzeitig zu Heilern verschiedenster Provenienz rennen. Es ist ratsam, als Therapeut dies gelassen zu akzeptieren, ruhig zu hinterfragen und dem Patienten die Beziehungsdynamik zu spiegeln. Dann wird er umso eher in der Lage sein, das »Fremdgehen« zu unterlassen. Das sog. Doctor-Shopping ist ja auch im somatischen Bereich sehr verbreitet.

Die letzte probatorische Sitzung begann die Patientin mit bereits bekannten Themen: sie kam wieder auf ihre Krampfadern zu sprechen, da sie immer noch gelegentlich Beschwerden hat. Auch griff sie das Thema »Angst vor vielen Dingen auf Reisen« noch einmal auf und brachte es zusammen damit, daß sie als Kind keinerlei Reiseerfahrung machen konnte. »Kinder durften nichts wollen. Wenn mein Papa gesagt hat: ›Das wird gemacht‹, ist es gemacht worden.« Als sich die Eltern schließlich Urlaub leisten konnten, wurde die Patientin immer kurz davor krank. »Mein Vater war ein Kosak. Die Mutter war Deutsche und wußte, was ein deutsches Mädchen nicht tut.« Dann berichtet die Patientin noch weiter, daß ihre Mutter ihr vor allem Angst gemacht habe, aber selber auch ein sehr ängstlicher Mensch mit Alpträumen gewesen sei, in denen sie geschrien habe und Leute umbringen wollte. Der Vater der Patientin starb mit 56 Jahren, kurz darauf ihr Onkel, danach zogen Mutter und Tante zusammen in die elterliche Wohnung. Die Ehe ihrer Eltern war ein so permanenter Streit, daß die Patientin für sich beschloß, sie wolle allen Streit vermeiden, und Ärger immer nur hinuntergeschluckt habe.

Der Patientin ging es heute deutlich besser, sie sagte, sie fühle sich wohl und war auch besonders chic zurechtgemacht. Sie hat aber dennoch ca. 4 kg abgenommen und wiegt jetzt bei einer Größe von 163 cm nur 55 kg. Sie wacht immer noch sehr früh morgens auf, und da sie erst gegen 23 Uhr zu Bett geht, schläft sie nie mehr als fünf Stunden. Sie meint, dies sei aber schon besser als noch vor einigen Wochen. Ganz zum Schluß der probatorischen Sitzung wird sie ausgesprochen fröhlich und erzählt von sich aus, daß sie eigentlich gerne tanzen würde und ärgerlich darüber ist, daß ihr Mann daran keinen Spaß hat.

Im späteren Verlauf der Therapie zeigt sich immer mehr das Schwanken zwischen hypomanisch aufgesetzter Fröhlichkeit und verzweifelter Trauer. Die Patientin hat in den Probesitzungen einen guten Kontakt zu mir aufgebaut und bedauert, nicht schon früher den Weg zur Therapie gefunden zu haben. Sie bittet um die Erstellung eines Kassenantrags, den ich auf 50 Leistungen tiefenpsychologisch fundierter Psychotherapie gestellt habe. Er wird uns im weiteren Verlauf dieses Buches begegnen.

Zweites Beispiel: Die probatorischen Sitzungen bei der depressiven Patientin Chiffre E 160745

Wie Sie sich erinnern, hatte die 43jährige übergewichtige Patientin im Erstgespräch mitgeteilt, daß ihre depressive Verstimmung durch eine massive Ehekrise ausgelöst war, wobei sie sowohl einen Liebesbrief einer Freundin bei ihrem Mann gefunden hatte sowie dadurch irritiert war, daß dieser sich angeblich zu Männern mehr hingezogen fühlte als zu Frauen.

Die erste probatorische Sitzung fand fünf Tage nach dem Erstgespräch statt. Dieses Mal fiel mir auf – was mir beim Erstgespräch entgangen war –, daß die Patientin leicht hinkte, als sie die Treppe hochstieg. Ich fragte sie nach Beschwerden beim Gehen, und sie berichtete, daß sie mit zwölf Jahren Kinderlähmung gehabt hatte. Recht viel mehr dazu erfahre ich nicht, außer daß die Lähmung des rechten Beines das einzige sei, was die Kinderlähmung hinterlassen habe. In meinem Sprechzimmer, das eine Treppe hoch liegt, angekommen, setzte sich die Patientin wieder auf den gleichen Stuhl wie in der Vorwoche und fing sofort wieder mit ihrer Ehesituation an: sie sei darauf gekommen, daß ihr Mann wohl schon mehrere Freundinnen gehabt habe während der Ehe. Sie habe gemeinsame Freunde gefragt, und diese hätten gemeint, sie wüßten es nicht. Am heutigen Vormittag habe sie voller Verzweiflung daran gedacht, sich etwas anzutun. Sie weint fast die ganze Stunde und ist sehr depressiv. »Seit ich aus der Klinik zuhause bin, habe ich noch keine Nacht durchgeschlafen. Ich nehme Schlaftabletten auf Kräuterbasis und Beruhigungstropfen.« (Wenn das stimmt, hat sie seit zwei Monaten eine erhebliche Schlafstörung.) Da die Patientin sehr darüber klagt, daß sie überhaupt nicht wisse, was ihr bei einer evtl. Trennung zustehe, empfehle ich ihr eine gute Familienanwältin, um sich über ihre Rechtslage zu erkundigen. Zur zweiten probatorischen Sitzung kommt die Patientin mit ihrem freundlichen Lächeln wiederum ganz pünktlich und beginnt damit, daß sie bereits bei der Anwältin war. »Die hat mir durch die Blume gesagt, wie blöd ich bin.« Zum ersten Mal kommt ein offen aggressiver Ton bei der Patientin durch, der sich auch fortsetzt in ihrem Bericht: »Heute nacht habe ich um zwei Uhr meinem Mann die Meinung gesagt, nachdem er von halb sechs Uhr nachmittags bis halb zwei in der Früh weg war.« Die Patientin ist heute schon adretter zurechtgemacht, trägt lange weiße Hosen und einen türkisfarbenen Pullover. Sie sieht geschwächt aus, was durch das Übernächtigt-Sein zu erklären ist.

Sie schimpft weiter auf ihren Mann, der nur noch Tennis im Kopf habe. Sie habe ihn aber noch nicht damit konfrontiert, daß sie wisse, daß er eine Arbeitskollegin zur Freundin habe. Das letzte Mal hätten sie zusammen nach Weihnachten geschlafen (es ist jetzt Anfang Juni). Ihr Mann habe ihr beim Hausbau erklärt, er könne nicht mit ihr schlafen, weil alles so stressig sei für ihn. Damals war sie schwanger mit ihrer Tochter. Sie gibt zu, daß ihr das Fehlen der intimen Beziehung ziemlich zu schaffen macht. Zunächst hatte sie zwar behauptet, sie könne ohne Sexualität gut auskommen – dies stellt sich jedoch, wie bei vielen Patientinnen, als Schutzbehauptung heraus.

Bereits drei Tage nach dieser Sitzung rief die Patientin montags an und bat um einen Termin, da sie viel Neues, Schlimmes erlebt habe. Außerdem habe sie sich die Unterlagen für die Beihilfe besorgt und wolle diese vorbeibringen. Ich muß sie bis Donnerstag vertrösten, was sie akzeptiert und sagt, sie werde sich nicht umbringen bis dahin.

Als sie etwas zu früh zu diesem Gespräch kommt, beginnt sie damit: »Meine Aufregung bestand darin, daß er nicht reagierte, als ich ihm die Meinung sagte. Letzten Freitag (das war die letzte Sitzung) hatte unser mittlerer Sohn Geburtstag; mein Mann war bei seiner Mutter, statt zu helfen.« Die Patientin zeigt von Sitzung zu Sitzung mehr offene und versteckte Aggressivität. Im gleichen Maß nimmt das Depressive etwas ab, allerdings weint sie immer noch sehr viel.

Die Patientin, die meinen Rat, wenn sie ihren Mann zurückgewinnen wolle, müsse sie sich für ihn wieder attraktiv machen, prompt befolgt hat, berichtet, daß sie ihn am Freitag abend mit ihrer Entdeckung des Liebesbriefes konfrontiert hat. Er habe daraufhin zugegeben, schon lange ein Verhältnis zu haben.

Bei diesem Bericht kommen ihr wieder die Tränen, sie versucht sie wegzudrücken.

Ihr Mann habe gesagt, er wolle die Trennung, wenn sie die Freundin nicht ertrage. Sie habe für das kommende Wochenende Bekannte eingeladen, mit denen sie seit 20 Jahren Kontakt hätten, in der Hoffnung, diese würden ihrem Mann gut zureden. Sie selbst wolle nur eine Trennung, keine Scheidung. Sie habe die Anwältin noch einmal deshalb angerufen, diese sei jedoch jetzt in Urlaub (Pfingstferien). Die Patientin ist inzwischen selbst der Meinung, daß die Geschichte mit der Homosexualität ihres Mannes eine Finte war. Sie habe dies angesprochen, und er habe erwidert, er hätte ihr keinen Bären aufbinden wollen, sondern ihr sanft beibringen, daß er nicht mehr an ihr interessiert sei, und er habe geglaubt, sie könne es leichter verkraften, wenn er behaupte, er sei homosexuell, wie wenn er zugäbe, er habe eine Freundin. Das Gegenteil war allerdings der Fall.

Dann wechselt die Patientin das Thema und klagt darüber, sie habe immer viel zu viel Rücksicht genommen, vor allem auch auf ihren Mann. Er lasse insbesondere vor Bekannten kein gutes Haar an ihr und demütige sie durch Vorwürfe z.B. über ihre Schlamperei. Außerdem beschwere er sich darüber, daß sie immer wieder »ausflippe«, schwarz sehe, den Haushalt verwahrlosen lasse, nicht zurechtkomme. Er mache sie sehr mürbe und verzweifelt.

In die vorletzte probatorische Sitzung kommt die Patientin gut zurechtgemacht, hat sich die Haare färben lassen, als Zeichen der positiven Übertragung in der gleichen Farbe die ich trage!

Die Patientin hat ein neues Thema: »Ich bin so enttäuscht, er wollte auf Kur gehen, aber es klappte nicht.« Sie hätte ihn im Augenblick am liebsten los und überlege, wie sie das anstellen könnte; für getrennte Haushalte sei nicht genug Geld da; dafür müsse das Haus verkauft werden, an dem beide doch so hängen würden.

Die Patientin hat trotz allem eine Menge Energie entwickelt und ihren Mann dazu gebracht, mit ihr zur Anwältin zu gehen, wo er eingewilligt hat, ihr das Haus zu überlassen. Dafür kommt ihr Mann keinen Abend mehr nach Hause. So habe sie die ganze Last der drei Kinder allein, wobei der Älteste hilfreich sei, der Mittlere der Robusteste und das Töchterchen auch relativ pflegeleicht. Am Ort habe sie keine Freunde. Die wenigen Freunde, die sie habe, seien über ganz Deutschland verstreut. Da sie aber fast nie verreist, hat sie alle jahrelang nicht gesehen.

Sie ringt weiter mit der Situation »Bleiben oder Trennen?« und sagt, in ihrer Kinderzeit habe sie von den Eltern gelernt, daß Ehe etwas sehr Beständiges sei. Auch ihr Mann habe immer betont, er heirate nur einmal nach der Scheidungserfahrung mit seinen Eltern. Jetzt breche ihr ganzes Glaubenssystem zusammen, und sie wisse nicht, was sie tun solle.

Mit diesem Thema beginnt sie auch die letzte der probatorischen Sitzungen, wobei sie sofort wieder weint, weil ihr Mann kaum mehr nach Hause kommt, andererseits aber seine Kur verschoben wurde. Sie ergänzt noch seine Biographie, daß sein Vater auch Berufssoldat gewesen sei; da habe es ebensowenig Widerrede gegeben wie es jetzt möglich sei, ihrem Mann zu widersprechen. Trotzdem könne sie darüber keine Wut empfinden. Auch ihr Vater war Berufssoldat, auch ihre Mutter habe »gekuscht um des Friedens willen.«

Bei dieser Patientin ist im Vergleich zu den anderen in diesem Buch referierten depressiven Patienten ein unheimliches Kippen zwischen Depression und Aggression zu bemerken. Zum Abschluß der verheulten letzten probatorischen Sitzung berichtet sie dann, daß sie bereits einen Notartermin in wenigen Tagen habe zur Hausüberschreibung.

Mit diesem »Erfolg« der probatorischen Sitzungen möchte mir die Patientin wohl demonstrieren, daß sie auf meine Zuwendung ihrerseits mit Anstrengungen reagiert, das Besprochene umzusetzen. Andererseits wird deutlich, wie groß die analen Strukturanteile bei der Patientin und wohl in der ganzen Familie sind. Mit wachsender Erfahrung werden Sie auch immer mehr erleben, daß depressive Patienten neben ihren depressiven sehr ausgeprägte anale Strukturanteile haben, die ihnen helfen, mit ihrer Depressivität umzugehen. Andererseits ist die Kombination der oralen und analen Strukturen entwicklungspsychologisch sehr verständlich, da diese Patienten in der Regel Probleme mit der genitalen Entwicklungsstufe haben.

Die probatorischen Sitzungen vor einer geplanten Gruppentherapie

Es gibt keine Ziffer der Gebührenordnung für probatorische Gruppensitzungen. Das ist auch sinnvoll, da eine Gruppe durch zu häufiges Kommen und Gehen bzw. frühe Abbrüche neuer Teilnehmer sehr belastet wird.

Es erscheint daher stimmig, die möglichen probatorischen Sitzungen als Einzelsitzungen auszuschöpfen, bei denen der Therapeut sein besonderes Augenmerk auf die Gruppenfähigkeit des Patienten und die spezifischen Indikationen für Gruppentherapie lenken sollte. Er kann gleichzeitig die in aller Regel vorhandenen Ängste des Patienten vor der Gruppensituation etwas abbauen, nicht zuletzt dadurch, daß er mit einfachen Worten versucht, einen Gruppenprozeß darzustellen. Die allermeisten Patienten, für die eine Gruppentherapie sinnvoll erscheint, sind zunächst sehr skeptisch bis ablehnend einer solchen gegenüber. Dies ist ganz natürlich, hat doch ein jeder in seinen Gruppensituationen im Alltag schon genug Schlimmes erlebt.

Außerdem gibt es natürlich den großen Wunsch, vom Therapeuten als Einzelkind verhätschelt zu werden. Einmal die totale Aufmerksamkeit eines anderen Menschen über eine relativ große Zeitdauer zu bekommen, ist schließlich für viele ein einmaliges Erlebnis in der Therapie.

Wenn das kassentechnisch mögliche Limit der Gruppentherapie weiter gefaßt wäre, könnten die Therapeuten sicher einen Großteil der Patienten, die gegenwärtig einzeltherapeutisch behandelt werden, einer Gruppe zuführen. Das Gleiche wäre der Fall, wenn es leichter möglich wäre, nach einer anfänglichen Einzeltherapie-Phase den Patienten in eine Gruppe zu nehmen. Leider haben die dafür Verantwortlichen sich bisher nicht zu solchen Schritten bewegen lassen. Zugegebenermaßen gibt es auf der anderen Seite leider allzu wenige wirklich gut ausgebildete Gruppentherapeuten. Zumal früher ein Psychotherapeut automatisch mit seiner Kassenzulassung auch die Erlaubnis erhielt, Gruppentherapie durchzuführen, selbst wenn er dafür keinerlei spezielle Ausbildung nachweisen konnte. Dies hat sich erfreulicherweise geändert:

Kollegen, die im Rahmen ihrer kassenärztlichen Tätigkeit tiefenpsychologisch fundierte oder analytische Gruppentherapie durchführen wollen, müssen neben der obligatorischen Selbsterfahrung in der Gruppe von 70 Doppelstunden noch zusätzlich mindestens 60 Doppelstunden als Co-Leiter bei einem anerkannten Gruppen-Lehrtherapeuten nachweisen. Alternativ dazu ist es statthaft, (wenn diese Kollegen eigene Gruppen aufbauen, wobei die Patienten das Honorar privat aufbringen müssen), daß diese Kollegen, wenn sie nach jeder vierten Gruppensitzung eine Supervisionssitzung beim Gruppen-Lehrtherapeuten absolvieren, nach etwa 60 bis 70 solcher Gruppentherapiesitzungen mit 15 bis 20 Supervisionssitzungen die Erlaubnis bekommen, Gruppentherapie mit den Kassen abzurechnen. Dies ist m.E. eine Minimalforderung. Sie muß unbedingt ergänzt werden durch ein ausgedehnteres Studium der vorhandenen, z.T. ausgezeichneten Literatur über Gruppentherapie, sowie möglichst eine mehrjährige, in Blockform durchgeführte Ausbildung zum Gruppentherapeuten, die in Deutschland von mehreren Institutionen angeboten werden. Die drei bekanntesten sind das sog. **Göttinger Modell**, das von dem

Ehepaar *Franz Heigl* und *Anneliese Heigl-Evers* in den 60er Jahren entwickelt wurde, sowie **Gras**, die Gruppenanalyse-Ausbildung, die *Michael Lukas Moeller* vor nunmehr 20 Jahren ins Leben rief, und schließlich seit einigen Jahren die sog. **Heidelberger Gruppenanalytische Ausbildung**, die von *Karl Rudnitzky* initiiert wurde. Die Teilnehmer aller drei Ausbildungsgänge müssen in der Regel eine abgeschlossene psychotherapeutische Ausbildung nachweisen können. Lediglich bei dem Heidelberger Modell können auch Sozialarbeiter und Angehörige anderer Berufsgruppen aufgenommen werden, nachdem sie sich – dies ist auch bei den anderen Instituten so – einem Auswahlverfahren unterzogen haben. Dann bieten diese Ausbildungen in zwei bis drei Blöcken von etwa fünf bis sieben Tagen pro Jahr sowohl komprimierte Theorieveranstaltungen wie ausreichend intensive Selbsterfahrung und Arbeitsgruppen an. So erwirbt ein Kollege die notwendigen Kenntnisse für eine produktive Gruppenarbeit, die mit Sicherheit schwieriger ist – in aller Regel – als Einzeltherapie. Lohn für diese Mühen ist in der Regel eine sehr intensive Erfahrung aller Teilnehmer, die auch dem Leiter viel Freude machen kann. Lohn ist auch, daß ein Gruppenleiter die Zeiteinheit teurer bezahlt bekommt, als normalerweise in der Einzeltherapie.

Da **Paar-** und **Familientherapie** bislang keine Kassenleistungen sind und vermutlich in absehbarer Zeit auch nicht werden, kann der Therapeut nur im Bereich der Gruppentherapie mit mehreren Personen gleichzeitig auf Rechnung der Krankenkassen arbeiten.

Soviel als Vorbemerkung. Jetzt wollen wir uns die insgesamt vier probatorischen Sitzungen mit unserem designierten Gruppenpatienten näher ansehen. Ich habe den Antrag allerdings bereits nach der zweiten Probesitzung gestellt und die anderen beiden als Überbrückung bis zur Genehmigung bzw. bis zu dem Augenblick, wo ein Gruppenplatz frei wurde, benutzt.

Beispiel: Patient C 231253

Seit dem Erstinterview waren elf Tage vergangen, als der Patient mich zum zweiten Mal aufsuchte. Er brachte mir einen Bericht über seine Kinderkrankheiten auf einer Karteikarte mit und hatte seine Mutter dafür befragt. Außerdem brachte er die Berichte der stattgehabten Fertilitätsuntersuchungen mit. Weiter bemerkte er, er versuche, sich derzeit mit Autogenem Training zu entspannen, es gelinge aber nicht.

Dann berichtete er noch etwas ausführlicher über das Gespräch mit seiner Mutter, die zu ihm ungefragt sagte, sie habe mit ihm bis zu seinem Schuleintritt »sehr viel mitgemacht«. Sie betonte, wie anstrengend für sie die drei Kinder gewesen seien. Sie habe sich nicht um die Hoden ihres Sohnes gekümmert; es ist ihr erst jetzt, als ein Neffe eine Hodenoperation hatte, aufgefallen, daß sie sich hätte vielleicht darum kümmern müssen.

Dann berichtet der Patient, daß die Fertilitäts-Untersuchung für ihn und seine Frau sehr belastend gewesen sei; seine Frau leide immer noch darunter, daß sie keine eigene Schwangerschaft erleben konnte. Dies berichtet der Patient mit einem sehr depressiven Unterton.

Dann wechselt er das Thema und spricht darüber, daß er große Probleme habe, »abzuschalten«. »Der letzte Urlaub war diesbezüglich eine Katastrophe: »ich konnte nicht ohne Schlafmittel schlafen, rief jeden zweiten Tag vom Urlaubsort aus in der Firma an. Das letzte Jahr war das absolut schlimmste, das ich hinter mir habe. Ich rufe schon vor Urlaubsende regelmäßig in der Firma an.«

Dann bringt der Patient dieses Verhalten mit dem Erleben seines Vaters zusammen: »Der Vater hatte auch so eine Arbeitsmoral, wir sagen heute noch zum ihm ›der Chef‹. Er muß immer noch jeden Morgen im Geschäft dasitzen, obwohl der Bruder das Geschäft schon vor Jahren übernommen hat.«

Der Patient wechselt dann zu seiner eigenen Berufssituation über und berichtet, daß sich die Situation in seiner Firma in den letzten drei Jahren erheblich verschlimmert habe. Die Inhaber seien zwei Brüder gewesen; der eine davon starb nach einer sieben Jahre dauernden Leukämie. Der jetzige Alleininhaber trage die ganze Last. Er habe früher die Bauleitung zusammen mit dem Patienten gemacht, während der Verstorbene die Geschäfte der Firma lenkte. Es gibt 90 Mitarbeiter, also ein mittlerer Betrieb. Im Büro gibt es außer dem Bauleiter noch einen zweiten, einen Kalkulator und den Chef. Alle vier würden sich extrem anstrengen, es sei jedoch kaum zu schaffen.

Dann klagt der Patient darüber, daß er so wenig Ausgleich für all den Arbeitsdruck habe, meint aber, der Verzicht auf abendliches Ausgehen zugunsten der ängstlichen Adoptivtochter lohne sich. Außerdem glaube er, daß das Kind durch den Tod seiner Großmutter noch zusätzlich verschreckt sei.

Soviel zur Thematik der ersten probatorischen Sitzung, in der immer deutlicher wird, wie extrem leistungsorientiert der Patient unter dem Einfluß seiner internalisierten Eltern ist. Außerdem macht er deutlich, daß seine Mutter wohl keine große Freude an ihren Kindern hatte, was diese dazu führte, ihre Anstrengungen, Liebe zu bekommen, zu verstärken. Jetzt überträgt der Patient dieses Verhalten auf sein Verhalten in der Firma: er möchte der immer zuverlässige, freundliche, beliebte Bauleiter sein. Damit überfordert er sich maßlos und zahlt den Preis einer langdauernden Depression.

Zu Beginn der zweiten probatorischen Sitzung, 14 Tage nach der ersten, schlug ich dem Patienten eine Gruppentherapie auch von mir aus vor. Er sagte, er wolle darüber nachdenken und – wenn er sich entschieden habe – das Formular »Antrag des Versicherten« unterschrieben in den Briefkasten stecken, damit ich den Antrag stellen könnte.

Nach diesem Besprechen der technischen Seite berichtet der Patient wieder, daß er in den letzten Wochen nicht abschalten und nicht einschlafen konnte, auch nicht am Feierabend sich ausruhen. Er habe jetzt wieder verstärkt mit einem Globus-Gefühl zu kämpfen und spüre Druck hinter dem einen Ohr: Vor etwa drei Jahren war er deshalb schon bei einem HNO-Arzt und bekam Beruhigungsmittel von ihm, die er aber nicht genommen hat.

Dann berichtet er, daß er seiner Frau nichts von seiner Arbeit erzähle, obwohl sie ihn danach frage. So hat er niemand, mit dem er über seinen Druck sprechen kann, außer jetzt mit mir. Weiter sagt der Patient: »Ich habe kein gutes Selbstbewußtsein, wurde schon in der Schule immer gehänselt, da ich immer zu dick war. Sport war mir ein Graus, weil ich in der Umkleidekabine von den anderen als Dicker verlacht wurde.«

Im Augenblick möchte der Patient wieder abnehmen und geht jetzt einmal pro Woche in die Weight-Watchers-Gruppe im Nachbarort.

Gegen Ende dieser Sitzung berichtet der Patient noch über ein Körpersymptom, das er bisher nicht erwähnt hat: er muß nachts häufig zum Wasserlassen aufstehen, hat wohl einen Harnwegsinfekt, da seine Frau nach intimem Verkehr ebenfalls eine Blasenentzündung bekam. Er habe in den letzten Jahren häufig solche Infekte gehabt, die kurzdauernd dann jeweils behandelt wurden.

Soviel Material hatte ich eruiert, ehe ich für diesen Patienten den Antrag auf eine analytische Gruppentherapie mit zweimal 100 Minuten pro Woche stellte. Auch diesen Antrag findet der Leser weiter hinten in diesem Buch.

Der »unergiebige« Patient – was tun?

Von einigen KollegInnen und SupervisandInnen wurde ich gefragt, was bei den Patienten zu tun sei, die – aus welchen Gründen auch immer – in den ersten Sitzungen kein ausreichendes biografisches Material für die Abfassung eines Antrags berichten würden. Ich habe dies zwar selbst nie erlebt, halte es aber für möglich bei anorektischen, anankastischen und psychosenah gestörten Patienten, die sich im Sinne von SCHULTZ-HENKE retentiv verhalten, d.h. entweder tatsächlich wenig erinnern oder – aus den verschiedensten Ängsten heraus – äußern können. Hier ist der Therapeut – will er nicht kurzerhand zuerst einen Antrag auf KZT zur Überprüfung auf die Indikation zur LZT stellen – doppelt auf seine nonverbale Wahrnehmung und Intuition als Erkenntnisinstrument angewiesen, ebenso wie auf seine Gegenübertragung, die er detailliert analysieren sollte. Er sollte sich auch Phantasien erlauben und evtl. Hypothesen darüber bilden, warum der Pat. so retentiv ist. Und sich durchaus trauen, dies offen im Antrag darzulegen.

Die probatorischen Sitzungen in der Verhaltenstherapie – Allgemeines
G. Görlitz

Wenn Sie nach dem Erstgespräch einem Patienten den Fragebogen zum Lebenslauf ausgehändigt haben, wird die Besprechung dieses Fragebogens mit dem Patienten Inhalt der kommenden probatorischen Sitzungen sein. Falls der Patient noch weitere Fragebögen zur Symptomatik (**SCL 90-R, Angst-, Persönlichkeits-, Depressions-, Partnerschaftsfragebögen o.ä.**) erhalten hat, so erklären Sie ihm, daß diese Fragebögen zunächst ausgewertet werden und das Ergebnis in der folgenden Sitzung besprochen werden wird. Es ist wichtig, dem Patienten eine positive Rückmeldung für das Ausfüllen dieser Fragebögen zu geben und ihn nochmals darauf hinzuweisen, daß er damit bereits einen ersten wichtigen Schritt für seine Veränderung getan hat. Damit können Sie auch den Hinweis verknüpfen, daß dies für ihn selbst ein erster Prüfstein war, ob er auch derzeit in der Lage ist, sich zu öffnen, sich Zeit für die Therapie zu nehmen und auch selbst dafür zu arbeiten. Sie können ihm damit auch ankündigen, daß auch im Verlauf der weiteren Sitzungen vom Patienten weitere therapeutische Aufgaben und Übungen zu erledigen sein werden (z.B. das **Ausfüllen von Selbstbeobachtungs- und Selbstkontrollisten, In-vivo-Übungen** zur Einleitung von Veränderungen usw., vgl. auch *Kemmler* et al. S. 10-11).

In diesem Zusammenhang stehen auch noch weitere Fragen zur **Überprüfung der Therapiemotivation und Veränderungsbereitschaft** des Patienten.

Bevor Sie mit der Besprechung des Fragebogens zum Lebenslauf beginnen, können Sie den Patienten fragen, wie er sich nach dem Erstgespräch gefühlt hat, ob er selbst noch etwas ergänzen möchte oder Fragen an Sie hat. Lassen Sie nach diesen Fragen dem Patienten genügend Zeit zu überlegen oder fragen Sie auch ruhig noch behutsam etwas weiter nach, wenn der Patient antwortet »mir ging es gut oder schlecht«, z.B. mit der Frage »Können Sie dieses gute bzw. schlechte Gefühl noch etwas genauer beschreiben? Haben Sie heute schon eine Ahnung, womit dies zusammenhängt? Hatte das Gefühl eher mit Ihnen, mit mir, unserer Beziehung oder mit draußen zu tun?« Hier können Sie auch gleich die Frage anschließen, ob der Patient sich über seine Beziehung zum Therapeuten/zur Therapeutin bzw. zur Therapiemethode noch weitere Gedanken gemacht hat, ob er jetzt schon einen Entschluß gefaßt hat und wenn Sie es selbst bereits wissen, können auch Sie Ihre Entscheidung mitteilen. Sie müssen sich jedoch nicht unbedingt bereits in dieser Sitzung entscheiden. Sie können auch den Patienten auf das Ende der probatorischen Sitzungen verweisen, z.B. mit folgender Formulierung »Wir haben insgesamt vier (bzw. fünf) Sitzungen Zeit, uns näher kennenzulernen. Sie können prüfen, ob Sie sich wohlfühlen und auch ob es für Sie der richtige Zeitpunkt ist, eine verhaltenstherapeutische Behandlung hier zu beginnen. Auch ich kann und möchte noch prüfen, ob ich das Gefühl habe, daß wir beide gut zusammenarbeiten können und ob für Ihre Probleme eine verhaltenstherapeutische Behandlung bei mir auch zum jetzigen Zeitpunkt für Sie das Richtige ist. Wir werden uns darüber nochmals ausführlich im letzten Vorgespräch unterhalten.«

Nachdem zu Beginn des zweiten Kontakts diese und möglicherweise auch noch weitere Fragen besprochen wurden, ist es wichtig, dem Patienten dann zu erklären, daß Sie einen für die Krankenkasse anonymisierten Antrag für die Genehmigung der Therapie an einen von der Krankenkasse zufällig ausgewählten Gutachter senden müssen. Erklären Sie dem Patienten auch, daß Sie deshalb in den kommenden Sitzungen ganz gezielte Daten von ihm benötigen und diese anhand des Fragebogens zum Lebenslauf von ihm noch ausführlicher erfragen werden. Sie können entweder den Fragebogen zum Lebenslauf ergänzen oder die nun erfragten Daten in die Akteinlage Nr. 1 eintragen. Ich persönlich bevorzuge die Eintragungen in die Akteinlage, da ich während oder im Anschluß an die Sitzung dies gleich in Fachtermini übertragen kann. Außerdem erhält der Patient nach Abschluß der probatorischen Sitzungen seinen Fragebogen wieder zurück mit der Bitte, diesen mindestens fünf Jahre in seinem »**Therapieordner**« aufzubewahren. An dieser Stelle erkläre ich dem Patienten auch, daß dies ein Ordner oder ein Buch sein kann, vielleicht sogar abschließbar, und alles beinhalten kann, was er sich im Verlauf der Therapie gemeinsam mit mir erarbeiten wird, etwa mit folgenden Worten: »Dieses ganz persönliche **Selbsthilfebuch** ist nirgendwo käuflich zu erwerben und wird Sie noch lange über das Therapieende hinaus begleiten können. Bitte bringen Sie ihr Therapiebuch bzw. Ihren Ordner zu jeder Sitzung mit. Sie können, ebenso wie ich es regelmäßig tun werde, an den für Sie wichtigsten Stellen der Therapie mitschreiben, oder sich hinterher im Wartezimmer dafür noch ein wenig Zeit nehmen.«

Obwohl ich ebenso wie Frau Dr. Keil-Kuri eine Verfechterin von offenen Fragen bin, ist diese Art der Gesprächstechnik in der Regel im Verlauf der probatorischen Sitzungen in der Verhaltenstherapie nur sehr begrenzt möglich, da wir bereits nach vier bzw. fünf Sitzungen sehr viele Details über den Patienten wissen müssen, um auch in der Lage zu sein, ein **übergeordnetes Störungsmodell, realistische Therapieziele** und einen **strukturierten Behandlungsplan** zu formulieren. Daher würde ich es sehr begrüßen, wenn wir Verhaltenstherapeuten ebenso wie Psychoanalytiker, ebenfalls mehr als die vorgesehenen vier bzw. fünf probatorischen Sitzungen zur Verfügung hätten, wir müßten uns und den Patienten weniger »hetzen« und könnten uns so manche Probetherapie ersparen, die wir auch immer dann beantragen müssen, wenn die probatorischen Sitzungen zur Erhebung der Anamnese mit dem Ziel der Erstellung des Kassenantrags nicht ausreichen. In diesem Zusammenhang fällt mir eine etwas provozierende Frage ein, die ein psychoanalytisch arbeitender Kollege mir und gleichzeitig auch sich selbst vor einiger Zeit stellte: »*Stehen Euch Verhaltenstherapeuten so viel weniger Sitzungen zur Verfügung, weil das verhaltenstherapeutische Vorgehen gezielter und strukturierter ist oder muß Euer Vorgehen deshalb strukturierter sein, weil Ihr mit einer sehr begrenzten Sitzungszahl auskommen müßt?*« Es wäre sicherlich interessant zu untersuchen, inwiefern die unterschiedliche Begrenzung der Sitzungszahl auch langfristig die **Therapieforschung** beeinflußt.

Die probatorischen Sitzungen in der Verhaltenstherapie
Ein Beispiel: Patientin F 050763
G. Görlitz

Am Beispiel der 28jährigen ängstlichen und selbstunsicheren Patientin F. mit Krankheitsbefürchtungen und depressiven Verstimmungszuständen, die bereits als Beispiel für Erstgespräche in der Verhaltenstherapie erwähnt wurde, möchte ich wiederum auszugsweise ein Therapieprotokoll aus den probatorischen Sitzungen darstellen.

Die zweite Sitzung mit der Patientin findet wie vereinbart eine Woche nach dem Erstgespräch statt. Die Patientin hat den Fragebogen zum Lebenslauf sehr ausführlich ausgefüllt, ebenso den Fragebogen zu allgemeinen Beschwerden, den Angst- und Depressionsfragebogen. Ich erkläre ihr nochmals, daß wir uns heute dem Fragebogen zur Lebensgeschichte widmen und die anderen Bögen bis zur nächsten Sitzung ausgewertet werden.

Die Patientin nimmt im gleichen Stuhl wie in der vergangenen Woche Platz, seufzt tief und äußert:

Pat.: »Jetzt bin ich aber froh, daß ich wieder bei Ihnen bin. Mir ging es in der vergangenen Woche so schlecht. Ich hatte wieder tagelang Durchfall, mein Hansi lag mit Fieber im Bett.«

Ther.: »Sie waren beide krank.«

Pat.: »Ja, der Arzt meint zwar, es wäre nicht schlimm und 37,5 Grad Fieber sei nur ein wenig erhöhte Temperatur, aber ich habe in medizinischen Büchern nachgelesen, daß wiederkehrende Infektionskrankheiten auf eine Abwehrschwäche zurückzuführen sind und jetzt bin ich so beunruhigt, weil er ständig krank ist und vielleicht hat er ja auch eine ganz schlim-

me Krankheit, die allmählich sein Abwehrsystem zerstört ...«
Ther.: (Ich lasse die Patientin zunächst noch einen gewissen Zeitraum über Krankheiten, ihren Sohn, ihr medizinisches Halbwissen berichten und beobachte gleichzeitig, wie sie sich dabei körperlich verspannt, ihre Schultern hochzieht, die Beine verkrampft übereinanderschlägt, schnell atmet, rote Flecken am Hals bekommt (**Physiologie**) und schließlich wieder zu weinen beginnt. Nachdem sie sich mit Hilfe der von mir gereichten Taschentücher ihre Tränen abgewischt hat, äußert sie:)
Pat.: »Ich kann mich da so hineinsteigern, daß jetzt wieder mein Herz klopft und ich wieder diesen typischen Schmerz im Kopf spüre.«
Ther.: »Die Beschäftigung mit Krankheiten ist für sie ganz schön belastend und macht sie traurig?«
Pat.: »Ja. Dies prägt zur Zeit mein ganzes Leben.«
Ther.: »Ihr ganzes Leben wird zur Zeit von der Beschäftigung mit Krankheiten bestimmt? Wie lange erleben Sie das schon so?
Pat.: »Das war schon immer so, schon als Kind war ich oft krank, das erzählt zumindest meine Mutter heute noch, daß wir alle drei ständig irgendetwas gehabt hätten.« (**Modellverhalten der Mutter**)
Anm.: Die Patientin hat außer den üblichen Kinderkrankheiten und einigen Erkältungen keine schwerwiegenden Erkrankungen durchgemacht.
Ther.: »Diese häufige Beschäftigung mit Krankheiten ist sicherlich ein großes Problem für Sie, deshalb werden wir später nochmals ausführlich darauf zurückkommen, da dies ein wichtiger Bereich Ihres Lebens zu sein scheint. Gleichzeitig möchte Ich von Ihnen auch noch gerne wissen, welche anderen Einflüsse früher ihr Leben geprägt haben oder auch heute noch prägen. Sie haben den Fragebogen zum Lebenslauf sehr ausführlich ausgefüllt und dadurch bereits einen therapeutischen Schritt gemacht, und ich würde ihn gern gemeinsam mit Ihnen nochmals durchgehen, und auch noch etwas mehr über ihre Gedanken und Gefühle, die Sie beim Ausfüllen des Fragebogens erlebt haben, erfahren.«
Pat.: »Es war zwar sehr viel Arbeit, aber es hat mir auch großen Spaß gemacht, da ich schon lange nicht mehr so intensiv über mich und mein Leben nachgedacht habe. Ich bin ganz schön erschrocken, daß mein Leben sehr öde und langweilig geworden ist.«
Ther.: »Gab es noch andere Gefühle oder Erfahrungen, die Sie beim Ausfüllen des Fragebogens oder im Anschluß daran erlebt haben?«
Pat.: »Ich war erschrocken und auch gleichzeitig ganz schön traurig, daß ich heute so ganz anders lebe, als ich es mir mal vorgestellt habe ... Und es ist mir bewußt geworden, wie wichtig es ist, daß ich mein Leben verändere, daß ich mich verändere, daß mir geholfen wird, vielleicht auch, daß sich mein Mann verändert ... Aber zunächst einmal muß ich gesund werden, weil mit diesen ewigen Krankheiten habe ich überhaupt keine Kraft, mich zu verändern und ich hoffe, daß Sie mich irgendwie wieder gesund machen, nachdem es kein Arzt schafft.«
Ther.: »Um gemeinsam mit Ihnen herausfinden zu können, was zu tun ist, um wieder gesund zu werden, ist es wichtig, daß ich Sie noch genauer kennenlerne und von Ihnen weitere Einzelheiten über Ihr Leben erfahre. Wenn Sie einverstanden sind, beginnen wir jetzt, diesen Fragebogen gemeinsam durchzugehen.«

Pat.: »Ich weiß zwar nicht genau, wie mir das bei meinem Durchfall und meinen Ängsten helfen soll, aber ich bin ja bereit, alles zu machen, um wieder gesund zu werden.«

Anmerkung: Die Patientin kann einerseits ihre Problemzusammenhänge zwar sehr differenziert darstellen und zeigt auch eine gewisse Einsicht in symptomauslösende und -aufrechterhaltende Faktoren, gleichzeitig ist sie jedoch sehr auf ihre somatischen Sekundärsymptome fixiert und braucht auch in den probatorischen Sitzungen immer wieder den nötigen Raum, um darüber sprechen zu können. Es wäre falsch, dies abzuwürgen, da sich die Patientin auch in ihrem vordergründigen Leid ernstgenommen fühlen muß. Andererseits ist es eine wichtige Fähigkeit, an der jeder Therapieanfänger in seiner Ausbildung arbeiten muß: »**die Patienten dort abzuholen, wo sie sich befinden und sie gleichzeitig behutsam zu den Ursachen ihrer Symptome zu führen**«. Bei der genannten Patientin versuchte ich dies immer wieder mit folgender oder ähnlichen Bemerkungen: »Es ist mir wichtig, genau über Ihre Ängste und körperlichen Beschwerden Bescheid zu wissen. Deshalb bitte ich Sie, diese mir auch regelmäßig genau aufzuschreiben und zur nächsten Therapiesitzung mitzubringen. Gleichzeitig möchte ich mit Ihnen vereinbaren, daß wir uns jeweils einen begrenzten Zeitraum über Ihre aktuellen Beschwerden unterhalten, um uns dann genauer der Erforschung der Ursachen widmen zu können und auch anderen Bereichen Ihres Lebens. Auch wenn es Ihnen vielleicht heute noch nicht deutlich ist, warum wir dies tun, so ist es doch notwendig, daß wir uns in jeder Therapieform auch mit der **Lebensgeschichte** eines Menschen, der Beziehung zu Eltern und Geschwistern, mit angenehmen und unangenehmen Ereignissen aus der Vergangenheit beschäftigen, um herausfinden zu können, ob darin möglicherweise ungelöste Konflikte versteckt sind oder eine mögliche Ursache für Ihre heutigen Beschwerden. Wichtig ist es mir auch, noch mehr über Ihre Fähigkeiten, Begabungen, Stärken, versteckte Talente und Interessen zu erfahren, um diese für unsere therapeutische Arbeit nutzen zu können und auch, um nicht nur eine Sicht Ihrer Person kennenzulernen.«

Schließlich beginne ich mit der Patientin die Besprechung des Fragebogens. Sie hat unter Punkt 1) Probleme in Kindheit bzw. Jugendalter Ängste und Magen-Darm-Beschwerden angestrichen.

Ther.: »Sie hatten schon als Kind Ängste. Können Sie mir ein wenig mehr darüber erzählen?«

Pat.: »Ja, immer wenn meine Eltern weggingen, das war zwar nicht oft der Fall, aber wir lebten alleine in einem Haus auf dem Land und ich wollte dann meine Mutter nie weggehen lassen, habe versucht sie festzuhalten, habe geschrien, weil ich immer Angst vor Einbrechern hatte und auch Angst, sie könnte vielleicht nicht mehr zurückkommen.«

Ther.: »Haben Sie diese Angst auch in anderen Situationen verspürt?«

Pat.: »Ja, ich erinnere mich, daß ich auch beim Einkaufen immer meine Mutter am Rock festhielt und einmal hatte ich sie in einem Laden verloren und bekam Panik, daß ich sie nicht wiederfinden könnte und ganz alleine bleiben müßte. Meinen Hansi würde ich nie alleine lassen, schon allein deshalb könnte ich es nicht verantworten zu arbeiten, das ginge schon deshalb nicht, weil er dauernd krank ist …«
(Die Patientin berichtet erneut über ver-

schiedene Unpäßlichkeiten ihres Sohnes, ihre eigenen damit verbundenen Ängste und Hilflosigkeitsreaktionen. Schließlich versuche ich wieder zum Fragebogen zurückzukommen.)

Ther.: »Am Ende der Sitzung werde ich Ihnen eine Liste aushändigen und Sie bitten, dies alles ab heute genau zu notieren. Gleichzeitig interessiere ich mich im Moment besonders für das, was Sie mir über Ihre Mutter erzählt haben. Gab es in der Beziehung zu ihrer Mutter auch noch andere Gefühle außer Angst?«

Pat.: »Ja, ich war auch oft eifersüchtig auf meine Geschwister und neidisch und auch manchmal wütend auf meine Mutter, die mir auch später nie etwas zutraute, sondern immer alles besser wußte **(Selbst-Effizienz-Konzept)**. Was dies jedoch mit der Angst zu tun hat, weiß ich nicht. Vielleicht hat sie sich auch nur so bestimmend mir gegenüber verhalten, weil ich ein so ängstliches Kind war …«

Ther.: »Es scheint viele intensive Gefühle zu geben, die früher und heute in der Beziehung zu Ihrer Mutter eine Rolle spielen. Ich finde diese Gefühle sehr wichtig und möchte Sie bitten, daß Sie, wenn Ihnen noch mehr dazu einfällt, bis zur nächsten Sitzung einiges dazu aufschreiben.«

Pat.: »Ja, das ist vielleicht ganz gut. Zwischen mir und meiner Mutter ist so eine Art Haßliebe. Es geht immer auf und ab und ich kenne mich manchmal selber nicht genau aus, was ich von ihr will.«

Ther.: »Es scheint wichtig zu sein, daß Sie sich damit auch weiterhin beschäftigen. Außerdem möchte ich Sie bitten, daß Sie auf diesem Blatt jeden Tag über einen Zeitraum von ca. sechs bis acht Wochen Ihre körperlichen Beschwerden, Ihre Stimmung morgens, mittags und abends sowie die möglichen Ursachen für gute und schlechte Stimmungen und Gefühle aufschreiben und auch jeden Tag irgendetwas eintragen, was Ihnen Spaß gemacht oder Freude bereitet hat, sowie Ihren Tagesablauf in Stichpunkten.«

Die Patientin bringt diesen Bogen zur dritten Sitzung mit, die in einem Abstand von ca. sechs Wochen stattfindet und auch zur vierten und fünften Sitzung, die zur **Überprüfung der Therapiemotivation** ebenfalls erst in drei bis sechswöchigen Abständen stattfinden sollten. Die Therapeutin bespricht zunächst zu Beginn der Sitzung ca. 10-20 Minuten die Aufzeichnungen der Patientin. Sie bittet sie entweder, den Bogen weiterzuführen, wenn die Patientin auch tatsächlich in der Lage war, diesen regelmäßig auszufüllen, oder verändert den Bogen je nach Fähigkeiten und Bedürfnissen des Patienten. Die weiteren probatorischen Sitzungen beginnen in der Regel mit einer der folgenden Fragen oder Erklärungen:

Ther.: 1. »Wie ging es Ihnen mit dem Ausfüllen des Bogens, haben Sie für sich irgendeine Erkenntnis gewonnen, eine Feststellung gemacht, fiel es Ihnen eher leicht oder schwer, möchten Sie noch irgendetwas anderes in Ihrem Alltag beobachten?«

2. »Wie haben Sie sich nach der letzten Sitzung gefühlt? Gibt es **irgendeinen Rest** oder **etwas Unerledigtes**, das Sie heute noch mit mir besprechen oder mich fragen wollen?«

3. »Da ich nach vier (bzw. fünf) Befragungssitzungen einen Antrag an die Krankenkasse stellen werde, damit Ihre Therapie genehmigt und bezahlt wird, muß ich Ihnen heute nochmals einige **gezielte Fragen** zu Ihrem Fragebogen stellen, damit ich selbst auch vorab prüfen kann, ob Ihre Beschwerden in den Bereich der Leistungen fallen, die von der

Krankenkasse bezahlt werden. Außerdem müssen wir uns heute noch Gedanken über Ihre Therapieziele machen und was davon auch erreichbar ist im Verlauf einer Behandlung von 30 bis 60 bzw. allerhöchstens 80 Sitzungen, die sich etwa über eineinhalb bis zwei Jahre erstrecken wird. Im Anschluß an die letzte Sitzung werde ich dann einen Behandlungsplan aufstellen und Sie zwar auch im Laufe der therapeutischen Sitzungen immer wieder einmal ausfragen, aber nicht in der gezielten Form, wie dies in den ersten Befragungssitzungen geschieht.«

Am Ende der letzten probatorischen Sitzung erkläre ich in der Regel den Patienten:

Ther.: »Ich werde nun einen Antrag an die Krankenkasse zur Kostenübernahme Ihrer Behandlung stellen. Die Antragsgenehmigung dauert zwischen sechs und acht Wochen und ich möchte Sie bitten, daß Sie sich wegen eines erneuten Termins dann wieder bei mir melden, wenn Sie von der Krankenkasse Bescheid bekommen haben. Inzwischen gebe ich Ihnen die **Therapieaufgabe**, Ihren »Bogen« täglich weiterzuführen, d.h. sich im Hinblick auf die kommende Therapie selbst zu beobachten, dies ist bereits eine wichtige therapeutische Übung.«

Wie Sie vielleicht nachvollziehen können, war bei der genannten Patientin die gezielte Datenerhebung deshalb besonders schwierig, weil sie in einem oft nur schwer zu unterbrechenden Redefluß immer wieder auf ihre Krankheitsbefürchtungen zurückkam, sodaß ich zunächst erwog, eine Probetherapie zu beantragen. Das Ausfüllen der Selbstbeobachtungslisten zwischen den Sitzungen und meine begrenzte Beschäftigung damit zu Beginn jeder Sitzung, stillten jedoch bereits in der dritten probatorischen Sitzung ihr Mitteilungsbedürfnis deutlich, sodaß es mir doch noch gelang, neben diesen aktuellen Informationen die relevanten Daten zur Lebensgeschichte und Verhaltensanalyse zu erheben und nach vier Sitzungen den weiter unten dargestellten Erstantrag zu erstellen.

Der »schwierige Patient« in der Verhaltenstherapie – was tun?
G. Görlitz

Wenn wir von schwierigen Patienten sprechen, dann hängt die Einschätzung dessen was schwierig ist, sowohl von der Therapeutenpersönlichkeit, seiner Kompetenz und Erfahrung, seinem persönlichen Lebenshintergrund usw. als auch vom Patienten und der Art seiner psychischen Erkrankung ab. Deshalb habe ich, auch zur Entlastung des Lesers, die wichtigsten Merkmale schwieriger Patienten im folgenden kurz zusammengestellt

Die häufigsten Merkmale schwieriger Patienten

1. Der Patient stellt uns schwierige, Fragen (z.B. Es heißt, daß Psychotherapeuten selbst Probleme haben, wie können Sie dann anderen helfen?)
2. Es gelingt uns nicht, eine tragfähige therapeutische Beziehung herzustellen (z.B. wenn wir uns nicht in die Lebenssituation, Wertvorstellungen usw. des Patienten einfühlen können)
3. Der Patient ist uns persönlich unangenehm (z.B. weil er stark nach Schweiß riecht)
4. Der Patient ist uns intellektuell überlegen oder weit unterlegen (z.B.

Hochbegabte in der Psychotherapie oder Minderbegabte)
5. Die Art des Patienten macht uns müde oder aufgeregt (z.B. Sprechweise)
6. Der Patient ist sehr kritisch, möchte alles bis ins letzte Detail erklärt bekommen und hinterfragt die therapeutischen Interventionen so lange, bis die Sitzung vorüber ist.
7. Wir werden durch den Patienten zu sehr an eigene problematische Lebenssituationen und Bezugspersonen erinnert und es gelingt ihm, uns unserer psychotherapeutischen Kompetenzen zu berauben, indem er bei uns »Alltagsverhalten statt Therapeutenverhalten« provoziert.
8. Der Patient weigert sich, die notwendigen Aufzeichnungen und therapeutischen Übungsaufgaben zwischen den Sitzungen zu erledigen, vergißt sie oder macht sie nur unvollständig.
9. Der Patient ist unzuverlässig (z.B. unpünktlich, bezahlt nicht, bleibt unentschuldigt von Sitzungen fern)

Was ist zu tun, wenn wir mit diesen und ähnlichen Patienten und Situationen nicht mehr weiterwissen? Zunächst können wir die Regel anwenden, »**das Offensichtliche anzusprechen**«. Nicht immer wird uns dies jedoch gelingen.

Wenn wir zu dem Schluß kommen, daß wir mit einem Patienten wirklich nicht arbeiten können oder wollen, so dürfen wir dies nicht dem Patienten anlasten. Es wäre falsch zu sagen »Bei ihnen ist keine Psychotherapie angebracht.« In diesen Fällen empfiehlt sich klar zu machen, daß »Ich spüre, daß ich nicht der richtige Therapeut für Sie bin«.

Ausnahmen für diese Regeln stellen nur die mit Psychotherapie in den vergangenen Lebensjahren überversorgten Patienten dar. Für diese Patienten ist es – zur Mobilisierung Ihrer Selbsthilfekräfte – oft hilfreich zu sagen »Ich bin der Meinung, daß Sie, dringend eine Therapiepause von zwei Jahren (wie vorgeschrieben) benötigen, damit Sie das in der Therapie Erlernte auch in Ihren Alltag umsetzen können.«

Die Stellung der Differentialindikation für die einzelnen Verfahren

Die Kurztherapie

Bei der Kurztherapie KZT wird es uns leicht gemacht, die Indikation dafür zu stellen, da bereits auf dem Formblatt PTV2a dargelegt wird und zu beantworten ist, aus welchem Grund KZT beantragt werden kann.

Als Behandlungsverfahren mit voraussichtlich ausreichendem Behandlungserfolg

Meiner Erfahrung nach ist das nur selten zutreffend, nämlich dann, wenn es sich um begrenzte Konflikte, die durch eine aktuelle Lebenssituation ausgelöst wurden, handelt, z.B. Examens- oder Flugangst. Auch akute Angstsyndrome, z.B. nach einem Autounfall, dürften so behandelbar sein. Vielleicht auch depressive Krisen nach Trennung oder Scheidung oder evtl. Tod des Partners. Oder – ein jetzt immer häufiger vorkommendes Ereignis – depressive Reaktionen nach Verlust des Arbeitsplatzes mit erheblichen materiellen Folgen. Bei den letzten genannten Gründen kann es natürlich immer wieder sein, daß durch diese akuten Traumata eine vorbestehende neurotische Kompensation destabilisiert wird. Dann wird eine Kurzzeittherapie lediglich zu einer **Restabilisierung**, nicht aber zu einer Beseitigung der neurotischen Struktur führen. Trotzdem ist ein solches Vorgehen gerechtfertigt, insbesondere auch beim älteren Patienten.

Ältere Patienten wollen generell nur eine möglichst kurze Therapie. Dies ist verständlich. Ausnahmen gibt es, vor allem bei depressiven Patienten, die dazu neigen, sich durch eine anaklitische Übertragung an den Therapeuten zu binden.
Im allgemeinen läßt aber das narzißtische Selbst des Patienten von über 60 Jahren nur eine KZT zu. Dabei ist meist ein ausreichender Teilerfolg zu erzielen, da – meiner Erfahrung nach – ältere Patienten, wenn sie sich überhaupt zu einer psychotherapeutischen Behandlung »aufschwingen«, besser motiviert sind als jüngere. Sie haben außerdem in der Regel ein Gefühl für die Kostbarkeit der Zeit, das therapeutisch hilfreich genutzt werden kann.
In der Regel werden ja nicht mehr große Veränderungen der Lebensumstände angestrebt im höheren Alter, sondern lediglich eine Aussöhnung mit vorhandenen Strukturen.
Auch bei **Kindern** und **Jugendlichen** kann eine KZT oft Erfolg versprechen; hier deshalb, weil neurotische Strukturen noch nicht so fixiert sind wie im Erwachsenenalter. Außerdem gibt es häufig abnorme Erlebnisreaktionen bei Kindern, die mit wenigen Stunden beseitigt werden können, z.B. nach der Einschulung, nach einem Ortswechsel, durch berufliche Veränderungen der Eltern.
Als zweiter Grund für einen Antrag auf KZT wird auf dem Formblatt angegeben: »**zur Überprüfung einer Indikationsstellung für Langzeittherapie**«.
Dies ist in der Regel der häufigste Grund für einen Antrag auf KZT. Er ist dann zu stellen, wenn die probatorischen Sitzungen zwar die Notwendigkeit einer LZT nahelegen, die Motivation des Patienten aber noch unsicher ist. Dies ist häufig bei psychosomatisch Kranken der Fall, deren

Leidensdruck vorwiegend in den körperlichen Schmerzen gebunden ist.

Bei **Borderline**-Patienten kann eine KZT klären, ob der Patient in der Lage ist – trotz seiner Schwierigkeiten – das Setting einer regelmäßigen Therapie durchzuhalten.

Das Gleiche gilt für **psychotische** Patienten. Bei beiden Gruppen können sowohl Leidensdruck wie Motivation erheblich sein, das Durchhalten der angebotenen Beziehung jedoch unmöglich infolge rasch auftauchender psychotischer Ängste vor Verschlungenwerden. Dabei sind die Möglichkeiten, die die Richtlinien geben, eine Sitzung in zwei mit der halben Zeitdauer zu teilen, besonders hilfreich. Auch das Strecken der Intervalle kann notwendig sein.

Eine weitere Gruppe von Patienten, bei denen die Indikation für eine LZT überprüft werden muß, sind stark **hysterisch reagierende**. Sie imponieren am Anfang oft durch ihr lärmendes Verhalten kränker als sie sind. Es kann sich im Ablauf der KZT dann durchaus zeigen, daß eine solche ausreicht, um ein begrenztes Therapieziel zu erreichen.

Eine weitere Indikation für eine KZT zur Überprüfung einer ebensolchen für eine LZT ist häufig auch bei **Jugendlichen** oder **Studenten** gegeben, die noch unsicher darüber sind, ob sie lange genug an einem Ort bleiben für eine LZT. Man verbaut solchen Jugendlichen und jungen Erwachsenen dann eine LZT nicht, die sie evtl. in einer anderen Stadt machen können, wenn man zunächst eine KZT beantragt.

Schließlich kann es auch angeraten sein, zunächst eine KZT zu beantragen, weil man **begründete Zweifel an einer echten Motivation** des Patienten hat. Viele Patienten wollen wirklich nur ihr Symptom loswerden, aber sich selbst nicht verändern und auch gar nicht genau hinsehen, welchen Anteil sie an der Problematik haben. Sie hätten am liebsten Psychotherapie in Form einer Pille, die man bei Bedarf schluckt und, wenn man sie nicht braucht, wieder wegläßt. Diesem Verhalten tragen manche Formen der Kurztherapie, wie sie vor allem in den USA praktiziert werden, Rechnung (z.B. die Brief Strategic Therapy, die am Palo-Alto-Institut unter Führung von *Paul Watzlawick*, *Dick Fish* und *John Weakland* entwickelt wurde). Auch systemische Therapien werden manchmal erfolgreich in diesem Feld angewandt.

Die dritte Gruppe der Anträge auf KZT wird begründet als **Sofortmaßnahme zur Krisenintervention**. Hierher gehören vor allem Patienten mit **akuter Suizidalität**, bei denen nicht auf ein Gutachterverfahren gewartet werden kann. Am häufigsten kommen diese Situationen vor, wenn die Patienten überraschend von ihrem Partner verlassen werden. Aber auch plötzliche Tode von nahen Angehörigen oder der Verlust eines langjährigen Arbeitsplatzes können derlei auslösen, vor allem dann, wenn der Patient **Schuldgefühle** im Hinblick auf den Toten oder die Firma hat. Hier hat der Therapeut gewissermaßen den Rücken frei für die Entwicklung: entweder es gelingt, den Patienten mit wenigen Sitzungen zu restabilisieren, oder die KZT kann zu gegebener Zeit in eine LZT umgewandelt werden. Dies ist ein schönes Beispiel dafür, wie die Richtlinien im Sinne der Therapeuten und Patienten entwickelt wurden, und nicht, um sie einzuschränken.

Die KZT-Möglichkeit wurde aber nicht dafür geschaffen, daß sich schreib- oder gar denkfaule Kollegen um die Abfassung eines Kassenantrags drücken können! Leider gibt es immer wieder Kollegen, die überhaupt keinen LZT-Antrag stellen, obwohl eine längere Therapie notwendig wäre und statt dessen den Patienten nach Ende der KZT wegschicken und ihm dadurch möglicherweise massiv schaden, da er in der Regel dann zwei Jahre warten muß, bis er eine neue Therapie beantragen kann.

Der KZT-Antrag mit den Formblättern PTV1 und PTV2a wird in einem normalen Umschlag an die Zweigstelle der Krankenkasse geschickt, bei der der Pat. versichert ist. Der Antrag kann mit der BMÄ-Ziffer 72 und 7120 (fürs Porto) abgerechnet werden.

Die Differentialindikation für eine Langzeittherapie

Die Einzeltherapie

- analytisch
- tiefenpsychologisch fundiert
- verhaltenstherapeutisch

Die **Indikation** für eine **Einzelanalyse**

Darüber gibt es im Laufe der Geschichte der Analyse immer wieder eine Fülle von Literatur, auf die in diesem Rahmen nicht näher eingegangen wird. Im Literaturverzeichnis am Ende des Bandes finden Sie einiges dazu.

Ausgehend von der Praxis kann man formulieren: Eine Einzelanalyse ist dann indiziert, wenn der Patient im Rahmen der **dyadischen Beziehung** unter **Ausnutzung regressiver Prozesse** die Chance haben muß, seine neurotischen Konflikte aufzuarbeiten. Dies ist dann gegeben, wenn er aus nicht selbst zu verantwortenden Gründen z.B. im ersten Lebensjahr länger von der leiblichen Mutter getrennt war oder mehrere Bezugspersonen hatte. Auch bei Frühgeborenen, die ihre ersten Lebenswochen und -monate im Inkubator zugebracht haben, ist wahrscheinlich eine Einzelanalyse notwendig, wenn sie überhaupt therapiebedürftig werden.

Es sollte immer deutlich sein, daß ein **großer Leidensdruck** vorhanden ist und **eine die Gesamtpersönlichkeit erheblich beeinträchtigende Störung**, nicht ein umschriebener Konflikt. Letzterer wäre Indikation für eine analytische Fokaltherapie oder analytische Kurztherapie. Eine **Einzelanalyse als Kassenleistung** ist nur dann gerechtfertigt, wenn weder Gruppentherapie noch tiefenpsychologisch fundierte Therapie nach Lage der Dinge einen ausreichenden Erfolg versprechen und wenn außerdem der Proband verläßlich genug erscheint, das Setting durchzuhalten. Außerdem sollte mit einiger Wahrscheinlichkeit gegeben sein, daß der Patient am Ort der Therapie bzw. in der Nähe noch einige Jahre wohnen bleibt. Natürlich ist dies nicht immer sicher vorauszusagen, es sollte jedoch mit dem Patienten darüber gesprochen werden, ob er in absehbarer Zeit evtl. (berufsbedingte) Ortswechsel vorhat. Dann empfiehlt es sich, statt der an sich indizierten Einzelanalyse mit einer KZT zu beginnen, um dem Patienten einen Therapeutenwechsel nach dem Umzug nicht zu schwer zu machen. Im Sinne des **Caring** und **Holding** sollte dann der Therapeut dem Patienten helfen, an seinem neuen Wohnort einen Kollegen zu finden, der die LZT durchführt.

Eine starre Altersgrenze gibt es heutzutage nicht mehr in dem Sinn, wie zu Beginn der analytischen Therapie als Kassenleistung. Damals wurde bei einem Alter über 40 Jahren keine Einzelanalyse mehr empfohlen. Heute haben die meisten Kollegen auch Patienten, die schon nahe an 50 oder mehr Jahre alt sind. In dem vor kurzem erschienenen Buch von *Vamik Volkan* »Eine Borderline-Therapie« beschreibt der international anerkannte Autor die Analyse eines Mannes Ende 50, die sehr erfolgreich war. Nicht das biologische Alter ist entscheidend, sondern noch vorhandene Flexibilität und Entwicklungsmöglichkeiten. Zu diesen zwei Punkten muß ja auch in jedem Antrag Stellung genommen werden.

Ein weiterer Punkt, der zu überprüfen ist bei der Stellung der Indikation einer Einzelanalyse, ist der der bisherigen **partiellen Lebensbewältigung** von **phasentypischen Schwellensituationen**. Dies gibt in der Regel Auskunft darüber, wie belastbar ein Patient im Alltag funktioniert. Dies ist ein wichtiges Kriterium für die Beantwortung der Frage, inwieweit ein Analysand zur notwendigen therapeutischen Ich-Spaltung fähig ist. Wir wollen ihn ja nicht für sein Alltagsleben »kampfunfähig« machen, und daher ist es wichtig, sich vorher zu überlegen, ob ein Patient mit der zu erwartenden Regression im Alltag zurechtkommen kann. Dies ist praktisch ungeheuer wichtig, sowohl im Hinblick auf Arbeitssituation wie auch auf evtl. Familienbindungen. Wenn der Analytiker darüber begründete Zweifel hat, sollte zunächst eine KZT beantragt werden.

Weitere Überlegungen sind notwendig im Hinblick auf die **Anspruchshaltung** des Patienten: neurotische Menschen neigen zu einer übertriebenen Erwartungs- oder Anspruchshaltung nach dem Motto: »Nur das Beste ist für mich gut genug«, wobei sie hier »das Beste« mit »das Längste«, »das Teuerste«, »das am schwierigsten zu Bekommende« gleichsetzen, ohne darüber genaueres zu wissen.

Patienten mit solchen neurotischen Riesenerwartungen tut man manchmal keinen Gefallen damit, wenn man eine Analyse beantragt, da in der Regression solche Riesenerwartungen noch zunehmen. Es erscheint dabei sinnvoller, eine tiefenpsychologisch fundierte Therapie mit sehr klaren zeitlichen Grenzen durchzuführen.

Umgekehrt sollte eine Einzelanalyse dann beantragt werden, wenn sonst zu befürchten ist, daß der Patient sowohl in seinem privaten, wie in seinem beruflichen Umfeld über kürzer oder länger dekompensiert. Dies entweder mit psychischer oder mit somatischer Regression oder einer Mischung von beidem. Dann wäre die Einzelanalyse tatsächlich im Sinne der Kassenrichtlinien das immer noch wirtschaftlichste und kostensparenste Verfahren.

Im Sinne der modernen **Beziehungsanalyse** ist eine Indikation auch ein immer wiederkehrendes Scheitern von Beziehungsversuchen als Ausdruck einer frühen strukturellen Ich-Störung. Bei diesem Punkt ist allerdings zu fragen, ob eine Gruppenanalyse nicht günstiger wäre. Ich neige dazu, wenn keine Kontraindikation für Gruppenanalyse besteht. Eine solche – wenn auch relative – kann sein, daß der Patient nicht eine Woche ohne therapeutische Hilfe durchhalten kann, sondern öfter gesehen werden muß. Oder auch wenn ein Patient so bedürftig ist, daß er noch nicht teilen kann mit anderen. Schließlich ist auch eine Einzelanalyse dann notwendig, wenn eine Gruppenanalyse zwar möglich und sinnvoll erscheint, der Patient sich jedoch weigert, sich in einer Gruppe zu offenbaren. Ein in dieser Richtung unüberwindlicher Widerstand sollte sehr ernst genommen werden. Das heißt nicht, daß der Therapeut dem Patienten zu Willen sein muß. Wenn es jedoch nicht gelingt, einen Patienten von der dem Therapeuten am sinnvollsten erscheinenden Methode zu überzeugen, kann sich dahinter eine tief sitzende Angst oder Unfähigkeit verbergen.

Je erfahrener Therapeuten sind, um so eher neigen sie wahrscheinlich dazu, Patienten zu überfordern in dem verständlichen Bedürfnis, so rasch wie möglich die Therapieziele zu erreichen.

Eine weitere schwierige Entscheidung ist die **Einzelanalyse bei Suchtpatienten**. Hier ist sehr genau zu überlegen, ob durch eine modifizierte Analyse im Sitzen eine maligne Regression mit Rückfällen vermieden werden kann, andererseits eine solche notwendig ist, weil hinter der Suchtstruktur evtl. eine schwere Frühstörung mit suizidaler Depression verborgen ist. Auf jeden Fall sollte eine Einzelanalyse bei Süchtigen kombiniert werden mit Gruppentherapie, wenn möglich wenigstens mit den Anonymen Alkoholikern. Wenn keine andere (analytische) Möglichkeit da ist, sollte man den Patienten anregen, zumindest eine Zeitlang zu den *AA* zu gehen (s. auch *W. Rost* »Psychoanalyse des Alkoholismus«). Es sei nicht verschwiegen, daß nur wenige Patienten diesen Rat befolgen.

Die **Psychoanalyse psychotischer Patienten** ist ebenfalls ein schwieriges, aber kein hoffnungsloses Kapitel. Dem Enthusiasmus der 70er Jahre ist eine tiefe Depression in den 80ern auf Seiten der Therapeuten gefolgt, während sich gegenwärtig ein relativ realistisches Vorgehen verbreitet. Das kommt sicher daher, weil es eine Fülle psychosenaher Störungen gibt, die unbedingt behandelt werden müssen. Außerdem hat man damit natürlich zunehmend Erfahrung gesammelt. Dies zeigt ja auch das oben erwähnte Buch von *Vamik Volkan*.

Ein weiteres schwieriges Thema ist die Analyse von **Zwangskranken**. Bei schwer Zwangskranken muß evtl. eine Einzelanalyse mit Verhaltenstherapie kombiniert werden bzw. eine Verhaltenstherapie vorausgehen, damit sie überhaupt zur Analyse gehen können. Gott sei Dank sind schwere Zwangssyndrome selten und kommen auch sehr selten in analytische Therapie. Dann werden sie manchmal auch mit gutem Erfolg in einer Gruppenanalyse behandelt (s. dort).

Narzißtische Patienten neigen dazu, Analysen abzubrechen, wenn es ihnen besser geht. Ein berühmtes Beispiel dafür beschreibt *Argelander* in seinem Therapiebericht »Der Flieger«. Dem entsprechend sollte sich der Analytiker überlegen, ob er nicht von vornherein nur eine tiefenpsychologisch fundierte Therapie beantragen und durchführen will. Wenn die Motivation des narzißtischen Patienten stabil bleibt, gibt es immer noch die Möglichkeit, nach 50 Sitzungen tiefenpsychologisch fundierter Therapie die Umwandlung in eine Einzelanalyse zu beantragen.

Die Indikation für eine tiefenpsychologisch fundierte Einzeltherapie

Sehen wir uns zunächst an, was *F.R. Faber* und *R. Haarstrick* über die Indikation zur tiefenpsychologisch fundierten Therapie schreiben:

»Mit dem Begriff der tiefenpsychologisch fundierten Psychotherapie wird ein Verfahren bezeichnet, das die Grundannahmen der Neurosenlehre der Psychoanalyse wie Existenz und Wirkungsweise des Unbewußten und die Forschungser-

gebnisse der Psychoanalyse über intrapsychische und interpersonale Prozesse voraussetzt. Allerdings erfolgt die Anwendung dieser Kenntnis durch eine **konfliktzentrierte Vorgehensweise**.
Trotz der komplexen Bedingungen des Einzelfalles wird die Krankenbehandlung auf Teilziele beschränkt. Dabei ist das Verfahren auf die Einleitung eines psychoanalytischen Prozesses ausgerichtet unter Wahrung der Abstinenz und zurückhaltender Nutzung von Übertragungs- und Gegenübertragungsprozessen.
Regressive Tendenzen sind in der Regel durch die Betonung der gegenwärtigen Situation steuerbar.
Die Indikation des Verfahrens wird von dem Nachweis aktueller neurotischer Konflikte und deren Symptombildung bestimmt. Das psychotherapeutische Vorgehen ist auf die Bearbeitung dieser Konflikte beschränkt.
In der Umkehrung: nur wenn ein aktueller neurotischer Konflikt mit einer entsprechenden Symptomatik abgegrenzt werden kann, ist das Verfahren indiziert.«
Vereinfacht könnten wir in einer ersten Annäherung feststellen, daß alle Patienten, bei denen eine analytische Behandlung nicht unbedingt notwendig ist, tiefenpsychologisch fundiert (oder verhaltenstherapeutisch) behandelt werden können. Wenn diese Behandlung nicht in der Gruppe erfolgen kann, weil der Patient sich entweder weigert, in eine Gruppe zu gehen, oder auch ein Stück dyadischer Begleitung braucht, ist tiefenpsychologisch fundierte Einzeltherapie indiziert. Dabei gibt es – wie im Allgemeinen Teil bereits klargelegt – verschiedene Möglichkeiten der tiefenpsychologisch fundierten Therapie. Ergänzend zu dem dort Dargelegten soll noch erwähnt werden, daß das **katathyme Bilderleben**, das von dem Göttinger Professor *Hanscarl Leuner* entwickelt wurde, als spezielle Behandlungsmethode der tiefenpsychologisch fundierten Therapie nach besonderer Begründung angewandt werden kann. Ich zitiere dazu den Kommentar der Richtlinien: »KB ist in den Grenzen eines tiefenpsychologischen Therapiekonzeptes als Ergänzung verbaler Verfahren angezeigt, wenn der Patient sich auf eine verbale therapeutische Interaktion aufgrund seiner Struktur oder der Art seiner Störung nur schwer einzustellen vermag bzw. ihm aus gleichen Gründen der Zugang zu nicht-rationalen innerseelischen Vorgängen erschwert ist. Das KB ist im Rahmen der tiefenpsychologisch fundierten Psychotherapie nicht als eigenständiges Therapieverfahren anwendbar. Es kann bei bestimmten Charakterstrukturen einen Symbolisierungsprozeß ermöglichen und die Verbesserung der therapeutischen Kommunikation mit bestimmten Patienten fördern. Daraus ergibt sich auch, daß das KB nur in begrenzter Sitzungszahl im vorgesehenen tiefenpsychologisch fundierten Therapiekontingent möglich ist.
Andere Verfahren der humanistischen Psychologie sind nicht als Kassenleistung anerkannt.

Differentialindikation für eine verhaltenstherapeutische Langzeittherapie
G. Görlitz

»Die Frage, bei welcher psychischen und psychosomatischen Störung, mit welcher psychotherapeutischen Methode, unter welchen ökonomischen und institutionel-

len Rahmenbedingungen, durch welchen Therapeuten, mit welchem Ziel eine Psychotherapie effizient zu sein verspricht, ist bis heute nach wissenschaftlichen Maßstäben nicht hinreichend zu beantworten.« Dies schreibt der Psychoanalytiker und Psychosomatiker *Paul Janssen* in seinem Geleitwort zum Buch mit dem Titel »**Indikationen zur Psychotherapie**« von *W. Schneider* (Hrsg., 1990). In diesem Buch werden **vier unterschiedliche Aspekte der Indikationsstellung genannt** (vgl. S. 17):
1. Der Patient
2. Die Störung
3. Die Therapieform
4. Der Therapeut

und ich möchte noch, ohne Anspruch auf Vollständigkeit, zwei weitere hinzufügen:
5. Das Therapieziel
6. Die Prognose

Da ein begrenztes **Therapieziel** die **Prognose** günstiger erscheinen lassen kann, und die Frage der Differentialindikation zwangsläufig zu der Frage nach der Effektivität und damit auch zur Prognose führt, sollten diese beiden Gesichtspunkte ebenfalls berücksichtigt werden.

Bereits 1981 hat *Baumann* ein Buch in der Reihe **Fortschritte der Klinischen Psychologie** mit dem Titel »Indikation in der Psychotherapie« herausgegeben. Namhafte verhaltenstherapeutische und psychoanalytische Autoren wie *Bastine, Grawe, Hand, Heigl, Linden* u.v.a. beleuchteten dieses Thema von verschiedenen Seiten. »So führt *Heigl* (1978) Patienten- (phänomenale Faktoren und Psychodynamik) und Therapeutencharakteristika (Erfahrung, Fertigkeit, Art der Inszenierung der Analyse) an, wobei er aber vor allem die Patientenmerkmale in den Vordergrund stellt. Die Prognosemerkmale werden dabei in einen inhaltlichen Zusammenhang mit dem Therapieprozeß gebracht und dadurch begründet. Bei den phänomenalen prognostischen Kriterien diskutiert *Heigl* drei Bereiche: Symptomatik, soziale Situation, biologische und konstitutionelle Voraussetzungen« (*Baumann*, 1981, S. 23). Diese Aspekte könnten gleichermaßen auf die Verhaltenstherapie angewandt werden.

Wenden wir uns zunächst dem **störungsbezogenen Aspekt** zu:

Die von Verhaltenstherapeuten erforschten und behandelten Störungen umfassen meines Wissens bis auf wenige Ausnahmen einen Großteil der diagnostischen Kategorien des DSM-III-R (1989), DSM-IV (1996) und der ICD-10 (1993). Nicht immer lautet dabei das definierte Behandlungsziel: »Heilung der Krankheit«. Häufig handelt es sich z.B. bei Psychosepatienten oder auch bei Patienten mit schweren somatischen Erkrankungen wie z.B. Krebspatienten um eine psychotherapeutische Begleitbehandlung. Für die verschiedenen Störungsbilder gibt es neben ambulanten auch stationäre Behandlungskonzepte (z.B. für Eßstörungen, Tinnitus, Alkoholabusus, chronische Schizophrenie usw.).

Dies bedeutet aber meines Erachtens nicht, daß jeder Verhaltenstherapeut auch in der Lage sein muß, jede Art von Störung zu behandeln. Das heißt, daß die Differentialindikation auch von der Spezialisierung und den Fähigkeiten des Therapeuten abhängig gemacht werden sollte. Deshalb erscheint mir die Unterscheidung zwischen **Therapeut-orientierter** DI und **Patient-orientierter** DI wichtig.

Sie werden selbst im Laufe Ihrer praktisch-therapeutischen Tätigkeit feststellen, welche Störungsbilder und Patienten

Ihnen mehr liegen und welche Ihnen zu behandeln schwerer fallen. Ich kenne Kollegen, die sich ganz besonders gerne mit Suchtpatienten, Zwangskranken oder Borderline-Patienten beschäftigen und andere, die diese grundsätzlich weiterverweisen. Wichtig erscheint mir nur, die eigenen Kompetenzen nicht zu überschätzen und auch dem Patienten gegenüber ehrlich die eigenen fachlichen Grenzen zu äußern, selbst dann, wenn Sie die Enttäuschung des Patienten nur schlecht aushalten können und damit selbst in **Supervision** gehen müssen.

Diese Therapeut-orientierte DI ist daher für jeden Verhaltenstherapeuten ein individueller Lernprozeß im Rahmen seiner Zusatzausbildung. Dieser geschieht durch die selbst gewählten Interessensschwerpunkte und die Zwangsläufigkeiten des Arbeitsplatzes und v.a. auch im Rahmen von **Supervision** und **Selbsterfahrung**.

Die historischen Hintergründe der Differentialindikation der beiden Therapierichtungen werden von *Faber, Haarstrick* und *Kallinke* (der für den verhaltenstherapeutischen Teil zuständig ist), in ihrem Kommentar zu den Psychotherapierichtlinien (1991) folgendermaßen dargestellt: »Verständlicherweise waren beide Therapierichtungen zunächst wenig bereit, der jeweils anderen einen eigenen, schwerpunktmäßig orientierten Indikationsbereich zuzugestehen ... Spätestens seit 1987 jedoch zeigte sich zunächst bei den analytischen Psychotherapeuten die Tendenz, Behandlungen auch an Verhaltenstherapeuten zu delegieren, zur Entlastung der eigenen Wartelisten und Grenzindikationen, aber auch in der wachsenden Erkenntnis, daß die Verhaltenstherapie bei bestimmten Erkrankungen effektiver sein kann. (S. 37)

»Selbst kritische analytische Psychotherapeuten konnten sich der Erfahrung nicht verschließen, daß vor allem eine Gruppe aktueller und umschriebener Störungen oft besser auf verhaltenstherapeutische Behandlungsansätze anspricht als auf psychodynamisch orientierte Verfahren.« (*Faber, Haarstrick*, 1996, S. 37).

Die Autoren weisen darüberhinaus auf die zunehmend fruchtbare Zusammenarbeit hin, die ich aus meiner alltäglichen Praxis, insbesondere auch mit den Delegationsärzten vor Ort nur bestätigen kann. *Faber/Haarstrick* stellen jedoch auch fest, »daß ein Wechsel der Indikationsstellung von der Verhaltenstherapie zu den psychodynamischen Verfahren weniger häufig gewählt wurde.« Erwähnenswert erscheint mir in diesem Zusammenhang noch ein neuer Passus in den Psychotherapierichtlinien vom August 1993, der besagt, daß Psychoanalytische Verfahren und Verhaltenstherapie nicht kombinierbar sind, »weil die Kombination der Verfahren zu einer Verfremdung der methodenbezogenen Eigengesetzlichkeiten des therapeutischen Prozesses führen kann.« (*Faber; Haarstrick, 1996*, S. 141)

Neu ist auch folgender Passus der Anlage 1 Abs. 3: »Eine analytische Psychotherapie als Langzeittherapie mit einer Frequenz von 4 und mehr Wochenstunden kann im Rahmen der Psychotherapie-Richtlinien keine Anwendung finden, weil der wissenschaftlich begründete Nachweis einer spezifischen Indikation und einer größeren therapeutischen Wirksamkeit dieser Anwendung nicht erbracht worden ist.« (S. 151) Auch Gestalttherapie, Logotherapie, Psychodrama, Respiratorisches Feedback und Transaktionsanalyse erfüllen bisher nicht die Erfordernisse der Psychotherapie-

Richtlinien. Hieraus folgt, daß auch für alle letztgenannten bisher noch keine speziellen Differentialindikationen vorgesehen sind.

Im weiteren Verlauf ihrer Ausführungen zur DI beziehen sich die Autoren des Kommentars auf eine Patient-orientierte DI. Die Art der Störung und die Prognose der Erkrankung spielt demnach ebenso eine wichtige Rolle wie die Persönlichkeitsstruktur des Patienten und seine soziale Umgebung.

Bezüglich der Differentialindikation bei bestimmten **Störungsbildern** werden z.B. Patienten mit Süchten, Eßstörungen, umschriebener Angstsymptomatik oder allgemein gut abgrenzbarer Symptomatik durch Verhaltenstherapie eine optimale Therapie erhalten können. Bei zeitlicher Begrenzung von Seiten des Patienten, einer Abneigung gegen psychoanalytische Verfahren oder wenn sich der Patient auf aktuelle Probleme fixiert hat, ist die **Prognose** für eine verhaltenstherapeutische Behandlung günstiger.

Bei chronischen multifaktoriellen Erkrankungen mit ausgeprägter interaktioneller Beziehungsproblematik, ist die notwendige Nachreifung der Persönlichkeit ihrer Ansicht nach durch ein zielgerichtetes und – ich möchte hinzufügen –, durch ein Verfahren mit einem zu geringen Stundenkontingent, in der Regel nicht ausreichend möglich.

Die genannten Autoren weisen auch darauf hin, daß eine verhaltenstherapeutische Behandlung bei Patienten mit vorwiegend hysterischen Verhaltensstörungen, oder mit deutlicher Neigung zu rationalisierender Abwehr wenig effektiv sei. Dies kann ich zwar aus eigener Erfahrung bestätigen, ich kenne jedoch auch Verhaltenstherapeuten, die gerade mit diesen Patienten gerne und erfolgreich arbeiten. Dies führt uns wieder zum **Einflußfaktor der Therapeutenpersönlichkeit zurück.**

Außerdem weisen die Autoren darauf hin, »daß Patienten, die weniger introspektiv reflektieren, eher zu lerntheoretisch begründeten Verfahren neigen und sich auch eher für solche eignen.« (S. 38) Dies ist sicher insofern richtig, als Verhaltenstherapeuten aufgrund der Einbeziehung konkreter Aktualsituationen und des eher handlungsorientierten Vorgehens zu diesen Patienten auch schneller einen Zugang bekommen können. Gleichzeitig ist es mir doch wichtig darauf hinzuweisen, daß auch wir Verhaltenstherapeuten in der Regel mit **introspektionsfähigen** Patienten, die z.B. auch die Symptomzusammenhänge bereits differenziert darstellen können, besser arbeiten können, was sich auch in einer günstigeren **Prognose** für diese Patienten ausdrückt. Manche psychoanalytisch orientierten Kollegen glauben leider fälschlicherweise, daß **mangelnde Introspektionsfähigkeit** eine Differentialindikation für Verhaltenstherapie sei, was z.B. bei jungen Kollegen dazu führt, daß sie nach Praxiseröffnung überwiegend **schwierige Fälle** überwiesen bekommen.

Schließlich wird im o.g. Kommentar noch darauf hingewiesen, daß Verhaltenstherapie nur dann indiziert ist »wenn bei der Wahl des Behandlungszieles beachtet wird, daß es voraussichtlich nicht zu einem unlösbaren Konflikt mit dem **Umfeld** kommt.« (S. 39) Auch dies gilt m.E. schulenübergreifend.

Ebenfalls schulenübergreifend wählen viele Therapeuten ihre Patienten immer noch nach dem YAVIS-Stereotyp (young, attractive, verbal, intelligent, social) aus. *Margraf* (1996) schreibt hierzu: »Für die

Verhaltenstherapie besteht ein gewisser Trost darin, daß empirische Untersuchungen zeigten, daß Verhaltenstherapeuten weniger anfällig für YAVIS-Entscheidungen sind ... Dennoch gilt es auch hier, daß bevorzugt Patienten mit einem guten Verhaltensrepertoire für die Behandlung ausgewählt werden. (S. 111) Er führt des weiteren aus, daß die Indikationsfrage zwar aus wissenschaftstheoretischer und forschungspraktischer Sicht kritisierbar ist, einer Lösung von Teilaspekten dieser Frage jedoch nicht ausgewichen werden kann.

Meine Ausführungen machen Ihnen vielleicht deutlich, daß kaum eindeutige Kriterien für die DI einer Verhaltenstherapie existieren und sich diese auch je nach Bezugssystem (Therapeut, Patient, Störung, Definition des Behandlungszieles, Prognose) verändern können. Hierzu schreiben *Faber, Haarstrick* und *Kallinke*: »In unserer Kommentierung kann es nur darum gehen, hinsichtlich der DI vorläufige Überlegungen mitzuteilen und die Psychotherapieforschung anzuregen. Über das Stadium einer eifersüchtigen Parteilichkeit sollte die Diskussion hinausgewachsen sein.« (S. 37)

Als logische Konsequenz ziehen sie für die Begutachtung u.a. den Schluß, daß hinsichtlich der DI die Entscheidung des Therapeuten in der Regel respektiert werden muß und daß selbst dann, wenn der Gutachter eine andere DI stellt, er nur in relativ seltenen Fällen eine ablehnende Stellungnahme abgeben kann. Eine gravierende Bedeutung hat für den Gutachter der **ökonomische Gesichtspunkt**. Deshalb wird dem Gutachter nur in ganz eindeutigen Fällen einer falschen DI eine Ablehnung empfohlen, in allen anderen Fällen dagegen eine »anregende Rückfrage«.

Die Differentialindikation für eine verhaltenstherapeutische Kurzzeit- und Probetherapie

G. Görlitz

Bei bestimmten Patienten ist uns häufig schon nach der ersten oder zweiten probatorischen Sitzung klar, daß sie sich nicht für eine verhaltenstherapeutische Langzeittherapie eignen, aber dennoch dringend psychotherapeutische Unterstützung benötigen und ausreichend Therapiemotivation mitbringen. Dies trifft v.a. auch für Patienten zu, die sich zur Krisenintervention vorstellen. In diesen Fällen beantrage ich zunächst eine verhaltenstherapeutische Probe- oder Kurzzeittherapie mit der Option auf mögliche Umwandlung in eine Langzeittherapie zu einem späteren Zeitpunkt. Für diese Fälle können Sie sich an folgenden **Indikationskriterien für Probe- und/oder Kurzzeittherapie** orientieren.

1. Alter der Patienten über 50
2. ungeklärte Compliance
3. unklare Diagnose
4. Dekompensation aufgrund lebenskritischer Ereignisse
5. Geringe Introspektionsfähigkeit und Differenziertheit
6. Unklare Eigenmotivation
7. Noch nicht vollständig tragfähige Patient-Therapeut-Beziehung
8. Instrumentalisierungstendenzen bezüglich der angeblichen Psychotherapienotwendigkeit (z.B. um einen Rentenantrag zu forcieren)

Sollten die genannten Kriterien mäßig ausgeprägt sein, so empfiehlt sich eher die Beantragung einer verhaltenstherapeutischen Kurzzeittherapie. Bei starker Ausprägung dieser Kriterien eher zunächst nur eine Probetherapie.

Die Differentialindikation für eine Gruppenanalyse

Wie schon im Allgemeinen Teil dargelegt, ist eine Gruppenanalyse dann indiziert, wenn der neurotische Patient seine Konflikte besonders in den Gruppen, in denen er lebt, agiert und seine Kommunikationsstörungen im Vordergrund stehen. Im Vergleich zur Einzelanalyse ist der Vorteil der Gruppenanalyse, daß der Patient sich im Spiegel nicht nur eines Einzigen – des Therapeuten –, sondern vieler – d.h. acht anderer Männer und Frauen – erleben kann. Dies ist aus therapeutischer Sicht ein Vorteil, macht dem zukünftigen Gruppenteilnehmer jedoch in der Regel Angst. Diese wird meist rasch abgebaut, da sich der Gruppenteilnehmer dem intensiven Prozeß von Übertragungs- und Widerstandsentwicklung und -analyse nicht entziehen kann. Auch wenn er schweigt, nimmt er am Gruppenprozeß teil und wird sofort zum Teil der Matrix (*S.H. Foulkes*). In einem ersten Bewilligungsschritt kann der Gruppenleiter 80 Sitzungen analytischer Gruppentherapie beantragen, wobei die Kassen zwei Sitzungen à 100 min pro Woche vorschreiben. In der Praxis führen viele Analytiker nur 1 Sitzung à 100 Min. pro Woche durch; dies wird von den meisten Gutachtern stillschweigend toleriert. Als erste Verlängerung – in der Regel als einzige – werden weitere 40 Sitzungen gewährt; in besonders begründeten Ausnahmefällen noch einmal 30 Sitzungen bis zu einer Gesamtzahl von 150 Sitzungen analytischer Gruppentherapie. Dies entspricht rein zeitlich 300 Einzelsitzungen, ist jedoch naturgemäß nicht das Gleiche und oft etwas knapp. Die meisten Patienten sind jedoch in der Lage, evtl. noch einige weitere Sitzungen selbst zu finanzieren.

Wie Sie am Beispiel unseres Bauleiters sehen konnten, wäre für ihn sicher eine Einzelanalyse auch sinnvoll gewesen. Da er jedoch den ganzen Tag in leitender Position in einer schwierigen Gruppe zubringt, habe ich mich zu einer Gruppenanalyse entschlossen und ihm diese vorgeschlagen, die inzwischen auch vom Gutachter genehmigt ist.

Die Differentialindikation für **tiefenpsychologisch fundierte Gruppentherapie**

Wie bereits im Allgemeinen Teil dargelegt, muß der aktuelle Konflikt bewußt und im Vordergrund sein, wenn es sinnvoll sein soll, eine tiefenpsychologisch fundierte Gruppentherapie zu empfehlen bzw. zu beantragen. Meiner Erfahrung nach reicht dies in der Regel dann doch nicht aus, was ärgerlich ist, weswegen ich selbst nur analytische Gruppen durchführe.

Im Rahmen der tiefenpsychologisch fundierten Gruppe (früher habe ich solche jahrelang durchgeführt) hat das katathyme Bilderleben auch einen sehr guten Platz. Es sollte im Sinne der Gruppenimagination von *H.C. Leuner* im sog. Gruppenstern durchgeführt werden, was das gemeinsame Erleben der Gruppe sehr stärkt und fördert. Vor allem auch, wenn die Gruppe anschließend ihre Phantasie gemeinsam malt und die Bilder gemeinsam besprochen werden, kommt dadurch ein intensiver Prozeß zustande, der therapeutisch sehr wirksam sein kann.

Indikation für eine verhaltenstherapeutische Gruppentherapie

G. Görlitz

Verhaltenstherapeutische Gruppen werden in der Regel in Form von **problem- und zielorientierten** Gruppen durchgeführt. »Hierbei werden gruppendynamische Prozesse beachtet und genutzt, im Zentrum der Aufmerksamkeit stehen jedoch die **multimodale Verhaltensanalyse** vergleichbarer Probleme und die **Erarbeitung bzw. Erprobung von zielorientierten Lösungsschritten.**« (*Faber* et al. 1991, S. 78). Eine verhaltenstherapeutische Gruppenbehandlung ist deshalb auch nur im Rahmen und als Teil einer Einzeltherapie möglich, weil sie nur als Baustein eines individuellen Therapieplanes betrachtet wird.

Vor allem die **Behandlung sozialer Ängste und Defizite, Selbstsicherheits- und Kommunikationsstörungen** erfolgt am besten in einer die Einzeltherapie begleitenden Gruppentherapie. Die **Kombination von Methoden zum Aufbau der sozialen Kompetenz** in Verbindung mit **Expositionsverfahren** ist dabei in hohem Maße effektiv. Sie eignet sich sowohl für Patienten mit sozialen Ängsten als auch für solche mit sozialen Defiziten (vgl. auch *Wlazlo* et al. 1992, S. 35).

Grawe (1980) schreibt hierzu in der Einleitung zu dem von ihm herausgegebenen Buch über Verhaltenstherapie in Gruppen: »Die Therapie wird deshalb in Gruppen durchgeführt, weil dort vielfältige zwischenmenschliche Situationen hergestellt werden können sowie besonders gute Möglichkeiten der Modellvorgabe und sozialen Verstärkung bestehen, die als wichtigste Instrumente zur Veränderung von Sozialverhalten betrachtet werden. Die genannten besonderen Möglichkeiten der Gruppensituation dienen also als therapeutische Vehikel, und die Gruppensituation wird vom Therapeuten aktiv und gezielt so strukturiert, daß diese therapeutischen Vehikel maximal zum Zuge kommen.« (S. 14)

Die **Behandlungsziele** und der **Behandlungsplan** können im Antrag etwa folgendermaßen formuliert werden:

1. Aufbau von Selbstsicherheit und sozialen Kompetenzen mit Hilfe von Übungen zur partnerschaftlichen Kommunikation, Wahrnehmung und Äußerung von Gefühlen, unter Verwendung von Selbstbeobachtungs- und Selbstkontrollmethoden sowie unter Nutzung der Modellfunktion und Rückmeldung der Gruppenteilnehmer.
2. Übungen zur kognitiven Angstbewältigung und zur rational-emotiven Therapie.
3. In vivo-Übungen zum schrittweisen Aufbau sozialer Kompetenzen und Abbau sozialer Ängste. Diese ergeben sich zum Teil aus der Gruppensituation selbst, zum Teil werden sie mit Hilfe eines standardisierten Selbstsicherheitsprogramms in den Therapiesitzungen und als therapeutische Hausaufgaben in Kleingruppen auch im Sinne von Reizkonfrontation erledigt.

Diese exemplarischen Behandlungsziele beziehen sich auf eine Gruppe zum Thema Selbstsicherheit, Angstbewältigung und Kontakt. In dieser Form der Gruppentherapie werden etwa acht bis neun Patienten beiderlei Geschlechts ausgewählt, deren Probleme im Bereich Selbstunsicherheit, soziale Ängste, Kontaktvermeidung usw. liegen, wobei sich die Ausgangsdiagnosen durchaus unterscheiden können. In der Selbstsicherheitsgruppe, die ich derzeit leite, befinden sich z.B. zwei Frauen und ein Mann mit der Diagnose Soziale Phobie, eine Frau und ein Mann mit der Diagnose Stottern, eine Frau und ein Mann mit der Diagnose Selbstunsichere Persönlichkeitsstörung sowie eine Frau und ein Mann mit der Diagnose Neurotische Depression. Bei allen neun Patienten besteht eine übergeordnete **Störung des Selbstwerts und der Selbstsicherheit**, ein Defizit im Bereich sozialer Kompetenzen und Selbstakzeptanz sowie teilweise auch nicht vollzogene Autonomieentwicklungen.

Neben der o.g. Symptomgruppe werden auch andere störungsbezogene Gruppen (wie z.B. für Eßstörungen, Stottern, Agoraphobie, kindliche Verhaltensstörungen usw.) durchgeführt.

Kontraindikationen:
Nach *Wlazlo* et al. (S. 31) gelten für die **Kontraindikation** bezüglich der Teilnehmer einer Gruppe mit Exposition in vivo die gleichen Kriterien, wie sie von *Hand* (1981) für Expositionsverfahren beschrieben wurden:
1. Reflexartige Anwendung bei Symptomdiagnose wie Phobie oder Zwang ohne Einbettung in eine therapeutische Gesamtstrategie
2. Durchführung trotz unzureichender Motivation des Patienten.
3. Exposition über jeweils sehr kurze Zeitintervalle.
4. Langzeitanwendung der Expositionsübung.
5. Bestimmte organische Erkrankungen, insbesondere des Herz-Kreislaufsystems.

Außerdem werden in diesem Artikel noch genannt (ich setze die begonnene Numerierung fort):
7. Fortgeschrittene Schwangerschaft.
8. Extrem hohes Angstniveau.
9. Ausgeprägtes aggressives Verhalten.
10. Patienten mit niedrigen verbalen Fertigkeiten.
11. Patienten aus anderen Kulturkreisen.
12. Patienten, die die gesamte Aufmerksamkeit der Gruppe beanspruchen.
13. Patienten, deren Umwelt auf die Entwicklung selbstsicheren Verhaltens bestrafend reagiert.

Selbst möchte ich aus meiner ganz persönlichen Erfahrung noch drei weitere Ausschlußkriterien hinzufügen:
14. Patienten, die aus beruflichen oder privaten Gründen bereits von vornherein ankündigen, nicht regelmäßig teilnehmen zu können.
15. Patienten, die befreundet, bekannt oder verwandt sind oder gar in einer Partnerschaft leben.
16. Patienten mit schwerwiegenden Persönlichkeits- und Beziehungsstörungen.

Im Bereich **Selbstsicherheitstraining** gibt es seit der von *Salter* 1949 entwickelten »conditioned reflex therapy« (vgl. *Reinecker* 1986) bis heute eine Reihe von Trainingsprogrammen. Neben dem seit 1976 bekannten und 1998 neu erschienenen »Assertiveness-Training-Programm (ATP): Einübung in Selbstvertrauen und soziale Kompetenz« von *Ullrich de Muynck u. Ullrich* beinhaltet das »Gruppentraining sozialer Kompetenzen« von *Pfingsten und Hinsch* (1991) für den Praktiker wertvolle Anregungen.

Da die Sitzungszahl einer verhaltenstherapeutischen Gruppenbehandlung in der Regel auf 15 bis 25 Sitzungen beschränkt ist (die Gruppensitzungen werden auf das Gesamtkontingent angerechnet), handelt es sich bei einer verhaltenstherapeutischen Gruppentherapie in der Regel um ein halbstandardisiertes Programm, bei dem den einzelnen Gruppenteilnehmern freigestellt wird, sich selbst zu entscheiden, inwieweit sie ihre individuellen Probleme über das aktuelle Gruppenthema hinaus einbringen wollen. Daher erscheint es mir äußerst wichtig und ich handhabe es auch regelmäßig so, daß eine Gruppentherapie immer in Kombination mit Einzelsitzungen durchgeführt wird, um dem Patienten zu ermöglichen, sich in der Einzelsitzung mehr zu öffnen, als dies in einer doch nur über einen sehr begrenzten Zeitraum stattfindenden Gruppe möglich ist.

Nach *Faber, Haarstrick* (1996, 4. Auflage des Kommentars zu den Psychotherapie-Richtlinien) kann gemäß den Psychotherapie-Richtlinien E 1.2.3 **Verhaltenstherapie nur in Kombination mit der Einzeltherapie auch als Gruppenbehandlung durchgeführt werden**, wobei die in der Gruppentherapie erbrachte Doppelstunde nach wie vor im Gesamttherapiekontingent als Einzelstunde gezählt wird. Sie betonen auch, daß das **Verhältnis der Einzeltherapie zur Gruppentherapie** quantitativ nicht festgelegt wurde.

Die 5 probatorischen Sitzungen können bei der Kurzzeittherapie sogar als Einzeltherapieanteil angerechnet werden. »Es dürfte dem Sinn der Richtlinien entsprechen, wenn im Normalfall maximal 40 Doppelstunden, im besonderen Fall maximal 55 Doppelstunden, im Ausnahmefall maximal 75 Doppelstunden als Gruppentherapie zur Anwendung kommen und der verbleibende Rest für die obligate Einzeltherapie reserviert wird.« (S. 37)

Ich möchte dem jedoch hinzufügen, daß ich persönlich ein ausgewogeneres Verhältnis zwischen Einzel- und Gruppensitzungen für angemessener halte, da wie erwähnt, für die Aufarbeitung des Gruppengeschehens und die Behandlung individueller Probleme mir mindestens ein Verhältnis von 2G zu 1E angebracht erscheint. Mir ist auch kein Verhaltenstherapeut bekannt, der 75 Gruppensitzungen durchgeführt hätte. Gleichzeitig bietet die Interpretation von Faber, Haarstrick neue Möglichkeiten und Perspektiven.

An dieser Stelle möchte ich noch einige neuere Forschungsergebnisse (vgl. *Fiedler* 1996) zum **Unterschied zwischen Einzel- und Gruppentherapie** kurz darstellen.

1. Moderne Gruppenmethoden fördern zusätzlich den therapeutischen Prozeß (Transferaufgaben in Kleingruppen, Projektarbeit usw.)
2. Die sog. kurativen Wirkfaktoren wirken in der Gruppe wesentlich intensiver (z.B. Kohäsion, Feedback, Arbeitshaltung usw.)
3. Der Verpflichtungscharakter der Gruppe erhöht die Compliance
4. Psychoedukative und kreative Medien können in der Gruppe effektiver eingesetzt werden
5. Durch die notwendige Förderung der Eigeninitiative können zusätzliche Selbsthilfekräfte mobilisiert werden. (vgl. *Görlitz*, 1998, i.V.)

Bei der sehr sinnvollen und nachgewiesenermaßen effektiven **Kombination von Einzel- und Gruppentherapie** wird mir jedoch immer wieder die Problematik des sehr **begrenzten Stundenkontingents** in der Verhaltenstherapie deutlich, zumindest solange eine Gruppensitzung (à 100 Min.; bei neun Personen sind 50 Min. zu kurz) auf das Gesamtstundenkontingent wie eine Einzelsitzung angerechnet wird. D.h., daß oft bereits nach sechs bis acht Monaten das Gesamtstundenkontingent des Erstantrags erschöpft ist (25 E und 20 G, je einmal pro Woche) und nach weiteren zwei bis drei Monaten die im Fortführungsantrag beantragten

15 Sitzungen (10 E und 5 G) ebenfalls. Im ungünstigsten Fall könnte dann bereits nach acht Monaten die Regelsitzungszahl erschöpft sein. Hinzu kommt noch, daß die Krankenkasse bei einem Patienten, der Gruppentherapie erhält, sehr viel Geld spart, da die Gebührenbewertung für eine Gruppe relativ gering ist (ca. DM 22,50 bei einem Punktwert von 10 für 50 Min.), wenn man den Vorbereitungsaufwand einschließlich der verwendeten **Therapieblätter**, die energieaufwendigere Durchführung, den erhöhten **Verwaltungsaufwand**, die räumlichen und sonstigen **Mehrkosten**, die höhere **Ausfallquote**, die erforderliche **Nachbereitung** usw. berücksichtigt. Deshalb wundert es mich nicht, daß immer mehr Kollegen sich scheuen, größere Praxisräume anzumieten, um auch eine Gruppentherapie durchführen zu können. Da ich selbst Gruppentherapie sehr gerne durchführe, diese als ausgesprochen effizient erlebe und das Glück habe, in unserer Praxisgemeinschaft auch einen Gruppenraum zur Verfügung zu haben, sehe ich über die formalen und finanziellen Hürden hinweg; möchte dies jedoch nicht von allen Kollegen verlangen. Um die **verhaltenstherapeutische Gruppentherapie** aufzuwerten und zu erhalten, müßten sich noch mehr Kollegen dafür einsetzen, die kassentechnischen Voraussetzungen hierfür zu verändern, so wie dies *Köhlke* (1992) in seinem Artikel »Gruppen-Verhaltenstherapie in der gesetzlichen Krankenversicherung der BRD. Eine kritische Auseinandersetzung aus der Praxis – Perspektive« getan hat. Er setzt sich kritisch mit der »**inadäquaten Gebührenbewertung**« und dem **Problem der variablen Gruppengröße** (zwischen zwei und neun Teilnehmer sind vorgesehen) auseinander. Außerdem kritisiert er ebenfalls die Anrechnung der Gruppensitzungen auf das Therapiegesamtkontingent. In diesem Zusammenhang möchte ich auch noch als weiteres Problem den **unnötigen Zeitdruck für Patient und Therapeut** anführen. Bei den 20 bis 25 für eine Selbstsicherheitsgruppe zu veranschlagenden Sitzungen muß der Therapeut oft bereits viel zu früh einen **Fortführungsantrag** stellen, da es derzeit etwa sieben bis zehn Wochen dauert, bis der Antrag durch die verschiedenen Instanzen gelaufen ist. Dies alles kostet – nicht nur den Patienten – sehr viel Zeit:

1. Fertigstellung durch den Psychotherapeuten,
2. Weiterleitung an die Krankenkasse,
3. Weiterleitung der Krankenkasse an den Gutachter,
4. Bescheid des Gutachters an die Krankenkasse, Weiterleitung an den Patienten,
5. Bescheid vom Gutachter an den Patienten,
6. Anruf des Patienten beim Psychotherapeuten wegen eines Termins für die erste psychotherapeutische Sitzung

In der Praxis erlebe ich daher immer wieder, daß ich z.B. nach einer Anfangsphase von 15 Einzelsitzungen (ca. vier Monate) und weiteren zwölf Einzelsitzungen, kombiniert mit zwölf Gruppensitzungen (ca. drei Monate), nach z.B. sieben Monaten einen ersten Fortführungsantrag erstellen muß. Bis zur Genehmigung wurden dann z.B. weitere sechs Einzel- und acht Gruppensitzungen durchgeführt (nun insgesamt 53), sodaß sofort wieder ein Fortführungsantrag im Rahmen der Höchstgrenze verfaßt werden muß. Der Patient muß innerhalb eines viel zu kurzen Zeitraumes eine **Bilanz** ziehen, und der Therapeut die Behandlungsziele und den Therapieplan überprüfen. Auch dies hindert viele Kollegen daran, regelmäßige »Gruppen« anzubieten, da es bequemer ist, in Ruhe die genehmigten Einzelsitzungen über einen Zeitraum von eineinhalb bis zwei Jahren durchzuführen. Das bedeutet dann, daß trotz eindeutiger Indikation für eine verhaltenstherapeutische Gruppentherapie oft keine Gruppentherapie durchgeführt wird. Für über ein Drittel meiner Patienten trifft jedoch eine Indikation für eine verhaltenstherapeutische Gruppentherapie zu. *Köhlke* beschreibt daher die verhaltenstherapeutische Gruppentherapie als ein »**Stiefkind der Kassenärztlichen Versorgung**«, die so unattraktiv gestaltet ist, daß sie als »unakzeptierte Randerscheinung zu verkümmern droht ...« In einer Bilanz der Leistungshäufigkeiten von Gebührenziffern für die Jahre 1988 und 1989 macht *Faber* auf einen negativen Trend bei Gruppentherapien aufmerksam:« Die VT-Gruppenbehandlung läßt eine abfallende Tendenz des ohnehin geringen Anteils erkennen. »... 1990 betrug das Verhältnis der insgesamt durchgeführten VT-Gruppentherapiestunden zu den gesamten VT-Einzeltherapiestunden noch nicht einmal drei Prozent.« (S. 55-56)

Zum Schluß möchte ich jedoch für diejenigen, die VT-Gruppen durchführen, noch einmal zurück zu möglichen **Indikationsproblemen** kommen. Nicht jeder Patient, für den Sie im Antrag zunächst eine Gruppentherapie vorgesehen haben, ist dann auch tatsächlich für die von Ihnen ausgewählte Gruppe geeignet. Manchmal kommen Sie zu dem Schluß, daß der Patient nicht zu den übrigen ausgewählten Gruppenmitgliedern alters- oder bildungsmäßig paßt, daß seine Symptomatik möglicherweise zu sehr aus dem Rahmen der Gruppe fällt oder haben andere Ausschlußkriterien. Manchmal kommt es auch vor, daß Patienten plötzlich übergroße Angst oder Widerstand gegenüber einer Gruppentherapie entwickeln, so daß sie nicht bereit sind, an einer Gruppe teilzunehmen. Dies ist letztendlich wichtig zu respektieren. In diesen Fällen kann nachträglich beim Gutachter eine Umwandlung von Gruppen- in Einzelsitzungen beantragt werden. Auch hier wäre wünschenswert, daß sich alle Gutachter dem bereits von einigen ihrer Kollegen gehandhabten Modus anschließen, die genehmigten Sitzungen bei entsprechender Indikation »**zur freien Verfügung für Einzel- oder Gruppensitzungen**« zu stellen.

Die Abfassung des Erstantrags im einzelnen

Für RVO- und Ersatzkassen

Wie schon weiter oben angeführt, ist die Abfassung des Kassenantrags für RVO- und Ersatzkassen identisch, lediglich die Begleitformulare wechseln ihre Farbe. Im folgenden werde ich Ihnen die drei Beispiele unserer Patienten aus den Erstinterviews und Probesitzungen, so wie ich sie für den Gutachter verfaßt habe, wiedergeben.

Bericht zum Erstantrag – PT3aE Chiffre A 010446

1. Die groß gewachsene, blonde Brillenträgerin war erstmals 1986 für ein Gespräch bei mir, das sie damals mit dem Satz eröffnete: »Ich dachte nie,

ich bräuchte eine Psychotherapie, hielt mich für normal.« Die Gemeindeschwester des Nachbarorts hatte mich bei einem Vortrag für die Angehörigen der Nachbarschaftshilfen des Landkreises erlebt und außerdem in einer Kunstausstellung einer mit ihr befreundeten Malerin gesehen, ohne daß ich sie kannte. Sie hatte damals eine depressive Verstimmung und gab als Grund an: »Das Problem ist, daß meine Schwester in meine Nähe zieht.« Jetzt kam die Patientin erneut am 10.06.1992 mit einer ausgeprägten Depression zu den inzwischen folgenden vier Gesprächen und sagte als ersten Satz: »Der Vater ist mit 71 Jahren im Februar 92 gestorben.« Dabei weinte die Patientin und erzählte, daß sie mich kurz danach schon angerufen habe, ich jedoch keine Zeit hatte. Ihr Vater sei erstickt; er sei bis zuletzt bei Bewußtsein gewesen und habe ihre Schwester hilfesuchend angeschaut. Sie habe sowohl ihn wie diese getröstet. Sie habe mit ihrem Vater zum Teil ein gutes Verhältnis gehabt, er habe ihren Mann jedoch weniger gemocht wie den ihrer Schwester. Der Vater habe sie, als sie 14 Jahre alt gewesen sei, mißbraucht zu manuellen sexuellen Handlungen, sie habe jedoch nicht mit ihm schlafen müssen. Obwohl sie darunter sehr gelitten habe, daß er diese Berührungen erzwang, ebenso wie vorher der Großvater, trauere sie jetzt heftig um ihn. Die Mißbrauchsszenen seien ihr jedoch nach dem Tode wieder hochgekommen, und sie könne nachts nicht schlafen. Mit ihrer Schwester habe sie wieder Probleme bekommen, diese sei immer die Bevorzugte gewesen.

Die Patientin kommt also mit einer nicht aufgelösten Trauerreaktion.

2.a) Die aus Niederbayern stammende Patientin wurde mit viereinhalb Jahren zu ihren Großeltern väterlicherseits weggegeben, nachdem sie vorher bei ihrer Mutter und deren Eltern im Bayerischen Wald gewesen sei. Ihr Vater habe damals in E. studiert, während ihre Mutter arbeitete und die Familie in einem einzigen Mansardenzimmer leben mußte. Nachdem sie zu den Großeltern gegeben wurde, habe sie nur noch ab und an die Eltern besuchen dürfen, und da sei plötzlich ihre viereinhalb Jahre jüngere Schwester dagewesen.

Während die Patientin dies berichtet, weint sie sofort.

1986 sagte die Patientin, sie habe Angst, die Schwester nehme ihr alle ihre Freunde weg, wenn sie jetzt in die Nachbarschaft ziehe.

Nach der Geburt ihrer Schwester sei sie ein schwieriges Kind geworden und habe sich mit ihrer Mutter, die sehr viel trank, nicht mehr verstanden. Sie mußte bei den Großeltern bleiben, bis sie in die Volksschule kam. Sie sei sehr eifersüchtig auf ihre Schwester gewesen und habe immer das Bild vor sich, wie ihre Mutter diese im Arm trug. Sie habe danach die Mutter gehaßt. Erika habe sie gequält. Sie erlernte den Beruf der Kinderkrankenschwester, lebte bis 1978 in P., nachdem sie ihre Lehre in R. abgeschlossen hatte. In P. beteiligte sie sich am Aufbau eines Kinderladens und fühlte sich sehr wohl, ihre Depressionen begannen massiver, als ihr Mann nach S. versetzt wurde und es äußerst schwierig war, dort eine Wohnung zu bekommen.

Ihr Mann habe auf dem zweiten Bildungsweg studiert. Er sei Diplom-Kaufmann, er habe jedoch immer Probleme gehabt, regelmäßig zu arbeiten. Schließlich habe er sich mit einem Freund selbständig gemacht mit einer Unternehmensberatung, sei jedoch damit vor kurzem Pleite gegangen. Jetzt fahre er zwei Wochen pro Monat nach T., um dort Schulungen zu machen. Er hat ein mäßiges Alkoholproblem.

Das Ehepaar hat einen Sohn (geb. 1971) und eine Tochter (geb. 1969). Der Auszug der Tochter und eine gleichzeitige massive Ehekrise sind neben dem Tod des Vaters die Hauptauslöser für die jetzige Depression.

Die Patientin sagt weiter, daß ihre Mutter ebenfalls sehr depressiv gewesen sei; jetzt trinke sie nicht mehr soviel. Der Vater habe Lungenkrebs gehabt, nachdem er immer ein starker Raucher war. Der Vater sei immer wieder cholerisch gewesen, daher sei in der Familie über Wesentliches nie gesprochen worden. Sie habe immer gefroren, wenn sie mit ihren Eltern zusammen war, und sobald diese sie verlassen hätten, habe sie Magenbeschwerden bekommen. Solche habe sie auch seit dem Tod des Vaters jetzt ununterbrochen.

1989 hat sich das Ehepaar ein Haus gebaut, das hoch verschuldet und jetzt in Gefahr ist, verkauft werden zu müssen. In dieser ohnehin stressigen Zeit habe sie noch eine zweieinhalbjährige Ausbildung als Lehrerin für Alten- und Krankenpflege gemacht, um selbst unterrichten zu können, was ihr Spaß mache. Außerdem habe sie ihre inzwischen verstorbene Malerfreundin gepflegt, solange diese zuhause war. (Diese mir bekannte Malerin litt an einem Hirntumor.) Die Patientin leidet jetzt auch darunter, daß ihre Tochter einen Freund hat und mit diesem relativ glücklich ist, während sie selbst in ihrer Ehe sehr frustriert wird.

b) Die körperliche Entwicklung der Patientin war im wesentlichen unkompliziert in der Kindheit. Sie hatte Keuchhusten, Masern, Mumps, Windpocken und Röteln. Mit 25 bis 30 Jahren habe sie mehrfach vereiterte Stirnhöhlen gehabt, diese seien einmal gespült und sie selbst dabei ohnmächtig geworden. Ab dem 32. Lebensjahr bis heute habe sie unter Heuschnupfen gelitten, der jetzt ohne besondere Behandlung viel besser sei. Damals habe sie ein sehr belastetes Jahr gehabt, ehe sie nach Bayern zog. Jetzt leide sie seit einem Jahr unter Rückenschmerzen, manchmal im Hals-Nackenbereich, manchmal im Bereich der Brust- oder der Lendenwirbelsäule. Gelegentlich habe sie Kribbeln im rechten Arm bis zum Daumen und Zeigefinger.

c) Die anfänglich relativ geborgene Entwicklung bei einer allerdings depressiven und alkoholkranken Mutter erfuhr eine traumatische Wendung bei der Geburt der viereinhalb Jahre jüngeren Schwester, als die Patientin zu ihren Großeltern verbracht wurde. Danach wurde sie ein »schwieriges Kind«. Später entwickelte sie ein zunehmendes Helfersyndrom. Die Patientin kommt aus kleinen Verhältnissen und mußte immer sehr sparen. Sie ergriff den Beruf der Krankenschwester und ging schließlich in die Gemeindepflege. Inzwischen hat sie sich hochgearbeitet und macht vormittags Krankenpflege und nachmittags je nach Bedarf Kurse für andere Pflegepersonen. Mühsam hat sich die junge Familie ein eigenes Haus gebaut, die Kinder durften beide Abitur machen und versuchen jetzt, im Leben zurechtzukommen.

Die Patientin selbst wehrte ihre eigenen Wünsche immer mit einem sehr ausgeprägten Helfer-Syndrom ab. So spürte sie zwar schon seit langem, daß sie selbst Hilfe bräuchte, konnte solche jedoch nicht annehmen, sondern rief mich nach einem Erstgespräch vor sechs Jahren an und sagte, sie glaube, sie komme wieder alleine zurecht. Sie ist jetzt in ihrer Gemeinde sehr integriert und ist seit etlichen Jahren Mitglied eines Kreises von Frauen, die sich regelmäßig wöchentlich zum Malen treffen und während der Sommerferien 14 Tage gemeinsam in Malerferien gehen.

3. Wie unter 2b) bereits dargelegt, war die Patientin körperlich zwar nie sehr schwer krank, entwickelte aber ziemlich regelmäßig in Schwellensituationen körperliche Symptome wie rezidivierende Sinusitiden als junge Frau und Heuschnupfen beim bevorstehenden Ortswechsel, der duch den Beruf ihres Mannes und gegen ihren Willen nötig wurde.

4.a) Die Patientin stellt einen guten emotionalen Kontakt her, ist offensichtlich intelligent und differenziert und hat jetzt sowohl eine ausreichende Krankheitseinsicht wie Motivation zur Psychotherapie.

b) Soweit bisher beurteilbar hat die Patientin zum Teil frühe, zum Teil reifere Abwehrmechanismen. Sie ist immer noch infantil an beide Eltern fixiert und hat ihre eigene Aggressivität weitgehend abgespalten. Die Persönlichkeitsstruktur ist depressiv. Sie verleugnet und verdrängt eigene Bedürfnisse in vielerlei Hinsicht und überkompensiert mit einem Helfersyndrom.

c) Die deutlich depressive Stimmungslage geht einher mit einer Einschränkung der Affektivität. Produktive Symptome fehlen ebenso wie manifeste Suizidtendenzen. Denken und Bewußtsein sind nicht gestört, ebensowenig das Gedächtnis.
Körperlich ist die Patientin derzeit ohne gravierenden Befund.

5. Die Patientin ist gegenwärtig internistisch und neurologisch ohne Befund von Krankheitswert.

6. Die Patientin hat jetzt mehrere Gründe für das ausgeprägte depressive Syndrom: zum einen die materielle und eheliche Krise durch die berufliche Mißentwicklung ihres Mannes. Zweitens verkraftet sie nur schwer die Ablösung ihrer ältesten Tochter. Drittens kann sie ohne therapeutische Begleitung wohl nicht den Tod des Vaters, der ihr zu nahe getreten ist, verkraften. Hinzu kommt eine große Angst vor Wechseljahr-Depressionen, an denen ihre Mutter litt. Durch diese manifesten und drohenden Objektverluste ist die Patientin, die vorher mit Hilfe ihres Helfersyndroms leidlich kompensiert war, dekompensiert. Die depressive Entwicklung hat eine lebenslange Vorgeschichte, in der Frühgenese spielt die depressive alkoholkranke Mutter die wohl entscheidende Rolle.

7. Es handelt sich um eine chronifizierte depressive Entwicklung, die jetzt

dekompensiert ist, bei einer Häufung von Objektverlust-Erlebnissen. Ich habe bisher keinerlei Anhalt für eine endogene Depression.
8. Die Patientin möchte keine Gruppentherapie, sie meint, sie käme in den Gruppen, in denen sie zu tun hat, gut zurecht und wünscht sich intensiv eine Einzelanalyse. Ich halte eine solche für indiziert, da die Patientin kränker ist, als sie auch jetzt noch vor sich zugeben will. Da sie sich immer als das zurückgesetzte Kind gefühlt hat, erscheint es sinnvoll, ihr in der dyadischen Situation der Therapie eine heilende Erfahrung zu ermöglichen.
9. Die Patientin ist ausreichend problembewußt, zuverlässig und hat bisher ihr Leben mit vielen Schwierigkeiten partiell gut bewältigt. Sie kann ausreichend regredieren und erscheint noch entwicklungsfähig und flexibel.

Bericht zum Erstantrag – PT3aE Chiffre B 111227

1. Auf meine Frage, weswegen sie komme, sagt die schlanke, blondierte und gepflegte Frau, sofort losweinend: »ich kann gar nicht darüber reden, muß mich erst beruhigen.« Dann berichtet sie, daß sie schon ziemlich lange von ihrem Hausarzt, der bei mir an einer Balint-Gruppe teilnimmt, Fluspirilen wegen Depressionen bekommen habe. Das habe zunächst geholfen. Danach war sie für einige Gespräche bei einem Psychologen in München, was sie aber selbst zahlen mußte und daher mehrmals versuchte, bei mir doch einen Platz zu bekommen: »Ich bin seit ca. zehn Jahren im Wechsel, und da hatte ich immer tageweise Depressionen, aber in letzter Zeit war es so anhaltend, ich denke mir immer, das hängt mit meinem Sohn zusammen; vor zwölf Jahren hatte er eine schlimme Depression und hat mir immer gesagt, ich bin an allem schuld. Das ist das, wo ich nicht drüber wegkomme, ich habe nur den Sohn, hatte ihn schon ledig, meine Mutter hat ihn großgezogen. Heute geht es ihm gut, aber der Kontakt ist nicht mehr so wie früher.«
Die Patientin kommt also mit einer nicht aufgelösten Ablösungsproblematik.
2. Mit ihrem Mann habe sie keine Schwierigkeiten, meint die Patientin zunächst, dann gibt sie zu, daß er recht dominant sei, aber seit es ihr so schlecht gehe, rücksichtsvoller. Er sei seit einem Jahr in Rente, seither merke sie erst, wie sehr sie sich unterwerfe. Sie ist seit 35 Jahren verheiratet, hat ihren Mann durch eine Bekannte kennengelernt. Sie war froh, daß er sie mit dem ledigen Kind geheiratet hat. Sie bekam dann noch einen Sohn. Ihre Jugend sei sehr schwer gewesen, die Ehe der Eltern war von Anfang an kaputt; der Vater sehr jähzornig, schlug alle, die Patientin am wenigsten. Ihre Mutter hätte sie mit dem Kummer belastet und sie habe als Kind schon Zeiten gehabt, wo sie nur weinte. Der eineinhalb Jahre ältere Bruder ist gefallen, da nahm die Mutter den ledigen Sohn der Patientin als Ersatz und wollte ihn ihrer Tochter wegnehmen. Ihr Vater habe ihr auch gesagt, alle Männer seien schlimm, sie habe es geglaubt. Den Vater ihres Sohnes ha-

be sie schon in der Schule gekannt, er sei ein »Fiasko von A bis Z« gewesen. Dann war sie kurz verheiratet mit einem Mann, der sie sehr mochte, der aber gleich fiel im II. WK. Mit 23 Jahren lernte sie ihren jetzigen Mann kennen, mit 19 hatte sie bereits das Kind. Ihr Vater ist vor 20 Jahren an Magenkrebs gestorben, die Mutter lebt noch ganz rüstig mit ihrer Schwester in München, sie zanken ständig. Die Patientin kümmert sich noch sehr um die Mutter, die sie während des Krieges sogar anziehen mußte, weil sie sich so hängen ließ vor Angst. Die Patientin selbst wollte dafür leben, daß es ihre eigenen Kinder mal besser hätten; deshalb war für sie die Tschernobyl-Krise so schlimm und leitete die letzte Verschlimmerung ein.

Die Patientin ist gelernte Schneiderin, hat die letzten acht Jahre aushilfsweise als Verkäuferin gearbeitet, überlegt jetzt, dies aufzugeben, weil sie in der Firma allergische rote Flecke an den Händen und eine Bindehautentzündung bekommen habe. Außerdem bekommt ihr das viele Stehen nicht, da sie zweimal venenoperiert ist. Die Krampfadern hat sie nach dem ersten Kind bekommen.

3. Sonst war sie immer gesund, fährt heute noch gerne Ski und hat einen jugendlich-schlanken Körper. Lediglich an den Fingern hat sie eine Polyarthrose, weswegen sie kaum mehr nähen kann.

Die Patientin hatte während der 1. Grav. eine Pyelonephritis, später häufiger Cystitiden, jetzt sei trotz Hängeniere die Nierenfunktion o.B. TE vor 15, Appendektomie vor 30 und Kieferhöhlen-Op. vor 10 Jahren, nachdem sie angeblich jahrelang wegen einer verkapselten Kieferzyste Probleme hatte. Damals hätten sich die Arthrosen entwickelt. Die eigentliche Menopause überstand sie ohne Probleme, ihre Depressionen fingen gleichzeitig mit denen des Sohnes an. Ihr Mann sei eigentlich ein Kinderfeind, auch seine Enkel interessierten ihn nicht, während sie ihre ganze Freude seien.

Ihr Mann wolle immer verreisen, sie lieber zuhause bleiben. Die Urlaube mit ihren Eltern seien so entsetzlich gewesen, daß sie immer vorher krank wurde. Ihre Mutter ließ niemand neben sich gelten.

4. Die Patientin sucht sofort anklammernd-jammernd Kontakt, weint z.T. zwanghaft und kann nicht aufhören; das Zwangsweinen ist in den verschiedenen Stimmungen wechselnd; (als es am schlimmsten war, gab ich der Patientin Saroten retard 25 mg abends; sie nahm es nur viermal, weil ihr schwindlig wurde. Die Patientin macht mich aggressiv durch ihr devotes Verhalten, weil hinter der scheinbaren Unterwürfigkeit deutliche Erpressungstendenzen spürbar sind. Trotzdem ist sie erheblich depressiv, auch in der Motorik gehemmt. Sie ist relativ intelligent, wirkt fast etwas verschlagen und für ihr Bildungsniveau differenziert. Ihre Krankheitseinsicht ist erstaunlich, psychot. Symptome fehlen. Sie ist aggressiv gehemmt, versucht durch Leiden ihren Willen durchzusetzen. Verleugnung und Verdrängung sind wohl ihre bevorzugten Abwehrmechanismen. Sie ist an den brutalen Vater ebenso fixiert wie an die durch

ihre Ängste herrschende Mutter, die erst im hohen Alter (jetzt 83 Jahre) die Tochter auch anerkennt.
5. Laut Auskunft der Hausarztes derzeit kein gravierender Befund außer der Polyarthrose an allen Fingern.
6. Das an sich sehr gescheite Mädchen wurde zuhause von der ängstlich-herrschsüchtigen Mutter dressiert, der jähzornige Vater machte ihr Angst. So entwickelte sie sich zu einer typischen »Kuscherin«, d.h. während sie nach außen überangepaßt war, staute sich die Aggression inwendig. Obwohl beide Eltern sie vor der »Schlechtigkeit« der Männer warnten, wollte sie es ausprobieren und wurde bereits mit 18 Jahren schwanger. Da die Mutter um den gerade gefallenen älteren Bruder der Patientin trauerte, wollte sie den Enkel als Ersatz, während die Patientin als Schneiderin für alle Geld verdiente, bis sie heiratete. Bereits nach wenigen Monaten fiel ihr Mann; das erträumte glückliche Nest war zunächst vorbei. Doch das vitale Mädchen fand bereits mit 23 Jahren wieder einen Partner, mit dem sie noch einen zweiten Sohn hatte. Beide Söhne sind verheiratet, selbständig, und haben Kinder. Insofern hat sie ihre Mutterrolle erfüllt. Depressiv wurde sie, als der uneheliche Sohn selbst depressiv wurde und – in Therapie – ihr vorwarf, sie sei an allem schuld. Das konnte sie nicht verkraften und tyrannisiert seither in wechselnder Intensität die Familie ihrerseits mit Depressionen, zumal ihr Mann von ihr mehr an Anpassung verlangt, als sie bereit ist zu leisten. Ich bin allerdings nicht sicher, inwieweit das nur projektive Identifikation ist. Somatisierungen verschiedener Art kamen zu wechselnden Zeiten auch vor, derzeit ist sie somatisch gesund, reagiert nur mit gastritischen Beschwerden, wenn die Depression heftiger ist.
7. Depressive Neurose ICD 10: F 32.11. Differentialdiagnostisch ist auch an eine Involutionsdepression gedacht worden wegen des von der Patientin angegebenen Beginns vor ca. 10 Jahren, also im Klimakterium. Die biograf. Zusammenhänge sprechen jedoch für eine psychodynamische Genese durch Kränkungen, die sie nicht verarbeiten konnte.
8. Eine tiefenpsychologisch fundierte bzw. analytisch orientierte, auch wesentlich Ich-stärkende Therapie erscheint im Hinblick auf das Alter der Patientin als das Angemessenste. Ich habe auch eine analytische Gruppentherapie erwogen, halte aber eine Einzeltherapie doch für das in diesem Falle Beste. Mit 50 Stunden müßte eine ausreichende Stabilisierung zu erreichen sein; die Patientin fühlte sich schon nach dem ersten Gespräch besser.
9. Die Patientin ist motiviert und problembewußt, verläßlich und ausreichend beziehungsfähig. Sie hat ihr Leben bislang partiell gut bewältigt, so daß zu hoffen ist, daß sie das begrenzte Therapieziel erreichen kann trotz des Alters. Ihre Krankheitseinsicht ist ausreichend, sie suchte selbst nach Wegen für sich aus der Depression heraus und lehnt Medikamente ab. Sie regrediert genug für eine analytisch orientierte Therapie und erscheint noch flexibel genug dafür. Ihre ubw. Fixierungen sind sicher sehr ausgeprägt, aber nicht total festgefahren. Da sie eine Art Bauern-

schläue hat und lernfähig ist, glaube ich, sie kann sich noch genug entwickeln.

Sie haben sicher unschwer die ältere Dame erkannt mit ihrem depressiven Syndrom und werden jetzt gleich den 38jährigen Bauleiter wiedererkennen, für den ich einen inzwischen genehmigten Antrag für Gruppentherapie geschrieben habe.

Bericht zum Erstantrag – PT3aE Chiffre C 231253

1. Der groß gewachsene, adipöse Patient kommt von seiner Hausärztin überwiesen, die Teilnehmerin in meiner Balint-Gruppe ist, wegen Herzbeschwerden und chronischer Prostatitis, sowie wegen regelmäßig seit vielen Jahren im Frühjahr und Herbst auftretender Magenschmerzen. Somatisch ist der Patient durchuntersucht, es wurde kein krankhafter Befund, auch nicht bei der Gastroskopie, erhoben. Kurz vor Weihnachten 1991 suchte der Patient seine Hausärztin wegen vermehrter Existenzängste und Schlafstörungen auf. Er bekam Tabletten und ging weiter in die Arbeit, obwohl er keine Lust mehr dazu hatte und abends »fix und fertig« nach Hause kam. Er hatte eine typische depressive Durchschlafstörung mit morgendlichem Erwachen um vier Uhr früh; beim Erstinterview Anfang Mai berichtete er, daß er wieder seit Mitte April ohne Schlafmittel schlafen könne. Er nimmt gelegentlich noch Baldrian. In den bisherigen drei Probesitzungen klagte er zusätzlich über rezidivierende Blasenentzündungen auf dem Boden von Infekten, wobei er dann seine Frau ansteckt und sie längere Zeit keinen Intimverkehr mehr haben können. Außerdem habe er in den letzten Wochen wieder vermehrt ein Globusgefühl und Druck in den Ohren gehabt, fühle sich sehr unter Druck in der Arbeit, obwohl er wisse, daß er der Boß sei. Er könne nie abschalten und vermiese sich dadurch auch seine Urlaube. Versuche, mit autogenem Training sich zu helfen, würden derzeit nicht gelingen.

2.a) Der Patient ist in Frankfurt am Main geboren, wo seine Eltern heute noch leben. Er ist der älteste von drei Kindern (eine Schwester (– ein Jahr), ein Bruder (– sieben Jahre)). Er selbst ist seit 14 Jahren als Hochbau-Ingenieur hier tätig, seine Firma versetzte ihn nach der Fachhochschule nach München. Vor zwei Jahren hat er sich ein eigenes Haus in einem Nachbarort gebaut, was ihn viel Nerven kostete, obwohl er Sachverständiger ist.
Die Ehefrau des Patienten war früher Zahnarzthelferin und stammt aus der Gegend hier. Sie ist ein Jahr jünger als der Patient und sei gerne und glücklich Hausfrau, die male und Puppen mache.
Nach umfänglichen Fertilitätsuntersuchungen stellte sich heraus, daß der Patient keine lebenden Spermien produziert. Daher entschloß sich das Ehepaar zur Adoption eines inzwischen fünfjährigen Töchterchens. Ursprünglich wollte das Ehepaar noch ein weiteres Kind adoptieren, unterließ dies jedoch, weil die Ehefrau ihre Mutter, die an einem Malignom mit Lungenmetastasen litt, pflegen mußte bis zum Tode. Die bei-

den Schwiegereltern des Patienten sind mit 55 Jahren an Krebs gestorben.

Der Patient meint, seine Frau sei ein anderer Typ wie er, sie bräuchte vielleicht auch eine Therapie, aber sie reagiere sich im Unterschied zu ihm ab.

Er selbst, der wie ein großer gutmütiger Junge aussieht, hat einen Streß-Job seit elf Jahren in der gleichen Firma und kann mit dem zunehmenden Personalmangel schwer umgehen. Er muß sich zuhause auch tagelang Gedanken über kleine Probleme machen und stottert in großen Besprechungen. Gelegentlich leidet er auch unter Konzentrationsschwierigkeiten, was ihm sehr zu schaffen macht, da er für ca. 40 Leute Arbeit beschaffen muß.

Bis vor zwei Jahren hat die Familie direkt in München gewohnt, dann baute sie das Eigenheim außerhalb. Seine Frau sage zu ihm, er sei ein alter Pessimist; er hätte während der Bauphase sein Haus am liebsten mehrfach wieder verkauft.

b) Körperlich war er im wesentlichen gesund, hatte aber als Kind, wo er ebenfalls schon übergewichtig war, Probleme, angeblich mit den Drüsen, und viele Kinderkrankheiten. In die Zweitsitzung bringt er mir die Liste seiner Kinderkrankheiten ebenso wie den andrologischen Befund.

c) An seine Kindheit hat er wenig Erinnerungen, die Eltern hatten ein Baugeschäft, in dem die Mutter mitarbeitete und das der Bruder inzwischen übernommen hat. Es gab in der Familie nur Arbeit, die Kinder wuchsen weitgehend bei den Großeltern zusammen mit ihren Vettern auf. Die Großeltern hatten einen Bauernhof, wo die Kinder »mit den Schweinen« groß wurden. Die Eltern hatten wenig Zeit und Geld für ihre Kinder, bauten sich ebenfalls ein Eigenheim. Der Patient hat seinen Frust wohl frühzeitig mit Essen kompensiert, was in der Folge dazu führte, daß er sehr viel gehänselt wurde und deshalb z.B. nicht in öffentliche Bäder ging und geht oder auch den Sportunterricht zu meiden versuchte, damit er in der Umkleidekabine nicht ausgelacht wurde. Jetzt wiegt der Patient bei einer Größe von 183 cm 100 kg. Die Bundeswehr hat ihn mit 130 kg ausgemustert. Dann hat er bis auf 85 kg abgenommen mit Hilfe von mehr oder weniger regelmäßigen Besuchen bei den Weight Watchers. Seine Frau koche Vollwertkost, aber er trinke doch ganz gerne ein Glas Wein am Abend, während er auf der Arbeitsstelle nicht trinke. Genauso mache es sein Vater, er trinke abends.

d) Zur schulischen Entwicklung ist zu sagen, daß der Patient infolge immer wiederkehrender Kränkeleien die Realschule nicht geschafft hat. Er hat später jedoch auf der FOS in Frankfurt die Mittlere Reife geschafft. Danach machte er eine Lehre als Bauzeichner und ging schließlich auf die Fachhochschule für Hoch-Tief-Bau. Die Mutter des Patienten stammt aus dem Osten, wurde mit 17 Jahren vertrieben, kannte ihren Vater kaum, der einzige Bruder starb, nur die Mutter lebt noch. Sie zog nach der Vertreibung 20 km von seinen Eltern in ein Dorf in Hessen. Sie habe es in der Familie seines Vaters nicht leicht gehabt. Sie sei jeden Tag zweimal 25 km mit dem Fahrrad zur Arbeit gefahren und sei von seinem Vater wenig unterstützt worden.

Der Patient versteht sich mit seiner Mutter besser als mit seinem Vater. Dieser sei ein Extremarbeiter und habe schon früh verlangt, daß der Sohn mitarbeite. Er wollte jedoch das Geschäft nicht übernehmen. »Ich möchte am Feierabend die Tür zumachen und meine Ruhe.« Er sei gerne nach München gekommen und lebe hier gerne.

Auch die beiden Eltern und Geschwister sind sehr übergewichtig. Seine Mutter habe zu ihm gesagt, sie habe mit ihm »sehr viel mitgemacht« bis zur Schulzeit. Die Mutter habe immer wieder betont, wie anstrengend für sie die drei Kinder gewesen seien.

Der Patient war immer grundsolide und kannte nur den beruflichen Entwicklungsweg. Jetzt ist er ein sehr häuslicher Familienvater, beschwert sich allerdings doch darüber, daß er und seine Frau nie ausgehen können, weil das Adoptivtöchterchen dann schreie wie am Spieß.

3. Eine psychotherapeutische Behandlung hat noch nie stattgefunden.
4. a) Der Patient stellt sofort einen vorsichtigen emotionalen Konktakt her, erscheint intelligent und relativ differenziert, fragt nach dem Ablauf einer möglichen Therapie. Er hat eine ausreichende Einsichtsfähigkeit und Krankheitseinsicht und ist durch seinen Leidensdruck für die Therapie motiviert. Er akzeptiert meinen Vorschlag einer analytischen Gruppentherapie und – bis er dafür einen Platz bekommen kann – noch der restlichen drei probatorischen Sitzungen.
b) Der Patient ist unbewußt immer noch vaterfixiert, hängt wohl auch noch sehr an der Mutter. Er hat eine typisch oral-depressive Persönlichkeitsstruktur mit Verleugnung und Abspaltung aller aggressiven Anteile. Stattdessen entwickelt er einen Grübelzwang und andere Zwänge, sowie depressive Verstimmungen.
c) Die Stimmung ist subdepressiv, der Patient ist vor allem durch die Schlafstörung beeinträchtigt. Die mnestischen Funktionen sind ebenso wie Denken und Bewußtsein nicht gestört, produktive Symptome fehlen, Suizidtendenzen sind latent vorhanden.
5. Derzeit laut Auskunft der Hausärztin keine gravierenden körperlichen Beschwerden. Erhebliches Übergewicht, sonst o.B.
6. Der Älteste von drei Kindern ist in einer emotional deprivierten Umgebung aufgewachsen und wurde bereits nach einem Jahr durch die Geburt der Schwester entthront. Er versuchte die Liebe der Eltern durch Bravsein zu erhalten, dies gelang ihm jedoch nur sehr zum Teil. Daher entwickelte er eine zunehmende Eßsucht als Frustbewältigungsversuch, der er heute noch unterliegt. Diese stört ihn ebenso wie die im Augenblick im Vordergrund stehenden depressiven Störungen und die körperlichen Beschwerden, derzeit vor allem das Globusgefühl, Druck im Ohr und die Neigung zu Harnwegsinfekten. Die berufliche Situation hat sich in den letzten zwei Jahren für ihn deutlich verhärtet, da er die Arbeit eines verstorbenen Chefs zusätzlich mittun muß. Dies ist offensichtlich zuviel für ihn, er kann nicht mehr abschalten, was ihn neben der Depression in die Therapie bringt. Sei-

ner Frau gegenüber fühlt er sich immer noch minderwertig wegen der Sterilität. Seine Frau sagt ihm wohl auch jetzt noch immer wieder, sie leide darunter, daß sie nicht selbst schwanger werden könne. Seine warmen Gefühle gehen gänzlich zur kleinen Tochter, als Ehemann ist er zuverlässig und treu, die intimen Beziehungen sind jedoch spärlich. Die eheliche Problematik ist dem Patienten jedoch nur zum Teil bewußt.

7. Es handelt sich um eine typische oral-depressive Frühstörung mit zwanghafter Abwehr der Depression. Kein Anhalt für endogene Depression.
8. Da der Patient partiell sein Leben gut bewältigt hat, halte ich eine Gruppenanalyse für ihn für eine ausreichende und optimale Möglichkeit, damit er im multifokalen Spiegel der Gruppenübertragung seine Verhaltensweisen besser erkennt und lernt, sich auch aggressiv durchzusetzen. Die analytische Gruppe, an der der Patient teilnehmen soll, ist heterogen zusammengesetzt mit männlichen und weiblichen Teilnehmern verschiedenster Symptomatik und hat zweimal 100 Minuten pro Woche. Da die Sitzungen abends stattfinden, ist dies von der beruflichen Tätigkeit des Patienten her auch günstig. Therapieziel aus meiner Sicht ist, dem Patienten seine Elternfixierungen im Leistungsverhalten bewußt zu machen, die depressiven Minderwertigkeitsgefühle aufgrund seiner Sterilität zu beseitigen und ihm eine aggressive Auseinandersetzung mit seiner Umwelt zu ermöglichen.
9. Da der Patient problembewußt, verläßlich und regressionsfähig ist, sehe ich die Prognose günstig, obwohl ich mir der ausgeprägten oralen Störung bewußt bin. Der Patient erscheint noch ausreichend flexibel und entwicklungsfähig und hat die typischen Schwellensituationen des Lebens meist ausreichend gut bewältigt.

Die Abfassung des Erstantrags für Privatkassen

Versicherungs-Nummer:
Versicherungs-Nehmer:
 geb. am:
 wohnhaft in:

Sehr geehrte Frau Dr. Keil-Kuri

Frau D ist bei Ihnen in psychotherapeutischer Behandlung.

Damit wir unsere Leistungspflicht prüfen können, bitten wir Sie für unseren beratenden Facharzt für Neurologie und Psychiatrie nachfolgende Fragen zu beantworten:

1. Seit wann befindet sich Frau D in Ihrer Behandlung und wieviel diagnostische/psychotherapeutische Leistungen wurden bisher durchgeführt?

2. Spontanangaben der Patientin/des Patienten
 Schilderung der Klagen der Patientin/des Patienten – möglichst mit wörtlichen Zitaten – und der Symptomatik zu Beginn der Behandlung. Ist eine tiefenpsychologisch fundierte oder analytische Psychotherapie im Rahmen einer Rehabilitation geplant, kann hier auch der Bericht der Angehörigen des betreffenden Patienten eingefügt werden.

3. Anamnese:
 Hier sollen möglichst alle wesentlichen Erkrankungen erwähnt werden, derentwegen die/der Patient/in schon ärztliche Behandlung (ambulant/stationär/Kurbehandlung) erfahren hat. Nach Möglichkeit sollen auch die Namen und Anschriften der Ärzte und Krankenhäuser genannt werden. Diese Angaben sind jedoch in jedem Fall bei einer bereits früher durchgeführten Psychotherapie zu machen. Die Anamnese kann in freier Form dargestellt werden. Es sind jedoch immer zu berücksichtigen:

   a) Familienanamnese

   b) körperliche Entwicklung

   c) psychische Entwicklung

   d) sozialpsychologische Entwicklung (mit besonderer Berücksichtigung der familiären und beruflichen Situation, des Bildungsganges und der Krisen in phasentypischer Schwellensituation).

4. Befund zum Zeitpunkt der Antragstellung:
 Auch von anderen Ärzten erhobene Befunde, ggf. unter Berücksichtigung der Befundberichte – besonders der letzten – 3 – Monate.
 Sind tiefenpsychologisch fundierte oder analytische Psychotherapie zur Rehabilitation geplant, so sind die Ergebnisse klinischer Beobachtungen, spezieller ärztlicher Untersuchungen, die den Umfang der Behinderung erkennen lassen, als Kopie beizufügen.

   a) Psychischer Befund:
   emotionaler Kontakt, Intelligenzleistung und Differenziertheit der Persönlichkeit, Einsichtsfähigkeit, Krankheitseinsicht, Strukturmerkmale, bevorzugte Abwehrmechanis-

men, Art und Umfang der infantilen Fixierungen, innere Motivation der/des Patientin/en zur Psychotherapie sowie Angabe zur psychopathologischen Symptomatik, wie z.B. Bewußtseinsstörungen, Störungen der Stimmungslage, der Affektivität und der mnestischen Funktion, Wahnsymptomatik, Suizidale Tendenzen.

b) Somatischer Befund

5. Psychodynamik der neurotischen Erkrankung:
Darstellung der neurotischen Entwicklung und des intra-psychischen Konflikts mit der daraus folgenden neurotischen Kompromiß- und Symptombildung. Zeitpunkt des Auftretens der Symptome und die auslösenden Faktoren im Zusammenhang mit der psychodynamischen Entwicklung sind zu beschreiben. (Ohne eine ausreichende Beantwortung dieser Frage kann der Antrag durch den Gutachter nicht bearbeitet werden!!!) Bei geplanter tiefenpsychologisch fundierter oder analytischer Psychotherapie zur Rehabilitation ist der psychodynamisch relevante Faktor in der Behinderung oder in deren Folgen darzustellen (auch Interaktionen zwischen Behinderten und sozialem Umfeld).

6. Diagnose:
Zum Zeitpunkt der Antragstellung unter Berücksichtigung evtl. differential-diagnostischer Erwägungen.

An den Fachgutachter
der Krankenversicherung

Betr. Psychotherapie-Antrag für Vers.Nr. XD

Sehr verehrte Frau Kollegin, sehr geehrter Herr Kollege,

entsprechend dem mir übersandten Formular beantworte ich die mir gestellten Fragen wie folgt:

1. Frau D kam am 28.8.90 erstmals zu mir, nachdem sie sich vorher mehrmals telefonisch um einen Termin bemüht hatte. Seither wurden neben dem Erstinterview insgesamt 13 Sitzungen nach GOÄ 863 durchgeführt, da der Zustand der Pat. keine Unterbrechung zuließ und ich die Formulare der Krankenkasse erst Anfang Dez. bekam und so nicht eher beantworten konnte.

2. Die überschlanke Psychologin begann das Erstgespräch, zu dem sie über eine halbe Stunde zu spät kam (verkehrsbedingt völlig erschöpft) voll Angst, ich könnte so böse sein und sie wieder wegschicken, damit: »ich suche schon länger Therapie, war auch schon vor ca. ½ J. bei einem Therapeuten, der nahm mich nicht, sondern wollte mich lieber privat treffen. Ich fühle mich schon lange nicht gut, verstärkt seit ich vor 1 J. nach R. gezogen bin, wo ich an einer Kurklinik arbeite. Ich bin noch nicht richtig dort (innerlich) angekommen, war davor immer in München. Ich habe nicht nur erhebliche Konzentrationsschwierigkeiten, sondern auch Zustände von Abständig-Sein und Depression und große Probleme mit meiner 14½j. Tochter, zu der ich einen sehr symbiot. Bezug habe. Seit meiner Scheidung vor 10 J. hatte ich verschiedene Beziehungen, es kam aber nie zu einer richtigen Lebensbeziehung, derzeit gibt es einen 25 J. älteren Franzosen, der in Italien lebt, nicht nur als Vaterersatz«.

3. Die Pat. war 3½ J. mit einem Araber verheiratet, den sie schon vor der Ehe 1½ J. kannte. Sie lernte ihn mit 20 J. kennen, er war 6 J. älter und wollte sich in Deutschland eine Existenz aufbauen. Als er damit scheiterte, ließ er die damals mittellose Studentin mit dem Kind sitzen und ging zurück nach Ägypten, ohne einen Pfennig für sein Kind zu zahlen. Derzeit lebe er in Kalifornien, schreibe selten. Die Pat. begann nach der Scheidung mit ihrem Zweitstudium Psychologie, das sie vor zwei Jahren abschloß ohne Dr.-Titel. Davor hatte sie ihrer Neigung entsprechend Literatur studiert, damals von ihrer sehr depressiv-hysterischen Mutter finanziert und mit ein

wenig Bafög-Hilfe. Die Mutter der Pat. sei depressiv, seit diese ca. 4 J. alt war; der Vater starb an einem Herzinfarkt, als die Pat. 13 J. alt war. Es gibt 3 Geschwister und einen wesentlich älteren Halbbruder, den der Vater in die Ehe mitbrachte. Die Pat. ist das 3. Kind der Mutter, danach kam nach 5 J. noch ein Bruder, mit dem sie sich am besten versteht. Der Vater war 12 J. älter als die Mutter, sei sehr verschlossen gewesen und habe selbst lange eine psychoanalyt. Behandlung gemacht. Die Mutter sei das Gegenteil vom Vater gewesen, sehr turbulent und unausgeglichen, aber vitaler und jünger als der Vater. Der Vater war Wiener, die Mutter Sudetendeutsche. Die Mutter floh mit den Kindern; bis die Pat. 4 J. alt war, lebte die Familie noch in einer Flüchtlingsunterkunft. Der Vater, der ursprünglich eine eigene Firma gehabt hatte, war danach nur Buchhalter. Er trauerte den alten Verhältnissen nach, fand hier keinen richtigen Neuanfang. Jetzt sei die Mutter nicht mehr so depressiv, trotzdem noch schwer auszuhalten.

Körperlich ist die sehr zierliche brünette Pat. derzeit nicht krank; sie leidet allerdings unter extremer Migräne, die gelegentlich einen Schmerzmittel-Abusus bedingt. Die Migräne begann bereits in der Pubertät, verstärkte sich nach der komplizierten Schwangerschaft und Zangenentbindung. Aus der Frühgenese erscheint ein schwerer Keuchhusten mit 6 Wochen wichtig. Die Mutter pflegte das Kind zuhause unter schwierigsten Umständen, da sie es nicht ins Krh. geben wollte. Als Säugling sei die Pat. aber doch im Krh. gewesen zur Op. eines großen Blutschwamms am Rücken. Mit 5 J. wurde sie an einem doppelseitigen Leistenbruch operiert, mit 18 J. bekam sie nach der Tonsillektomie eine Kiefer-Klemme, sonst habe sie die üblichen KK außer Diphterie unkompliziert überstanden. Ein Jahr vor der Geburt der Tochter ließ sie abtreiben aus sozialer Indikation. Bei der Tochter sei es ihnen finanziell auch nicht besser gegangen, sie habe aber keine erneute Abtreibung gewollt. 3 Mo. postpartal sei noch eine Konisation wegen einer Muttermunds-Cyste nötig gewesen. Sie habe während der Studienzeit so starke Blutungen gehabt, daß sie dann wegen der Anämie die Pille bekommen habe. Im Sommer 1990 ist noch eine Schulterluxation zu erwähnen nach einem Sturz. Die Pat. sagt, sie habe während der Studienzeit nicht so sehr unter der Situation »alleinerziehende Mutter« gelitten wie jetzt in der Kleinstadt, wo sie sich ausgesprochen hart tue, Kontakt zu bekommen. Sie muß immer noch Kredite aus der Studienzeit zurückzahlen und lebt in einer sehr lauten 3-Zimmerwohnung mit der Tochter, die im Gegensatz zur Mutter ein abgeschlossenes Zimmer hat.

4a) Die Pat. baut sofort einen emotionalen Kontakt auf, der merkwürdig dünn und freundlich-distanziert wirkt, wie sie überhaupt etwas maskenhaft-Geziertes hat. Sie ist intelligent und differenziert, hat eine gute Krankheitseinsicht und ist aufgrund ihres erheblichen Leidensdruckes sehr motiviert zur PT. Der Affekt ist deutlich subdepressiv eingeengt, psychotische Symptome fehlen. Das Denken ist allerdings sprunghaft, wirkt manchmal fast zerfahren. Die Pat. hat eine hysterisch-depressive Mischstruktur, z.T. mit frühen Abwehrmechanismen, wie Spaltung und Verleugnung.

b) 56 kg bei 166 cm, sieht blass und krank aus ohne grav. somat. Bef.

5. Die Pat. ist 3 J. nach der älteren Schwester noch im Flüchtlingslager geboren; ein Jahr nach ihrer Geburt erkrankte die Mutter depressiv. Das erste Lebensjahr war kompliziert durch Keuchhusten und die Op. eines Blutschwamms, abgesehen von der schwierigen sozialen Situation der Eltern. So ist eine frühe depressive Strukturentwicklung nicht verwunderlich. Die Pat. hat sich diese jedoch nicht offen zugestanden, sondern nach dem Tod des wohl auch depressiven Vaters eine schwere Migräne entwickelt, die bis heute anhält. Sie floh vor der depressiven Mutter in eine frühe Ehe mit einem Ägypter, wohl weil sie damit Morgenland-Phantasien verband, da dieser zuerst studieren und dann ein »großer Händler« hätte werden wollen. Statt dessen mußte sie ihn eine ganze Zeit lang finanzieren und blieb mit der Tochter mittellos zurück. Sie biß sich jedoch zäh – mit Jobben – durch und hielt sich auch stimmungsmäßig halbwegs über Wasser, bis sie vor mittlerweile 1½ J. aus der Großstadt in einen Luxus-Kurort zog, wo sie nur sehr schwer Kontakt findet. Da wurde sie vermehrt depressiv und bekam infolge der lauten Wohnung Schlafstörungen und vermehrte Migräne-Anfälle, derzeit mehrmals wöchentlich.

6. Es handelt sich um eine vorwiegend depressive Frühstörung mit Somatisierung in Form von chron. Migräne. Kein Anhalt für endogene Depression.

7. Bei einem derartigen Zustandsbild halte ich nur eine analytische Behandlung – modifiziert wie bei frühen Störungen – für ausreichend erfolgversprechend. Die Pat. möchte trotz der großen Entfernung zu mir und überlegt jetzt, wieder nach München zu ziehen, da ihr gerade gesagt wurde, ihr Vertrag, der bis 31. März geht, werde nicht verlängert. Vorläufig kann wegen der Entfernung nur max. zweistündig gearbeitet werden, wobei ich Doppelstunden als Überforderung abgelehnt habe, aber später für erwägenswert halte, wenn die Migräne besser ist.

8. Ich halte die Pat. für sehr motiviert, sie kommt jetzt bei jedem Wetter immer pünktlich und nimmt viel auf sich für ihre Therapie. Sie ist problembewußt und verläßlich und hat ihr Leben partiell gut bewältigt, so daß ich die Prognose für gut halte, obwohl die ubw. Fixierungen an beide Eltern stark erscheinen. Die Entwicklungsmöglichkeiten dürften sich entsprechend der zu hoffenden Zunahme der Flexibilität verbessern.

Ich beantrage entsprechend den neuen Richtlinien 160 Sitzungen analytischer Einzeltherapie. Seit 1977 besitze ich den Zusatztitel »Psychotherapie«, seit 1979 den Zusatztitel »Psychoanalyse«.

Die Abfassung des Erstantrags für Beihilfestellen

Absender: Dr. Eva Keil-Kuri
<small>Name und Anschrift des Arztes</small>

Bericht
an den Gutachter zum Antrag
auf Anerkennung der Beihilfefähigkeit für Psychotherapie

Der Bericht ist in einem verschlossenen, als vertrauliche Berichtssache zu kennzeichnenden Umschlag der Beihilfefestsetzungsstelle zur Weiterleitung an den Gutachter zu übersenden.

I. Angaben über den Patienten

Name, Vorname	Familienstand
E.	verheiratet

Geburtsdatum	Geschlecht	Beruf
16.07.45	weibl.	Bankangestellte/Hausfrau

II. Bericht zu den folgenden Punkten:

1. Diagnose: *Depressives Syndrom ICD F 32.10, reaktiv verstärkt durch Partnerkrise*

2. Art der vorgesehenen Therapie: *Psychotherapie nach GOÄ Ziffer 861*

3. Datum des Therapiebeginns: 25.05.1988

4. Anzahl der seit Therapiebeginn durchgeführten Einzel- oder Gruppensitzungen: *1 nach 860 u. 4 n. GOÄ Ziffer 861*

5. Anzahl der voraussichtlich noch erforderlichen Einzel- oder Gruppensitzungen (insgesamt und wöchentlich): wöchentl. 1, insges. 50

6. Symptomatik:

Die Patientin hat ein ausgeprägtes depressives Syndrom, vernachlässigt sich äußerlich und weint viel. Sie war im März 1988 zur Cholezystektomie im Krankenhaus, danach wurde alles sehr viel schlimmer. Ausgelöst ist die depressive Dekompensation durch die zunehmende Entfremdung vom Ehemann, der eine Freundin hat. Die Pat. hat extreme Minderwertigkeitsgefühle, schläft schlecht, ist appetitlos. Die relativ kleine, vollschlanke, an sich attraktive blonde Pat. ist sichtbar behindert durch den Z.n. Poliomyelitis mit 12 Jahren. Sie hinkt, was sie normalerweise sehr zu verbergen sucht. Sie stellt im Erstgespräch ganz in den Vordergrund die Eheproblematik, die auf eine Trennung hinausläuft. Offensichtlich hat sie ihren Ehemann sehr idealisiert, mit dem sie seit 10 Jahren verheiratet

Anlage zum Bericht an den Gutachter zum Antrag auf Anerkennung der Beihilfefähigkeit für Psychotherapie

Name der Pat.:
E.

Pkt. 6 Symptomatik und Pkt. 7 Mitteilungen
an den Gutachter zur Psychogenese und Psychodynamik

ist (sie kennt ihn seit 16 Jahren). Es gibt drei Kinder, zwei Söhne von 9 u. 7 sowie ein Mädchen von 4 1/2 J. "Mein Mann war ein vorbildlicher Ehemann wie im Bilderbuch, seit einem Jahr ist er an den Kindern und mir nicht mehr interessiert. Er ist sehr ehrgeizig, hat eine Superkarriere bei der BW gemacht, wir haben ein Haus gebaut, alles war wunderbar. Seit vier Jahren sind wir im neuen Haus, seither gab es immer nur Arbeit, Arbeit für beide." Mitte März 1988 sagte ihr Mann ihr, er lebe lieber mit Männern zusammen. Dies erschreckte die Patientin sehr, und sie bekam auch eine Aidsphobie. Ihr Mann, der aus dem Gaststättengewerbe stammt, hatte früher schon Kontakte mit Homophilen, so daß sie ihm seine Behauptung glaubte, bis sie vor zwei Wochen einen Brief, der offensichtlich von einer Kollegin von ihm stammte, mit der er seit längerer Zeit ein Verhältnis hat, fand. Erst jetzt, gestärkt durch die Einzelsitzungen, wagte sie, ihn damit zu konfrontieren, daß die Männerfreunde eine Frau sind, und daraufhin wollte er die sofortige Trennung. Seit der Geburt der Tochter hat das Paar kaum mehr intime Beziehungen; ihr Mann kam immer erst um Mitternacht nach Hause mit der Behauptung, er komme von der Arbeit. Vor ihrem Mann hatte sie schon andere Beziehungen, einen Freund fast vier Jahre lang. Ihr Mann habe sie früher ungeheuer verwöhnt. Er ist sieben Jahre jünger als sie. Bis zur Heirat hat sie in einer Bank gearbeitet, ohne abgeschlossene Lehre, war sehr vielseitig und wohl tüchtig. Die Pat. ist ihrerseits die jüngste von vier Kindern einer sehr dynamischen Mutter, der Vater ist vor 15 Jahren ganz plötzlich an Herzversagen gestorben. Die Geschwister sind + 10, + 7 und + 5 Jahre älter, der mittlere ist ein Bruder, die beiden anderen Schwestern. Ihre Mutter und ihr Bruder werfen ihr jetzt ihre Passivität vor, die Mutter unterstützt sie finanziell. Die Mutter wird sehr idealisiert: "Sie ist 74 J., eine Seele von Mensch, es gibt kaum eine Bessere". Ihre Mutter stamme von einem Bauernhof, sie selbst sei ein Stadtkind. Die Mutter greift der Tochter immer wieder finanziell unter die Arme, da der Mann in letzter Zeit große Geldbeträge verschleudert. Ihre beiden

Abfassung des Erstantrags

Anlage zum Bericht an den Gutachter zum Antrag auf Anerkennung der Beihilfefähigkeit für Psychotherapie

Name der Pat.:
   E.

Pkt. 6 Symptomatik und Pkt. 7 Mitteilungen
an den Gutachter zur Psychogenese und Psychodynamik

Schwestern seien geschieden. Die Eltern hatten eine Wäscherei und einen Haufen Schulden, der Vater arbeitete deshalb tagsüber noch wo anders. Ihre Jugend sei nicht sehr kindgerecht gewesen, keiner hätte Zeit für sie gehabt, sie war viel bei ihrer Tante. Die Pat. stammt aus dem Landkreis. Die Schullaufbahn bis zur Mittleren Reife war unauffällig. Die Pat., die wohl immer schon eine depressive Persönlichkeitsstruktur hatte, mit sehr korrekt-zwanghaften Anteilen, bewältigte ihr Leben incl. aller Belastungen lange gut, wobei sie die Hauptabwehrmechanismen der Idealisierung, der Verleugnung von Aggression und Realität als Ausdruck der frühen Störung lebte. Sie identifizierte sich sehr stark mit der Mutter und meinte, sie müsse alles bewältigen, bis zur Entwicklung von Gallensteinen. Sie lebte sehr in der Hoffnung auf die Zukunft und nahm die Realität nicht ausreichend wahr, glaubte das Lügengeflecht ihres Mannes. Als sie zunehmend darauf kam, was er ihr vormachte, brach sie völlig zusammen.

Es handelt sich also um eine dekompensierte depressiv-neurotische Entwicklung. Da die Pat. jedoch bis vor wenigen Monaten ihr Leben gut bewältigte, scheint es nach den ersten Sitzungen wirtschaftlich und ausreichend, mit einer tiefenpsychologisch fundierten Therapie bzw. einer analytischen Kurztherapie eine ausreichende Stabilisierung zu erzielen. Die Prognose erscheint günstig, da die Pat. in den Probesitzungen nicht nur verlässlich und einsichtig war, sondern auch mit den Probedeutungen sehr effektiv umging.

An sich überlegte ich, der Pat. eine Einzelanalyse vorzuschlagen und tat dies auch; sie hielt sich jedoch für zu gesund, um eine solche zu brauchen! Ich hatte von vorneherein ein ungutes Gefühl, da bei der Beihilfe die tiefenpsychologisch fundierte Therapie auf 80 Sitzungen (inkl. Verlängerung) begrenzt ist, die wir auch für diese Pat. völlig ausschöpften und damit wenigstens einen guten Teilerfolg errangen, wie später noch dargelegt wird.

Leitfaden zur Erstellung des Erstantrags für Verhaltenstherapie

G. Görlitz

Im folgenden möchte ich einen Leitfaden zur Erstellung von Kassenanträgen und Falldarstellungen im Rahmen der Zusatzausbildung für Diplompsychologen und Ärzte anhand der Erläuterung des »Berichts an den Gutachter« (Formblatt VT 3 a,b,c der Kassenärztlichen Vereinigung) in Anlehnung an das Informationsblatt für Verhaltenstherapie (Paul Albrechtsverlag, 2073 Lütjensee, 1992) darstellen.

1. Angaben zur spontan berichteten und erfragten Symptomatik

Die vom Therapeuten unkommentierten Spontanangaben des Patienten und seiner Bezugspersonen zur Symptomatik und zum Grund des Kommens ermöglichen es uns, den Patienten in seinem Leid und in seiner Krankheit als erwachsenen Menschen zu akzeptieren. Dies gelingt einem Verhaltenstherapeuten vor allem deshalb, weil er möglichst keine interpretative Haltung einnimmt. Die Symptomatik wird aus der subjektiven Sicht des Patienten ernstgenommen und auf einer beschreibenden Ebene wiedergegeben.

2. Lebensgeschichtliche Entwicklung des Patienten und Krankheitsanamnese

Die lebensgeschichtliche Entwicklung des Patienten und die Einflüsse durch primäre Bezugspersonen werden heute ebenso wie die früheren und heutigen Umweltbedingungen in den therapeutischen Prozeß einbezogen. *Döring* (1988) z.B. stellt anhand einer Falldarstellung die **Biographisch orientierte Verhaltensanalyse** dar. Er beschreibt, daß er auch teilweise tiefenpsychologische Gesichtspunkte miteinbezieht. »Eine direkte Einbeziehung pathogener und biographischer Entwicklungsstörungen gewährleistet einen Erkenntnisgewinn im Hinblick auf die psychosomatische Symptombildung und in bezug auf Störungen der sozialen Interaktion ... Auf eine spekulative Deutung möglicher Triebkonflikte, Motive und Entwicklungsstörungen wird weitgehend verzichtet. Der Inhalt der Falldarstellungen beruht in erster Linie auf konkreten, verbalen Äußerungen des Patienten.« (S. 220-221)

Auch gesellschaftliche und global bedingte **ökologische Ängste**, z.B. vor Umweltzerstörung und atomarer Bedrohung sowie die damit verbundenen hilflosen und krankmachenden Bewältigungsversuche werden zunehmend mehr von Psychotherapeuten als störungsrelevante Variablen berücksichtigt (vgl. *Keupp* 1987; Fragebogen zu Allgemeinen Umwelt- und Lebensbedingungen G. Görlitz modifiziert nach *Büttner* 1989).

Zur Darstellung der Krankheitsanamnese müssen also folgende Bereiche exploriert werden:

a) Lebensgeschichtliche und körperliche Entwicklung, die zur Symptomatik geführt haben einschließlich belastender Lebensereignisse.

b) Aktuelle Lebenssituation (Partnerschaft, Beruf, Lebensumstände und andere Umweltbedingungen).

c) Früher durchgeführte psychotherapeutische Behandlungen.

3. Psychischer Befund zum Zeitpunkt der Antragstellung – Interaktion

Nun beginnt der Versuch, die bisherigen subjektiven Angaben des Patienten durch objektivere Methoden, wie z.B. **Test- und Fragebogenuntersuchungen, Verhaltensbeobachtung**, auch über Video, externe psychopathologische Befunde usw. zu ergänzen und die Therapeut/Patient-Beziehung und Interaktion zu beschreiben. *Reinecker* (1986) schreibt zum Thema der Therapeutischen Beziehung: »Die Auffassung, in der Verhaltenstherapie sei die Bedeutung einer guten Beziehung zwischen Klient und Therapeut gegenüber der Realisierung konkreter Techniken vernachlässigt worden oder lange Zeit kein Thema gewesen, gehört in den Bereich der langlebigen Mythen. In einem der ersten ›Klassiker‹ der verhaltenstherapeutischen Literatur (*Wolpe u. Lazarus*, 1966) wird ganz explizit darauf hingewiesen, daß die Herstellung einer warmen, freundlichen und akzeptierenden Interaktion eine unabdingbare Voraussetzung für das Gelingen einer therapeutischen Intervention darstellt.« (S. 55)

4. Somatischer Befund

An dieser Stelle werden die Ergebnisse der körperlichen Untersuchungen, in der Regel anhand ärztlicher Befundberichte, dargestellt. Der somatische Befund, der nicht älter als 3 Monate sein sollte, muß sich sowohl auf das psychische als auch das somatische Krankheitsgeschehen beziehen. Bei Delegation und Beauftragung muß der delegierende Arzt diesen Punkt auf der Rückseite des Formblattes beantworten.

Zum Thema der Notwendigkeit der körperlichen Untersuchungen schreiben *Faber, Haarstrick* 1996, daß sich aufgrund der ätiologischen Vielschichtigkeit seelischer Krankheiten die grundsätzliche Forderung ergibt, »daß jeder psychotherapeutischen Behandlung die Differentialdiagnostik psycho-somatischer und somato-psychischer Zusammenhänge auf der Grundlage einer körperlichen und psychischen Untersuchung vorausgehen muß« (S. 21). Dies wird im Psychotherapeutengesetz ab dem 1.1.99 ebenfalls berücksichtigt. Spätestens nach den probatorischen Sitzungen wird vom Psychotherapeuten der Konsiliarbericht eines Vertragsarztes zur Abklärung einer somatischen Erkrankung eingeholt (Art. 2 Nr. 2 Erg. § 28, 6.98).

5. Verhaltensanalyse

Die Verhaltensanalyse als Überbegriff für die Beschreibung der **Krankheitsphänomene**, der **Bedingungsanalyse** und **Funktionsanalyse** sowie weiterer Einflußfaktoren wird als umfassende Analyse der Gesamtpersönlichkeit des Patienten ebenso wie seiner Symptomatik verstanden. Dies geschieht sowohl auf der Ebene der **Selbstaussagen des Patienten** als auch auf derjenigen der **strukturierten Verhaltensbeobachtung**:
– des Patienten durch Selbstbeobachtungsbögen und
– des Therapeuten in der Therapie- und während der In-vivo-Situationen bzw. in der häuslichen Umgebung des Patienten, oder, soweit möglich, durch Analyse von Videoaufzeichnungen.

Die Verhaltensanalyse ist ein Grundbaustein der verhaltenstherapeutischen Psychotherapie. »Damit greifen die Richtlinien eine terminologische und konzeptionelle Entwicklung innerhalb der Verhaltenstherapie auf, ausgehend von einer rigorosen Beschränkung auf beobachtbares Verhalten, zunehmend andere, einer systematischen Analyse zugängliche Verhaltensweisen bzw. Teilaspekte komplexer Reaktionen als Verhalten bezeichnet und wie beobachtbares Verhalten einer Verhaltensanalyse unterzieht.« (*Faber* et al., 1996, S. 75)

a) *Bedingungsanalyse*

Zunächst wird ein theoretisches Modell über die Entstehungsbedingungen der Störung als logische Konsequenz aus der Lebensgeschichte des Patienten und der aktuellen aufrechterhaltenden Umweltbedingungen formuliert. Anschließend werden Situationen beschrieben, in denen die Symptomatik gehäuft und verstärkt auftritt, sowie situative Bedingungen, unter denen sich die Symptomatik reduziert bzw. nicht auftritt.

b) *Phänomenologie*

Die Symptomatik und die Persönlichkeit des Patienten werden auf den vier Erlebnisebenen beschrieben:
1. **Kognitionen** (z.B. symptomaufrechterhaltende Gedanken, Einstellungen, internalisierte Elternanweisungen).
2. **Emotionen**.
3. **Physiologie** (physiologischer Ausgangszustand und physiologische Begleiterscheinungen der Symptomatik).
4. **Motorik** (körperliche Ausdrucksmerkmale und Verhalten).

c) *Funktionsanalyse*

Die Analyse der Funktion der Symptomatik erhält zunehmende Wichtigkeit für die verhaltenstherapeutische Arbeit und ist auch meines Erachtens gleichzeitig ausschlaggebend für das »**ganzheitliche Menschenbild der Verhaltenstherapie der 90er Jahre**«. Das heißt, daß wir die Symptomatik in einem akzeptierenden und erlaubenden Sinn als Teil einer bisher funktionierenden persönlichen, familiären und gesellschaftlichen Ganzheit auch in einem systemischen Sinn betrachten. Die unterschiedlichen Funktionen des Symptoms bestanden bis zum Veränderungsentschluß des Patienten vor allem in der Aufrechterhaltung einer inneren und äußeren Homöostase.

Eine vorschnelle Symptombehandlung würde das bestehende Gleichgewicht des Patienten in der Regel gefährden und wird daher von erfahrenen Verhaltenstherapeuten kaum noch an die erste Stelle gesetzt. Die symptomorientierte Strategie hat außer zur aktuellen Entlastung bei massiven Einschränkungen der Alltagsbewältigung (z.B. mit bewährten Verfahren der Reizkonfrontation – vgl. *Reinecker* 1986/1994, *Wittchen* 1993, *Wlazlo* 1995) im Behandlungsplan in der Praxis meist eine zweitrangige Bedeutung.

Zur Entwicklung der **Strategie am Symptom vorbei** dient die Analyse der früheren und heutigen Funktionen der Symptomatik (z.B. Signalfunktion, sekundärer Krankheitsgewinn, Funktion im gesellschaftlichen Subsystem, Funktion im Sinne von Spannungsreduktion, verfestigte und überholte Funktionen innerhalb der Primärfamilie, körperliche Schutzfunktionen, Funktion im Sinne der Aufrechterhaltung der persönlichen Identität, Kontaktfunktion des Symptoms, Ersatzfunktion des Symptoms, Appellfunktion) (vgl. auch *Hand* 1986).

Funktionen werden als interne und externe Auswirkungen der Symptomatik definiert, die dem Patienten sowohl bewußt als auch nicht bewußt sein können. Die Berücksichtigung der früher sogenannten »positiven Konsequenzen der Symptomatik« ist nicht neu, lediglich ihr Stellenwert, und auch die damit verbundene Wertschätzung des Symptoms.

d) *Analyse weiterer Einflußfaktoren*
An dieser Stelle werden die aktuellen **Verhaltensaktiva**, weitere vorhandene Ressourcen, vorhandene Bewältigungsfähigkeiten und Selbsthilfemöglichkeiten sowie fehlende Strategien und **Defizite**, auch unter Berücksichtigung medizinischer Einflußfaktoren, dargestellt.
Anschließend erfolgt eine Analyse der Motivation, der Therapeut/Patient-Beziehung und der möglichen Unterstützung oder Ablehnung der geplanten Therapie durch Bezugspersonen. Als Abschluß der Verhaltensanalyse wird ein hierarchisch geordnetes Störungsmodell einschließlich übergeordneter Störungen formuliert.

6. Diagnose/Differentialdiagnose zum Zeitpunkt der Antragsstellung

Hier werden zunächst die diagnostischen und differentialdiagnostischen Erwägungen dargestellt und – soweit möglich – anschließend durch einen gängigen Diagnoseschlüssel ergänzt. Zum Beispiel könnte als **übergeordnete Störung** eine Selbstwertstörung genannt werden, als Diagnose eine »ängstliche (vermeidende) Persönlichkeitsstörung« (ICD-10, 1991: F60.6) mit »Sozialer Phobie« (ICD-10: F40.1), als Differentialdiagnose eine »abhängige Persönlichkeitsstörung« (ICD-10: 60.7) und auf einer beschreibenden Ebene die damit zusammenhängende individuelle Symptomatik (z.B. Selbstsicherheitsstörung, depressive Verstimmungszustände, psychosomatische Begleitreaktionen).

7. Therapieziele und Prognose

Die Behandlungsziele können nunmehr konsequent aus den bisher unter 1. bis 5. beschriebenen und gewonnenen Daten entwickelt werden. Hier wird ebenfalls die Haltung der modernen Verhaltenstherapeuten insofern deutlich, als nunmehr nicht mehr der Experte dem Patienten seinen Behandlungsplan überstülpt, sondern in einem **kooperativen Sinne** durch **gemeinsame Formulierung des Behandlungsziels** der Therapeut sein Fachwissen dem Patienten zur Mobilisierung seiner Selbsthilfekräfte zur Verfügung stellt. Daher kann das Behandlungsziel von Heilung bis zur Akzeptanz der Symptomatik reichen. Aus der bisherigen Mitarbeit des Patienten (Ausfüllen von Fragebögen, pünktliches und regelmäßiges Erscheinen zu den Therapiesitzungen, Erstellen von Selbstbeobachtungslisten) kann nun auch eine gestufte prognostische Einschätzung, unter Berücksichtigung der Motivierbarkeit, Krankheitseinsicht, Umstellungsfähigkeit, Belastbarkeit usw. erfolgen. »Der Therapeut stellt seine professionellen und persönlichen Kompetenzen in den Dienst der Ziele des Klienten, löst allerdings die Probleme nicht stellvertretend für andere Personen.« (*Kanfer* et al. 1991, S. 57).

8. Behandlungsplan

Unter Berücksichtigung der lebensgeschichtlichen Entwicklung, der Verhaltensanalyse und Compliance des Patienten und seiner individuellen Veränderungsmöglichkeiten sind wir nun in der Lage, einen **strukturierten Behandlungsplan** aufzustellen. Dieser wird zum roten Faden im Verlauf der Therapie, den wir nie aus dem Auge verlieren und dessen mögliche notwendige Veränderung wir auch stets vor unserem eigenen Fachwissen und dem Patienten selbst rechtfertigen müssen. Die Entscheidung für eine Priorität oder Kombination der symptomorientierten Strategie bzw. Strategie am Symptom vorbei gibt die Struktur des Behandlungsplanes vor. Außerdem muß die geplante Behandlungsfrequenz und Sitzungsdauer angegeben und eine mögliche Kombination von Einzel- und Gruppensitzungen begründet werden.

Die klassischen verhaltenstherapeutischen Behandlungsmethoden (vgl. z.B. *Fliegel* et al. »Verhaltenstherapeutische Standardmethoden« 1981 und *Reinekker:* Grundlagen verhaltenstherapeutischer Methoden, 1986, 1987, *Margraf* 1996) muß jeder Verhaltenstherapeut unter Supervision erlernen, um sie dann im Laufe seiner Ausbildung durch zusätzliche Methoden der Integrativen Verhaltenstherapie zu ergänzen. Auch die Erweiterung des eigenen therapeutischen Handlungsrepertoires durch Methoden aus anderen therapeutischen Schulen kann manchmal dazu beitragen, bessere Ausgangsbedingungen für die Durchführung von lerntheoretisch fundierten Interventionen zu schaffen.

Dies kann z.B. mit der Methode der Tranceinduktion aus der Hypnose, der Stuhlarbeit aus der Gestalttherapie, der Familienskulptur aus der Familientherapie, der nonverbalen Förderung emotionaler Expressionsfähigkeit aus dem Bereich der Kunst- und Tanztherapie, dem empathischen Dialog aus der Gesprächstherapie, der Nutzung vorhandener Ressourcen aus dem Neurolinguistischen Programmieren, Übungen zur Körperwahrnehmung aus der Körpertherapie oder Rollenspielen zu lebensgeschichtlich bedingten Konfliktsituationen in Anlehnung an das Vorgehen in der tiefenpsychologisch fundierten und analytischen Psychotherapie geschehen. Der Verhaltenstherapeut kann damit häufig die therapeutisch notwendige Ausgangsbedingung verbessern: »**den Patienten dort abzuholen, wo er sich befindet**«. Dies sind jedoch nur einige methodische Hilfsmittel, da andere Verfahren als die in den Psychotherapierichtlinien genannten therapeutischen Interventionen (B I 1,2) gemäß Informationsblatt für Verhaltenstherapie, nicht Bestandteil des Behandlungsplanes sein können. Im **Kommentar zu den Psychotherapierichtlinien** erläutern die Autoren, daß mit der Integration verschiedener Interventionen der Grundcharakter des verhaltenstherapeutischen Konzeptes gewahrt bleiben muß und eine nur additive, symptomorientierte Anwendung verschiedener Methoden nicht als Verhaltenstherapie gilt. »Die Anwendung einzelner verhaltenstherapeutischer und anderer psychotherapeutischer Methoden und Techniken wird der ›übergeordneten Behandlungsstrategie‹ subsidiär eingefügt.« (S. 20)

Dabei dürfen wir auch nie die Struktur des Behandlungsplans aus dem Auge verlieren, das heißt:

1. das hierarchisch geordnete Störungsmodell,
2. das Behandlungsziel,
3. die verhaltenstherapeutische Strategie und die lerntheoretisch fundierten Behandlungsmethoden.

Kanfer et al. (1991) bezeichnen z.B. ihre »**Selbstmanagementtherapie**« als »Sammelbegriff für verschiedene Therapieansätze«, die den Klienten von Beginn der Therapie an befähigen sollen, sich möglichst aktiv an der Bewältigung seiner Probleme und der Gestaltung seines Lebensschicksals zu beteiligen. Der Therapeut berücksichtigt dabei die neuesten »wissenschaftlichen Erkenntnisse über optimale Bedingungen des Lernens« (S. 10).

Der Behandlungsplan wird mit dem Patienten auf seine aktuellen, meist eingeschränkten Bedingungen abgestimmt, d.h. der Therapeut muß sich häufig bescheiden lernen, um einen realistischen, meist im Vergleich zu den Erwartungen von Patient und Therapeut, reduzierten Behandlungsplan aufzustellen. Therapie wird als Hilfe zur Selbsthilfe und nicht als Weg zur vollständigen Problemlösung verstanden.

Die geplanten Interventionen dürfen nie gegen den offenen oder versteckten **Widerstand** des Patienten durchgeführt werden, sondern müssen stets immer wieder neu auf seinen aktuellen Veränderungsprozeß eingestellt werden.

Bemerkungen zur Therapiedauer in der Verhaltenstherapie
G. Görlitz

Die vorgegebene Sitzungszahl zwischen 25 Sitzungen (Kurzzeittherapie) bis zu maximal 80 Sitzungen (Langzeittherapie) verleitet dazu, Verhaltenstherapie als oberflächliches oder besonders schnelles Therapieverfahren zu betrachten. Der Grund für die **kürzere Therapiedauer** im Vergleich zu anderen Verfahren hängt meines Erachtens vor allem von folgenden Faktoren ab:

1. Das Fundament der Verhaltenstherapie und die klar strukturierte Vorgehensweise ist zweifellos ökonomischer im Vergleich zu einem »Versuch-Irrtum-Vorgehen« oder der ausschließlichen Orientierung an nur einem (frühkindlichen oder aktuellen) Lebensabschnitt des Patienten.
2. Der Sitzungsabstand von ca. einmal wöchentlich läßt dem Patienten genügend Zeit für die selbständige Erledigung therapeutischer Aufgaben und Einübung des in der Therapiesitzung Erlernten.
3. Die permanente Förderung der Autonomieentwicklung, der Eigeninitiative und des Selbsthilfepotentials des Patienten läßt ihn eine schnellere Unabhängigkeit vom Therapeuten erreichen.
4. Durch die über die therapeutischen Sitzungen hinausgehenden Vor- und Nachbereitungsarbeiten des Therapeuten und die Vielfalt seiner Interventionsmöglichkeiten ist er auch meist in der Lage im richtigen Moment auch richtig zu handeln.
5. Das Motto »Mehr tun und erleben« statt im Therapeutensessel sitzend zu denken und zu reden, intensiviert und beschleunigt den therapeutischen Prozeß.
6. Die Bereitschaft des Verhaltenstherapeuten, die therapeutische Beziehung und die Therapiemethoden transparent zu machen, sowie die Rückmeldung durch den Therapeuten und häufig auch durch die Mitglieder der begleitenden Gruppentherapie fördern und beschleunigen den sozialen Lernprozeß.

Die in der Weiterbildung für Verhaltenstherapeuten vorgeschriebene Selbsterfahrung (vgl. u.a. *Görlitz, Hippler* 1992,

Hippler 1994, *Bruch u. Hoffmann* 1996) – ebenfalls ein Novum in der Verhaltenstherapie (vgl. *Lutz* 1981, *Laireiter* 1994) – trägt dazu bei, daß sich der Therapeut dieser Herausforderung gewachsen fühlt. Gleichzeitig möchte ich jedoch darauf hinweisen, daß nicht jeder Patient und Therapeut für diese Art des aktiven therapeutischen Vorgehens geeignet ist.

Die einzelnen Bausteine der Weiterbildung mit dem Ziel, einen Antrag in oben dargestellter Weise erstellen zu können, werden sich sicherlich erst gegen Ende mosaikartig zu einer Ganzheit zusammenfügen, dies erfordert manchmal viel Geduld im Verlauf der Ausbildung. Die Erstellung des Kassenantrags erlebe ich nach anfänglichen Widerständen als sehr hilfreich und auch als permanente Orientierungshilfe und Selbstkontrolle während des Therapieverlaufs. Obwohl die Erstellung der Kassenanträge von manchen Kollegen als Last empfunden wird, ist sie doch für viele auch eine dringend notwendige Strukturierungshilfe.

Sollten Sie sich noch weitergehend mit dem Thema »Antragserstellung« beschäftigen wollen, so möchte ich Ihnen hierzu zwei Veröffentlichungen von Gutachtern empfehlen. *S. Sulz* stellt in seinem Artikel über die »Probleme der Antragsbegutachtung« (12.1990) verhaltensdiagnostische Fragen, Gutachten-Kriterien und eine **Checkliste** zu den Gutachter-Kriterien für VT-Anträge (S. 258-261) dar.

D. Kallinke veröffentlicht zum Thema »Das Gutachterverfahren in der Verhaltenstherapie – ›Muster-Fälle‹?« (3.1992) einen **Verhaltenstherapie-Antrag**, den er als positives Beispiel ausgewählt hat, weil der psychologische Bericht in sich stimmig ist, die individuelle Problematik der Patientin deutlich wird, und die Behandlungsstrategie transparent und gut begründet ist (S. 63).

Mit den Worten »Die Bereitschaft der Gutachter zum Dialog ist groß«, versucht er alle Antragssteller zu ermutigen und sie aufzufordern, das Gespräch mit den Gutachtern zu suchen (S. 60).

Bericht zum Erstantrag (VT 3a) für eine Verhaltenstherapie
(Ein exemplarischer, anonymisierter Antrag)
Patientin F 050763
G. Görlitz

Vorbemerkungen: Der Erstantrag sollte in der Regel ca. 3 DIN A 4 Schreibmaschinenseiten umfassen. Da ich in diesem Beispiel jedoch zu fast allen Punkten des genannten Leitfadens Stellung genommen habe, ist dieser Bericht bewußt etwas länger geworden. Deshalb werde ich im verhaltenstherapeutischen Teil dieses Buches auch nur dieses eine Beispiel der Pat. F. darstellen. Bei der Abfassung Ihrer Anträge haben Sie nun den Vorteil, eine fallbezogene Auswahl treffen zu können, wie dies auch im Informationsblatt empfohlen wird.

1. Angaben zur spontan berichteten und erfragten Symptomatik

Die Patientin berichtet über Angstzustände mit verschiedenen Inhalten: »Ich habe ständig Angst, daß mir oder meinem Sohn eine schlimme Krankheit zustoßen könnte, Angst meinen Haushalt nicht zu schaffen, Angst vor allen neuen Lebenssituationen. Wegen meiner Durchfälle traue ich mich kaum noch unter Menschen. Ich fühle mich permanent unsicher, kann mich nur schwer entscheiden, richte mich stets nach dem Urteil anderer Menschen und bin seit über einem Jahr häufig lustlos. Ich bin zwar schon als Kind sehr schüchtern und ängstlich gewesen, seit der Geburt meines Sohnes ist jedoch alles schlimmer geworden. Nachdem ich nun feststelle, daß er selbst ebenfalls Ängste entwickelt und mein Mann keinerlei Verständnis mehr für meine Probleme hat, habe ich mich entschlossen, einen Psychotherapeuten aufzusuchen.« Die Patientin berichtet außerdem, daß sie sich oft einsam fühlt, sich nach sinnvollen Aktivitäten und Kontakten sehnt, aber nicht weiß, wie sie dem »Teufelskreis« entrinnen soll.

2. Lebensgeschichtliche Entwicklung des Patienten und Krankheitsanamnese

Die 28jährige Patientin wuchs als Jüngste von drei Geschwistern bei ihren Eltern auf. Die **familiäre Atmosphäre** war von Streit und oft vergeblichen Konfliktvermeidungsversuchen geprägt. Gespräche über mögliche Krankheiten standen ebenso im Mittelpunkt des familiären Lebens, wie das Bemühen, stets bei Nachbarn einen guten Eindruck zu hinterlassen. Die heute 54jährige **Mutter**, von Beruf Hausfrau, wird als ängstlich, überbehütend und unter dem Diktat des Vaters stehend geschildert. Sie gab der Patientin wenig Anerkennung oder Unterstützung für Selbständigkeit und lebenspraktische Fertigkeiten. Auch heute noch mischt sie sich in die Kindererziehung der Patientin ein und gibt ihr immer wieder das Gefühl dafür unfähig zu sein. Die Patientin fühlt sich von Kindheit an bis heute vom mangelnden Zutrauen und der fehlenden Akzeptanz durch die Mutter verletzt, ist jedoch nicht in der Lage, dies auch zu äußern, oder entsprechend zu reagieren oder zu handeln, aus Angst vor Liebesverlust. Obwohl die Mutter stets Angst vor Krankheiten hatte, war sie nie ernstlich krank. Der heute 64jährige **Vater**, von Beruf Maurer, war selten in der Familie anwesend, worüber die Patientin eher froh war, da sie stets Angst vor seinen unkontrollierten Wut-Ausbrüchen hatte. Er trank und trinkt sehr viel Alkohol, und wird als eigensinnig, unausgeglichen und herrschsüchtig beschrieben. Die Patientin wagt es bis heute nicht, ihm gegenüber ihre eigene Meinung zu vertreten und ist stets bemüht, ihm »schön zu tun« und Konflikte zu vermeiden, da sie immer noch fürchtet, von ihm bestraft und abgewertet zu werden. Sätze wie »Du taugst nicht zum Leben und nicht zum Sterben« oder »So wie Du aussiehst, bekommst Du nie einen Mann« waren in ihrer Kindheit an der Tagesordnung und wurden von der Patientin bis heute internalisiert. Die drei Jahre ältere **Schwester** leidet unter einem Putz- und Kontrollzwang und ist die einzige Vertraute der Patientin. Den zwei Jahre älteren **Bruder**, der noch zu Hause lebt, bezeichnet die Patientin als Muttersöhnchen. Die Patientin war stets eifersüchtig auf ihn, weil er von den Eltern als »Stammhalter«, der jedoch die in ihn gesetzten Hoffnungen nicht erfüllt hat, bevorzugt wurde. Er ist nach ihren Angaben noch unsicherer als sie selbst.

Ihre **Kindheit** auf dem Lande und die Spiele in der Natur mit vielen Nachbarskindern hat die Pat. einerseits als sehr glücklich erlebt, andererseits litt sie unter den geschilderten häuslichen Verhältnissen. Als traumatisch erlebte sie den gescheiterten Eingewöhnungsversuch in den Kindergarten im Alter von 5 Jahren. Sie erinnert sich, damals gewaltsam von der Mutter getrennt worden zu sein. Da sie nicht aufhörte zu schreien, wurde sie von der Erzieherin anschließend im Waschraum stundenlang in die Ecke gestellt. Sie erbrach sich dann am Morgen regelmäßig zu Hause, sodaß sie schließlich nicht mehr in den Kindergarten gehen mußte. Auch bei der Einschulung im Alter von 6 Jahren litt sie lange Zeit unter Trennungsangst und mußte von der Mutter bis vor das Klassenzimmer begleitet werden. Mit 11 Jahren wurde sie, weil sie sich getraut hatte, ihrem Vater einmal zu widersprechen, von ihm massiv verprügelt und anschließend in den Keller gesperrt. Die blauen Flecken am ganzen Körper wagte sie sich nicht ihrer Mutter zu zeigen, aus Angst, dafür erneut bestraft zu werden.

Schulische und berufliche Laufbahn
Nach der 6. Klasse Hauptschule, in der sie stets die Klassenbeste war, wechselte sie auf die Realschule über und vermißte nun die elterliche Unterstützung für ein adäquates Lernverhalten. Gleichzeitig waren die Eltern bei jeder schlechten Note empört. Sie entwickelte schließlich Prüfungsängste, konnte jedoch die Realschule dennoch mit einem guten Ergebnis abschließen. Auf Drängen der Eltern erlernte sie anschließend gegen ihren Willen den Beruf der Bankkauffrau, in dem sie bis zur Geburt ihres Kindes arbeitete. Die ständige Zurschaustellung von Freundlichkeit gegen ihre innere Überzeugung und die permanente Erregung im Umgang mit Menschen erlebte sie jedoch als so belastend, daß sie keinesfalls mehr in diesen Beruf zurück möchte.

Partnerschaft
Die Patientin hat sei neun Jahren eine Beziehung zu dem heute 28 Jahre alten Ehemann, von Beruf Gärtner, und ist mit ihm seit fünf Jahren, aufgrund der damals eingetretenen Schwangerschaft, verheiratet. Er war ihr erster Intimpartner, vor ihm hatte sie mehrere Freundschaften mit Gleichaltrigen. Bis zum ersten Lebensjahr des Sohnes konnte sie sich nicht entschließen, bei ihrem Mann zu wohnen, da

sie sich bei ihren Eltern geborgener und mit dem Baby sicherer fühlte. Erst als er mit Trennung drohte, entschloß sie sich, in seine Wohnung im Haus der Schwiegereltern zu ziehen. Der Ehemann hält sich überwiegend in der Gärtnerei oder in der Wohnung seiner Eltern auf, und wirft der Patientin mangelndes Interesse am Familienbetrieb vor. Sie beklagt seine Lieblosigkeit und sein mangelndes Verständnis für ihre Probleme. Sie haben kaum gemeinsamen Gesprächsstoff. Ihre sexuelle Appetenz hat in den vergangenen drei Jahren deutlich nachgelassen. Beide sprechen kaum über ihre Konflikte. Die Patientin wünscht sich mehr gemeinsame Aktivitäten und mehr Interesse ihres Mannes an der Erziehung des gemeinsamen Sohnes.

Aktuelle Lebenssituation
Die Patientin bezeichnet ihr Leben als eintönig und ausweglos. Sie fühlt sich wie in einem Teufelskreis eingesperrt. Die Kontakte zu ihren Freunden aus der Schulzeit hat sie abgebrochen, da sie fürchtet, ihren Erwartungen nicht mehr gerecht zu werden. Ihren Alltag verbringt sie mit dem Sohn, Putzen, Fernsehen und täglichen Besuchen bei ihrer Familie. Frühere Interessen wie Singen, Flöten, Malen, Gymnastik und Lesen hat sie ebenfalls aufgegeben, da ihr Ehemann nichts davon hält. Sehr viel Zeit investiert sie für Arztbesuche, da sie sich ständig mit neuen Krankheitsbefürchtungen beschäftigt und auch schon bei harmlosen Verletzungen des Kindes den Arzt aufsucht.

3. Psychischer Befund zum Zeitpunkt der Antragsstellung

Die stets um Freundlichkeit bemühte, leise sprechende Patientin, zeigt ein großes Mitteilungsbedürfnis. Sie bricht häufig in Tränen aus, wirkt hilflos und verzweifelt. Sie ist in der Lage, die Problemzusammenhänge differenziert darzustellen und nach anfänglichem Mißtrauen, das von ihren jahrelangen vergeblichen Arztbesuchen herrührte, einen guten Rapport zur Therapeutin herzustellen. Bei der Begrüßung und Verabschiedung zittern ihre schweißnassen Hände. Die Patientin ist introspektionsfähig, wirkt intelligent, jedoch geistig unterfordert. Im ARL (Angstreizliste) erzielte die Patientin extrem hohe Werte in den Bereichen »Allgemeine Soziale Angstsituationen«, sowie »Angst vor Krankheit und Tod«, und im SCL-90-R in den Bereichen »Unsicherheit im Sozialkontakt«, »Ängstlichkeit«, »Somatisierung« sowie eine geringe Erhöhung im Bereich »Depressivität, Aggressivität und Feindseligkeit«. Dies entspricht den Ergebnissen der Exploration.

4. Somatischer Befund

(wird bei **Delegation** vom delegierenden ärztlichen Psychotherapeuten auf der Rückseite des Formblattes ausgefüllt)
Die Patientin wurde organisch und unter neurosenpsychologischen Gesichtspunkten untersucht. Die internistischen Untersuchungen einschließlich Magen-Darmspiegelung, EKG und großem Blutbild ergaben keinen pathologischen Befund. Bei einer Körpergröße von 168 cm und einem Gewicht von 56 kg ist die Pat. in einem guten körperlichen Allgemeinzustand. Sie nimmt aus Angst vor Neben-

wirkungen keinerlei Medikamente ein, trinkt keinen Alkohol und raucht nicht.
Die bewußtseinsklare, allseits orientierte Patientin zeigt keine formalen oder inhaltlichen Denkstörungen, keine Ich-Störungen, keine psychotische Symptomatik. Der interpersonelle Kontakt ist gut herstellbar. Es besteht kein Hinweis auf Suizidalität. Angesichts der Angstsymptomatik besteht ein hoher Leidensdruck bei sehr hoher Therapiemotivation. Diagnostisch handelt es sich um eine angstneurotische Entwicklung bei selbstunsicherer Persönlichkeit mit hypochondrischer Störung und depressiven Verstimmungszuständen.

D: Soziale Phobie (ICD-10: F40.1)
Hypochondrische Störung (ICD-10: F45.2)
DD: Ängstliche (vermeidende) Persönlichkeitsstörung (ICD-10: F60.)
Abhängige (asthenische) Persönlichkeitsstörung (ICD-10: F60.7)
Angst und depressive Störung gemischt (ICD-10: F41.2)

5. Verhaltensanalyse

a) Bedingungsanalyse
Theoretisches Modell (Entstehungsbedingungen der Störung)
Die Symptomatik der Patientin ist aus der lebensgeschichtlichen Entwicklung erklär- und verstehbar. Die Mutter fungierte als extrem ängstliches **Modell**. Im Sinne einer **negativen Verstärkung** hat die **zunehmende Vermeidung angstauslösender Situationen** und der damit verbundenen **Spannungsreduktion** zu einer Zunahme und schließlich zur **Generalisierung der Angstzustände** geführt. **Vermeidung** wurde konsequenterweise als **pathologische Konfliktbewältigungsstrategie** gewählt, da keine alternativen hilfreichen Konfliktbewältigungsstrategien zur Verfügung standen und jede andere Form der Konfliktbewältigung in der Primärfamilie **aversiv konditioniert** wurde. Abwertende und angstinduzierende **Elternanweisungen** wurden von der Patientin bis heute internalisiert und führten zu der beschriebenen **Selbstwertstörung** verbunden mit **irrealen Befürchtungen**. Das seit früher Kindheit bestehende **Zuwendungsdefizit** im Kontakt mit der Mutter äußert sich heute noch in Form von vergeblicher täglicher Suche nach elterlicher Liebe und Geborgenheit. Dies ist ebenso die Ursache der **mangelnden Autonomieentwicklung** wie auch das überbehütende und kontrollierende Verhalten der Mutter bis ins Erwachsenenalter. **Modellhaft** für ihren Umgang mit dem Ehemann wirkt sich auch die konfliktvermeidende Beziehung zum Vater in Form von Angst, Bedürfnisse zu äußern, aus. Durch das bestehende **Kontakt- und Verstärkerdefizit** schränkte sich das **Verhaltensrepertoire** der Patientin zunehmend ein, was zusätzlich mit einem Verlust an Selbstvertrauen und Selbstwertgefühl einhergeht. Da die Patientin nicht gelernt hat, ihrem Körper, ihren eigenen Gefühlen, Gedanken und Handlungen zu vertrauen und sich auch stets nach den Erwartungen anderer gerichtet hat, vertraut sie auch heute ihren gesunden Körperreaktionen nicht und spürt bei der kleinsten Veränderung eine massive Beunruhigung. Ein Regulativ hierfür steht ihr nicht zur Verfügung.

Auslösebedingungen (unter denen die Symptomatik verstärkt auftritt):
alle ungewohnten sozialen Situationen/Behördengänge/Autoritätspersonen

/Urlaubs- reisen/aus dem Haus gehen/Katastrophenmeldungen/Krankheitsberichte/geringfügi-ges Unwohlsein des Sohnes/usw.

Bedingungen, unter denen die Symptomatik nicht bzw. seltener auftritt:
die Patientin fühlt sich wohler, wenn sie über ihre Probleme sprechen kann/nach körperlichen Aktivitäten/in der Natur/wenn es ihr gelungen ist, erfolgreich eine neue Situation aufzusuchen.

b) Phänomenologie
Kognition: ich kann nichts, ich weiß nichts, keiner mag mich, ich schaffe es nicht mehr, ich muß immer nur ans Schlimmste denken, ich komme nie aus dem Teufelskreis mehr heraus, was denken die anderen über mich, usw.
Emotion: Hilflosigkeit, Unsicherheit, Angst, Einsamkeit, Scham, Aggression, zeitweise Traurigkeit
Physiologie: Allgemein erhöhtes Erregungsniveau, Magen-Darm Beschwerden, Neigung zu Durchfall, Zittern, Schwitzen, Herzklopfen, Erröten, Kopfschmerzen
Verhalten: ausgeprägtes Vermeidungsverhalten, häufige Arztbesuche, sozialer Rückzug, Grübelverhalten.

c) Funktionsanalyse
1. Im Sinne eines **sekundären Krankheitsgewinns** ist der regelmäßige Austausch ihrer Sorgen und Ängste mit der Schwester zu betrachten, die ihr zuhört, ihr gute Ratschläge erteilt und sie tröstet.
2. Als **Aufmerksamkeitsappell** fungiert die Symptomatik in der Beziehung zum Ehemann, der sich nach Arztbesuchen doch verstärkt um die Patientin sorgt.
3. In einem übergeordneten Sinn kann die Symptomatik als **Signal** für die Patientin verstanden werden, ihr Leben und ihr Verhalten dringend verändern zu müssen, auch im Interesse ihres Kindes.
4. Die **Alibifunktion** der Symptomatik besteht in einer erfolgreichen Vermeidung der Mitarbeit in der Gärtnerei oder Wiederaufnahme ihrer Berufstätigkeit. (Diese bezieht sich auch auf die häufigen Erkrankungen des Sohnes.)
5. Als Alternative zu Kontakten und anderen Aktivitäten stellen die Symptomatik und die damit verbundenen Verhaltensweisen auch eine **Ersatzfunktion** dar.

d) Analyse weiterer Einflußfaktoren
Die Patientin hat sich bereits selbst überlegt, gemeinsam mit dem Sohn in einer Musikschule ihre brachliegenden musikalischen Fähigkeiten wieder zu pflegen (**Ressourcen**). Zum Geburtstag hat sie sich ein Fahrrad gewünscht, um sich wieder häufiger in der Natur körperlich aktivieren zu können. Die bestehenden **Defizite** im sozialen Kontaktbereich wagt sie momentan noch nicht zu verändern. Der Ehemann ist zu einer Teilnahme an einigen Partnersitzungen bereit.
Die Patientin weist einen hohen Leidensdruck, eine gute Therapiemotivation und **Compliance** auf, die im sorgfältigen Ausfüllen der ausgehändigten Fragebögen und Selbstbeobachtungslisten deutlich wurden.

6. Diagnose/Störungsmodell

Die mangelnde Autonomieentwicklung verbunden mit der beschriebenen Selbstwertstörung und dem mangelnden Selbstvertrauen und Selbstbewußtsein muß als **übergeordnete Störung** betrachtet werden, aus der sowohl die hypochondrische Störung, die beschriebenen Ängste und depressiven Verstimmungszustände resultieren.

7. Therapieziele und Prognose

1) Förderung der **Autonomieentwicklung**.
2) Aufbau eines adäquaten Selbstwertgefühls, Aufbau von Sozialkontakten, verstärkenden Aktivitäten und **sozialen Kompetenzen**.
3) Förderung der **Konfliktfähigkeit** sowie Aufbau anderer Konfliktbewältigungsstrategien als Alternative zu Vermeidungs- und Hilflosigkeitsreaktionen.

Die **Prognose** ist insgesamt im Hinblick auf die o.g. eingeschränkten Therapieziele als günstig zu betrachten, da die Patientin sehr differenziert und therapiemotiviert ist und sowohl die Einbeziehung des Ehemannes und des Sohnes, als auch der Eltern möglich ist und die Patientin bereits im Verlauf der probatorischen Sitzungen vorhandene Selbsthilfekräfte mobilisieren konnte.

8. Behandlungsplan

ad 1) Durchführung von Rollenspielen zu lebensgeschichtlich bedingten und aktuellen Konfliktsituationen, verbunden mit in vivo-Übungen und Selbstkontrollmethoden nach *Kanfer*.
ad 2) Selbstsicherheits- und Kommunikationstraining, Übungen zum Selbst-Effizienz-Konzept nach *Bandura*, Übungen zur Reizkonfrontation, Aufbau alternativer Verstärker unter Nutzung der vorhandenen Ressourcen.
ad 3) Förderung der emotionalen Wahrnehmungs- und Expressionsfähigkeit, kognitive Angstbewältigung, Übungen zur Körperwahrnehmung und Entspannung, in vivo-Übungen zur Erweiterung des Verhaltensrepertoires durch Habituationstraining und Aufbau von Problemlösestrategien.

Die therapeutischen Interventionen müssen v.a. im Bereich der übergeordneten Störung, d.h. der dringend notwendigen Autonomieentwicklung und der Selbstwertproblematik in Form einer **Strategie am Symptom vorbei** beginnen, um dann zu einem späteren Zeitpunkt durch symptomorientierte Strategien, soweit noch nötig, v.a. im Bereich der Reizkonfrontation und Habituation bezüglich der vorhandenen sozialen Ängste ergänzt zu werden. Die Durchführung der geschilderten Interventionen ist zum Teil in Einzel- und zum Teil in Gruppensitzungen geplant.

Aufgrund der Schwere und der Dauer der Symptomatik sowie des frühen lebensgeschichtlichen Beginns der Störung ist eine **Langzeit-Einzeltherapie** von zunächst 45 Sitzungen geplant, die dann zu einem späteren Zeitpunkt mit einer **Gruppentherapie** zum Thema »Selbstsicherheit, Angstbewältigung und Aufbau von Kontaktverhalten« über weitere ca. 20 Gruppensitzungen à 100 Minuten kombiniert wird. Es werden daher zunächst 30 Einzel- und 15 Gruppensitzungen (insgesamt 45) beantragt, die voraussichtlich in einem Fortführungsantrag um weitere 10 Einzel- und 5 Gruppensitzungen (insgesamt 60) verlängert werden müssen.

Die Abfassung der Verlängerungsanträge

Für den Verlängerungsantrag haben sie ebenfalls Formulare der KV. Sie müssen

1. den Patienten wieder ein Formular PT V1 »Antrag des Versicherten auf Psychotherapie« ausfüllen lassen wie beim Erstantrag, lediglich muß diesmal das × in das Kästchen bei Fortführung der Behandlung, und Sie müssen den Patienten dieses Formular unterschreiben lassen. Achten Sie darauf, daß nicht die jetzige Behandlung als eine Vorbehandlung in dem Kästchen »vor der jetzigen Behandlung wurde bereits Psychotherapie durchgeführt« erscheint. Dies passiert häufig, obwohl es eigentlich nicht mißverständlich auf dem Formblatt ist. Dann müssen Sie
2. das Formular PTV 2b E »Angaben des Arztes zum Antrag des Versicherten« an die Vertragskasse auf Langzeittherapie (LZT) ausfüllen – wiederum doppelt im Durchschreibesatz – und im Kästchen »Fortführungsantrag« ein × machen. Dann steht bei Nr. nochmals ein Kästchen, und da schreiben Sie hinein: 1, wenn es sich um die erste Verlängerung handelt, 2, wenn es um die zweite geht und 3, wenn es um die dritte geht. Im übrigen füllen sie die folgenden Kästchen aus, wie im Erstantrag auch. Hinzu kommt dabei das Kästchen »bei Fortführung der Behandlung« und dann das **Datum der Vorgutachten** und der **Name des Gutachters** und der **bisherige Behandlungsumfang**.

Schließlich folgt nun noch das Formblatt PT 3b E bzw. 3c E, »**Bericht an den Gutachter**«, das ausgefüllt wird wie beim Erstantrag und dann in freier Form der **Bericht zum Fortführungsantrag** bzw. **Ergänzungsbericht**. Letzterer ist nur nötig bei der zweiten und jeder weiteren beantragten Verlängerung. Dann muß aber immer auch ein Formular »**Bericht zum Fortführungsantrag**« dabei

---

Bericht zum Fortführungsantrag – PT 3b bzw. PT 3b E

1. **Wichtige Ergänzungen zu den Angaben in den Abschnitten 1.-3. des Berichtes zum Erstantrag auf PT 3a**
   Symptomatik und ggf. deren Veränderung, lebensgeschichtliche Entwicklung und Krankheitsanamnese, psychischer Befund und Bericht der Angehörigen des Patienten, Befundberichte aus ambulanter oder stationärer Behandlung.

2. **Ergänzungen zur Psychodynamik der neurotischen Erkrankung:**
   Die interpersonelle Dynamik (Übertragung, Gegenübertragung und Widerstand) des Patienten im Verlaufe der Therapie, neu gewonnene Erkenntnisse über intrapsychische Konflikte – ggf. besonders auch deren aktuelle und abgrenzbare Auswirkungen bei seelischen Behinderungen – sind darzulegen.

3. **Ergänzungen zur neurosen-psychologischen Diagnose bzw. Differentialdiagnose**

4. **Zusammenfassung des bisherigen Therapieverlaufes:**
   Mitarbeit des Patienten, seine Regressionsfähigkeit bzw. -tendenz, Fixierungen, Flexibilität angewandte Methoden, erreichte Effekte
   bei Gruppentherapie: Entwicklung der Gruppendynamik, Teilnahme des Patienten am interaktionellen Prozeß in der Gruppe, Möglichkeiten des Patienten, seinen neurotischen Konflikt in der Gruppe zu bearbeiten.

5. **Änderung des Therapieplanes und Begründung**

6. **Prognose nach dem bisherigen Behandlungsverlauf**
   Begründung der wahrscheinlich noch notwendigen Behandlungsfrequenz und -dauer, mit Bezug auf die Entwicklungsmöglichkeiten des Patienten und seines Umfeldes.

sein; (analog wie der Bericht zum Erstantrag auszufüllen).
Wie Sie im folgenden Beispiel sehen werden, sollen Sie in freier Form jetzt Stellung nehmen zu den Punkten 1-4 des Erstantrags, insbesondere zur Symptomatik und deren Veränderungen ebenso wie zu der Anamnese, soweit Sie noch Zusätzliches erfahren haben bisher. Unter der Ziffer 2 sollten Sie die Übertragungsbeziehung und die Widerstände des Patienten darlegen, ebenso neu gewonnene Erkenntnisse über intrapsychische Konflikte.
Ergänzungen zum 3. Punkt »**Diagnose**« sind nur selten erforderlich.
Der Punkt 4 fordert von Ihnen eine Stellungnahme zum bisherigen Therapieverlauf, wobei Sie sich insbesondere zur Mitarbeit des Patienten, seiner Regressionsfähigkeit und Flexibilität äußern sollen. Außerdem zu den angewandten therapeutischen Methoden und den damit erreichten Veränderungen.
Geht es um Gruppentherapie, müssen Sie die gruppendynamische Entwicklung darlegen, die Teilnahme des Patienten am interaktionellen Prozeß in der Gruppe und seine Möglichkeiten, seine neurotischen Konflikte in der Gruppe zu bearbeiten.
Während der Punkt 4 »Zusammenfassung des bisherigen Therapieverlaufs« keine Probleme machen dürfte, sollten Sie dem Punkt 6 besondere Beachtung schenken. Hier sollten Sie insbesondere ehrlich versuchen, die **Prognose** beim Verlängerungsantrag zu vergleichen mit dem Erstantrag. Ist sie günstiger oder sehen Sie es jetzt problematischer? Zeigen Sie hier nochmals Entwicklungsschritte auf, falls diese deutlich waren.
Sollten Sie über das übliche Maß hinaus eine Fortsetzung beantragen, müssen Sie begründen, warum Sie glauben, mit einer zusätzlich zu genehmigenden Stundenzahl doch einen ausreichenden Erfolg zu erreichen.
Sollten Sie tatsächlich eine Änderung des Therapieplans erwägen, so müssen Sie sie mit einer Ziffer 5. begründen. Hierher gehören z.B. auch Umwandlungen, wenn sie nicht Umwandlungen von Kurz- in Langzeittherapie sind. Also z.B. Umwandlungsanträge von Einzel- in Gruppentherapie oder (seltener) umgekehrt, aber auch Umwandlungen von tiefenpsychologisch fundierter in analytische Therapie. Solche Umwandlungen bzw. Änderungen des Therapieplans bedürfen ausführlicher Begründung, wenn der Gutachter ihnen entsprechen soll.

Ergänzungsbericht – PT 3c bzw. 3c E

Bei allen Anträgen, die Sie nach dem ersten Verlängerungsantrag stellen, müssen Sie sowohl einen Bericht zum Fortführungsantrag nach obigem Muster wie einen Ergänzungsbericht schreiben, den Sie zusammen mit dem Formular »**Bericht an den Gutachter**« und »**Angaben des Arztes**« in den roten bzw. gelben Umschlag stecken müssen. Im Ergänzungsbericht ist vor allem Stellung zu nehmen zu folgenden vier Fragen:
1. Welche Erwartungen knüpft der Patient an die Fortführung der Behandlung? Was möchte er noch erreichen?
2. Welche Zielvorstellung verbindet der Therapeut mit der im Bericht zum Fortführungsantrag dargestellten Therapie?
3. Kann die Beendigung der psychotherapeutischen Behandlung durch Reduzierung der Behandlungsfrequenz ermöglicht oder erleichtert werden?

4. Welche Stundenzahl wird für die Abschlußphase der psychotherapeutischen Behandlung unbedingt noch für erforderlich gehalten? Welche Sitzungsfrequenz und welche Behandlungsdauer bis zur Beendigung der Therapie ist vorgesehen?

Das Formelle ist beim Verlängerungsantrag ebenso wie beim Ergänzungsbericht das gleiche wie bei den Erstanträgen. Um Ihre Geduld nicht überzustrapazieren, empfehle ich Ihnen, dort nachzulesen, welches Formblatt in welchen Umschlag und wie schließlich alles zur Post kommt. (S. 26-28)

Als Beispiel für einen **Fortführungsantrag (PT 3b E)** folgt jetzt der Antrag für unsere zweite Patientin Chiffre B 111227, womit ich weitere 30 Sitzungen einer tiefenpsychologisch fundierten Therapie beantragt habe. Im Anschluß daran folgt der 2. Verlängerungsantrag mit **Ergänzungsbericht PT 3c E** zur gleichen Patientin.

Erstes Beispiel: Patientin B 111227

Bericht zum Fortführungsantrag (PT 3b E) Chiffre B 111227

1. Die Symptomatik ist ganz wesentlich gebessert, sowohl was das Zwangsweinen betrifft wie die Depressionen. Die Pat. hat sehr viel dazu gelernt und kann sich jetzt aktiv gegen Schuldvorwürfe – z.B. der kroatischen Schwiegermutter ihres Sohnes – wehren. Von diesem ältesten Sohn, der noch immer in bioenergetischer Therapie wegen seiner Depression ist, konnte sie sich einigermaßen abgrenzen. Trotzdem hat sie aktuell wieder große Sorgen um ihn, die sie jedoch nicht mit einer ausgeprägten Depression beantwortet. Sie hat ihre Berufstätigkeit inzwischen eingestellt und sich mit ihrem Mann, der jetzt ganz zu Hause ist, während er bis zum Frühjahr 89 noch in seiner alten Firma aushilfsweise arbeitete, arrangiert. An sich überlegte ich wegen des günstigen Verlaufs, ob die Therapie beendet werden könnte. Die Pat., der ich vorschlug, die im Augenblick noch verbleibenden genehmigten vier Stunden über längere Zeit hinzuziehen und dann aufzuhören, nahm diesen Vorschlag zunächst an, kam jedoch in die gestrige Sitzung und fragte: »Können Sie noch eine Verlängerung beantragen, ich möchte es doch, ich glaube, ich brauche es.« Auf die Frage, wofür sie es brauche, sagte sie: »Es tut mir einfach so narrisch gut, wenn ich mit Ihnen reden kann, Sie sind so gescheit.« Dabei kippte sie schon wieder vom Weinen zum Lachen, zeigte aber deutlich eine untergründige Angst, ich könne ihre Bitte abschlagen. Die Pat. ist schon sehr lange medikamentenfrei und schläft auch wieder einigermaßen. Neulich mußte sie eine körperbezogene Angst verkraften: sie erkrankte plötzlich mit heftigen Bauchschmerzen, als deren Ursache Colon-Divertikel gefunden wurden. Leider habe ich den gewünschten Bericht des coloskopierenden Internisten nicht bekommen. Auf antibiotische Behandlung durch diesen klangen die Beschwerden jedoch rasch ab.
2. Die Pat. entwickelte eine idealisierende Übertragung, die ihr half, die Einsichten der Therapie umzusetzen, da sie mir Erfolg berichten wollte. Die Therapie wurde zunächst mit ei-

ner Wochenstunde durchgeführt, seit es der Pat. besser geht, inzwischen schon längere Zeit im Sinne einer haltgewährenden längerfristigen Beziehung, oft mit auseinandergezogenen Stunden, etwa alle zwei bis drei Wochen. Wenn jedoch, durch häufiges Verreisen der Pat. oder meine Urlaube bedingt, die Abstände größer werden, gibt es regelmäßig einen geringen Rückschritt. Während ich – wie ich im Erstantrag ausführte – zunächst eine negative Gegenübertragung wg. der weinerlichen Anspruchshaltung der Pat. hatte, änderte sich dies und ich bekam eine positive Gegenübertragung, als ich sehen konnte, wie sehr die Pat. versuchte, was in der Therapie besprochen wurde, umzusetzen. Für ihr Alter ungewöhnlich bereit, zu lernen, hat sie im Vergleich zu anderen Pat. in diesem Alter sehr gute Fortschritte gemacht.

3. Inzwischen kann eindeutig gesagt werden, daß die Pat. nicht an einer phasenhaften endogenen Depression, sondern wirklich an einer biographisch bedingten leidet.

4a) Die Mitarbeit der Pat. war immer hervorragend, sie erschien zu jeder Stunde und bei jedem Wetter pünktlich. Während sie am Anfang sehr regressiv in ihrem Zwangsweinen verharrte (über mind. 10 Std.), regrediert sie jetzt deutlich weniger. Sie kann jetzt formulieren, wenn sie nicht immer wieder neue Sorgen um den ältesten Sohn hätte, könne sie vielleicht schon ohne Therapie auskommen. Die Mutterfixierung ist sehr viel besser, sie hat jetzt normale Kontakte zur Mutter, die immer hinfälliger wurde. Gestern berichtete sie mir, daß die Mutter jetzt bedauerlicherweise auch inkontinent sei und fragte mich um Rat, was sie am besten tun könne. Dabei wurde deutlich, daß sie ein erwachsenes Verhältnis zur Mutter hat und auch die Idee, daß diese vielleicht bald sterben müsse, gut tolerieren kann. Sie ist jetzt auch wieder flexibel, kann mit ihrem Mann häufig verreisen und hat die Beziehung zu ihm deutlich verbessert – nach Phasen heftiger Aggressionen in der Therapie.

b) Die Pat. sitzt über Eck zu mir und wird mit einer analytisch orientierten Therapie behandelt. Es hat ihr wohl besonders gut getan, daß ich sie niemals kritisiert habe, was sie sehr befürchtet hat. Die Atmosphäre von Akzeptanz ermöglichte ihr, ihre lange aufgestaute Not herauszubringen. Sie sprach stundenlang so intensiv, daß ich kaum etwas dazu sagen konnte oder mußte. Dann kam in der nächsten Periode die Möglichkeit um so mehr, da sie immer wieder fragte, was ich dazu meine.

5. Die Therapie soll nicht wesentlich geändert werden, nur im Sinne einer haltgewährenden längerfristigen Beziehung noch fortgeführt werden, da dies notwendig erscheint, um das Erreichte zu stabilisieren und einen erneuten depressiven Schub zu vermeiden.

6. Die Prognose erscheint nach dem bisherigen Verlauf eindeutig gut, die Pat. fühlt sich wieder wie ein »normaler Mensch«, wie sie selbst sagt. Insbesondere ist es gelungen, daß die Pat. mit ihrem Ehemann ein neues Verständnis entwickelte und das Paar die kritische Schwelle des Eintritts in das völlige Rentenalter geschafft hat.

Gut eineinhalb Jahre nach diesem ersten Verlängerungsantrag war es doch notwendig, den nun folgenden zweiten Verlängerungsantrag mit Ergänzungsbericht zu schicken:

Bericht zum 2. Fortführungsantrag PT 3b E Chiffre B 111227

1. Die beim letzten Verlängerungsantrag scheinbar stabile Besserung hielt nicht lange vor: Bereits zu Weihnachten lagen die Pat. u. ihr Mann mit Grippe im Bett (an Weihnachten ging der Vater der Pat. immer zu seinen Freundinnen, so daß es das traurigste Fest des Jahres war). Anfang Febr. 90 hatte die Pat. eine akute Sinusitis, Ende Febr. starb ihre Mutter dann doch recht rasch, was die Pat. erstaunlich gefaßt ertrug. Sie reagierte z.T. somatisch mit Kopfweh, im April 90 wachte sie öfter an einem Engegefühl im Hals auf, im Mai kämpfte sie wieder mit Beschwerden von seiten der Divertikulitis, im Juli ebenso; sie bekam Sulfonamide. Eine schwere stimmungsmäßige Depression hatte sie im ganzen Jahr 1990 nicht. Der Golfkrieg wurde von ihr jedoch so angstvoll erlebt, daß sie nicht mehr schlafen konnte und auch das Zwangsweinen wiederkam. Dabei kamen ihre eigenen Kriegserinnerungen so heftig hoch, daß sie wohl weitgehend verarbeitet werden konnten. Vorübergehend nahm sie einen Tranquilizer von einer Freundin und Johanniskraut vom Hausarzt. Die Frequenz der Therapiesitzungen wurde auf ihren Wunsch hin auf eine Sitzung alle zwei Wochen erhöht; sie wollte nicht mehr, aus Angst, dann bald ohne Stunden dazustehen. Sie erholte sich langsam wieder, obwohl der depressive Sohn sie wieder mit Vorwürfen eindeckte, als sie ihn öfter besuchte, um ihn zu entlasten, während die Schwiegertochter längere Zeit im Krankenhaus lag. Auch in der letzten Sitzung am 13.9. weinte die Pat. wieder sofort los, als ich sie fragte, was die Vorfreude auf den Urlaub mache (sie fliegt heute für zwei Wo. mit ihrem Mann nach Kreta). Einmal bat sie mich, in ihrer Anwesenheit mit ihm kurz zu reden, da er ihr Vorwürfe machte, sie sei zu selten lustig und gehe ihm auf die Nerven; in dem kurzen Gespräch hatte er wenig Verständnis für die Depression nach dem Motto »Da muß man die Zähne einfach zusammenbeißen«. Die Pat. fühlt sich von ihm häufig nicht verstanden, ist ihm aber für seine Treue dankbar, die ganz im Gegensatz zum Verhalten ihres Vaters steht.

   Befundberichte der behandelnden somatischen Kollegen liegen mir leider nicht vor.

2. Die Pat. hat weiter eine positive Übertragung, auch meine Gegenübertragung ist überwiegend positiv; manchmal werde ich innerlich wütend, weil sie sich immer noch zuviel gefallen läßt. Sie braucht mich offensichtlich noch so als »gutes Objekt«, daß sie nicht riskiert, eine negative Übertragung zu entwickeln, sondern allenfalls durch größere Abstände der Sitzungen Widerstand agiert.

3. Keine

4a) Wie immer ist die Mitarbeit gut, die Regression ausreichend, altersentsprechend ist sie noch relativ flexibel und bereit, Einsichten umzusetzen, hat ihrem Sohn inzwischen auch

mehrfach die Meinung gesagt. Den Enkeln gegenüber ist sie allerdings hilflos, aus Angst sie zu verlieren.
b) Weiter tiefenpsycholog. fundierte Therapie im Sitzen über Eck.
5. Keine; weiter eher dünne Frequenz im Sinne der haltgewährenden Beziehung.
6. Ich plädiere für eine Verlängerung, obwohl der letzte Bescheid letztmalig hieß, weil ich sie für dringend nötig halte, nicht um »Stunden zu schinden«.

Ergänzungsbericht PT 3c E Chiffre D 111227

1. Die Patientin erhofft sich von einer nochmaligen Verlängerung eine weitere Stabilisierung und ein Abklingen der Depression. Sie möchte noch besser lernen, sich zu wehren gegen ungerechte Vorwürfe, und ihre Belange besser durchsetzen können, vor allem auch ihrem Ehemann gegenüber.
2. Ich halte diese Ziele nach dem bisherigen Verlauf für realistisch und hoffe, daß weniger somatische Regression nötig ist, je mehr sie zu ihren Gefühlen stehen und ihre Ziele verteidigen kann.
3. Sobald es der Pat. wieder besser geht – vielleicht schon nach ihrem Urlaub – soll die Frequenz wieder verdünnt werden, um ihr länger Halt geben zu können. Auch wird dann sicher die Ablösung erleichtert.
4. Ich denke schon, daß nochmals 20 Sitzungen gut wären; wenn die Therapie vorher beendet werden kann, werde ich es selbstverständlich tun.

Ich denke an eine Frequenz von 1× alle drei bis vier Wochen.

Kaum hatte ich diesen Ergänzungsbericht zur Post gegeben, wurde bei der Pat. vier Tage, ehe sie den geplanten Urlaub antreten wollte, ein Mamma-Karzinom entdeckt und operiert. Es handelte sich um einen hormonaktiven Tumor, die Pat. bekommt seither Anti-Östrogene. Es waren auch zwei Lymphknoten befallen, der Tumor saß submamillär rechts.

Gegen die nun notwendige Bestrahlung wehrte sich Pat. innerlich heftig und vertrug sie dementsprechend zunehmend schlechter. Auch von seiten ihrer Kolondivertikel bekam sie erneut Beschwerden, extreme Blähungen (seit sie wußte, daß sie bestrahlt werden mußte). Einen Monat lang kam sie jede Woche und berichtete, daß sie seit Tschernobyl Angst vor Strahlen habe. Einmal war sie sogar so matt, daß sie meinen Vorschlag, sich in der Therapiesitzung hinzulegen, akzeptierte. Ihr Mann stand ihr tapfer zur Seite, obwohl er ein chronischer Pessimist sei. Sie selbst versuchte, alles zu verdrängen, bekam Anfang Dezember jedoch die ärgerliche Quittung, daß es im Narbenbereich offensichtlich ein Rezidiv gegeben hatte, das nachoperiert wurde. Daraufhin reagierte die Pat. sehr verzweifelt: »Ich würde mich am liebsten einschläfern.« Auch die Nachoperation überstand sie gut und wollte direkt vor Weihnachten noch einmal kommen, was sie auch tat. Dabei wirkte sie gezwungen fröhlich und zwanghaft lachend.

Die Therapie dauert noch an. Wir haben noch 10 von den zuletzt genehmigten 20 Sitzungen, da immer wieder längere Pausen entstanden durch eine Nachkur der Pat. ebenso wie durch Reisen. Derzeit geht es ihr gut; es ist zu hoffen, daß die Solitärmetastase nur sehr langsam wächst.

Die Abfassung der Verlängerungsanträge

Zweites Beispiel: Beihilfepatientin E 160745

Als zweites Beispiel für einen Verlängerungsantrag – diesmal bei der Beihilfe – folgt jetzt der Verlängerungsantrag der depressiven Patientin Chiffre E 160745. Die ersten 50 Sitzungen zogen sich über eineinhalb Jahre hin, in denen die Patientin immer wieder hin- und hergezerrt war zwischen Trennung und Doch-bei-ihrer-Familie-bleiben-Wollen.

Nach den Beihilfe-Vorschriften ist bei tiefenpsychologisch fundierter Therapie lediglich eine einmalige Verlängerung möglich, was bedauerlich ist und ein Unrecht gegenüber den in gesetzlichen und bei Privatkassen Versicherten. Für letztere sind immer wieder analog dem Erstantrag Formulare bei den Kassen anzufordern und auszufüllen.

```
Während des Behandlungszeitraums wechselte die depressive
Symptomatik der Pat., vor allem abhängig vom Verhalten des
```

Absender Dr. Eva Keil-Kuri
Name und Anschrift des Arztes

Bericht
an den Gutachter zum Antrag auf Anerkennung der Beihilfefähigkeit für Psychotherapie

Der Bericht ist in einem verschlossenen, als vertrauliche Berichtssache zu kennzeichnenden Umschlag der Beihilfefestsetzungsstelle zur Weiterleitung an den Gutachter zu übersenden.

I. Angaben über den Patienten

Name, Vorname: E.
Familienstand: verheiratet
Geburtsdatum: 16.07.45
Geschlecht: weibl.
Beruf: Bankangestellte/Hausfrau

II. Bericht zu den folgenden Punkten:

1. Diagnose: Depressives Syndrom ICD F 32.10, reaktiv verstärkt durch Partnerkrise
2. Art der vorgesehenen Therapie: analytisch orientierte Einzeltherapie
3. Datum des Therapiebeginns: 25.05.1988
4. Anzahl der seit Therapiebeginn durchgeführten Einzel- oder Gruppensitzungen: 47 Einzelsitzungen
5. Anzahl der voraussichtlich noch erforderlichen Einzel- oder Gruppensitzungen (insgesamt und wöchentlich): wöchentl. 1, insges. 30
6. Symptomatik:

Ehemannes. Im Winter bekam die Pat. zunächst eine Lungen-/Rippenfellentzündung und mußte danach zur Operation einer Analfissur ins Krankenhaus, was eine Therapiepause von Ende Februar bis Mitte Mai notwendig machte. Seither kam die Pat. wieder regelmäßig, mit 6 Wochen Sommerpause.

Derzeit ist die Pat. stimmungsmäßig nicht sehr depressiv, dafür aber sehr unsicher in ihrem Verhalten zuhause. Sie weiß nie, ob ihre Wünsche und Forderungen an den Ehemann berechtigt oder unberechtigt sind. Lange Zeit war Gegenstand der Therapie, daß sie allzu wenig ihre eigenen Wünsche wahrnimmt und realisiert, sondern — getrieben von allzu starker Eifersucht — in ihren Phantasien und Befürchtungen über das Verhalten des Ehemannes lebt. Sie konnte ihre Kontrollmechanismen erst sehr allmählich aufgeben. Inzwischen begreift sie, daß sie den Ehemann nur halten kann, wenn sie eigenständiger lebt. Dabei sind ihr ihre Minderwertigkeitsgefühle sehr hinderlich. Inzwischen hat sie jedoch eine Menge Eigenaktivität entwickelt und es vor den Sommerferien erreicht, daß der Mann für einige Sitzungen mit ihr in eine Eheberatung ging. Außerdem hat sie mit Hilfe einer Familienanwältin erreicht, daß der Mann das gemeinsame Einfamilienhaus ihr überschrieben hat, da sie die Raten dafür bezahlt. Der Mann war für einige Wochen ausgezogen, kam zu Weihnachten '89 jedoch zurück. Danach tyrannisierte ihn die Pat. einige Zeit mit der Forderung, sich einem Aids-Test zu unterziehen. Wir bearbeiten ihre diesbezüglichen Ängste ebenso wie die Aggressionen. Derzeit hat das Paar nur selten Intimverkehr, obwohl die Pat. nicht glaubt, daß der Mann gegenwärtig ein außereheliches Verhältnis hat. Im Augenblick sind die Streitereien um die Erziehung der Kinder mehr im Vordergrund der Familienproblematik.

Im Verlauf der bisherigen Therapie wurde deutlich, wie wenig Eigenselbst und Selbstbewußtsein die Pat. hat. Daher wäre eigentlich der Übergang in eine analytische Einzeltherapie angezeigt. Aus finanziellen Gründen und weil die Pat. mit dem bisherigen Arrangement doch eine deutliche positive Entwicklung genommen hat, will ich noch einige Zeit weiter versuchen, mit analytisch orientierter Einzeltherapie einen ausreichenden Erfolg zu erzielen.

Durch die große Schuldenlast durch den Hausbau ist es der Pat. nicht möglich, einiges zur Therapie zuzuzahlen, vor allem angesichts des Ehekonflikts und der negativen Einstellung des Mannes zur Therapie. Dies wäre jedoch absehbar notwendig, wenn die Pat. mehr als etwa 40 Stunden pro Jahr hat.

Die Prognose erscheint mir ausreichend günstig, auch bei analytisch orientierter Therapie, die Schwerpunkte setzt im Sinne einer dynamischen Psychotherapie nach *Dührssen*. Die Pat. hat eine stabile, positive Übertragung und versucht regelmäßig, die gewonnenen Einsichten umzusetzen.

Mit den auf diesen Antrag genehmigten weiteren 30 Sitzungen wurde die Therapie beendet, ohne daß die Patientin ein Teilziel, an Gewicht abzunehmen, erreicht hätte. Sie ist insgesamt jedoch wesentlich stabiler geworden und setzt sich erwachsener mit ihrem Mann auseinander. Dafür kam sie im Laufe des nächsten halben Jahres nacheinander mit ihren beiden Söhnen zu einer Delegationssitzung für notwendig gewordene Kindertherapie: der Ältere hatte laufend Kreislaufstörungen und Konzentrationsschwächen; außerdem würde er nach Auskunft des Schulpsychologen den Unterricht stören, während der Jüngere eine Angstsymptomatik entwickelt hat. Durch die begleitenden Elterngespräche wurde damit indirekt die Therapie von der Mutter und ein wenig auch vom Vater fortgesetzt, so daß zu hoffen ist, daß die Familie sich doch insgesamt stabilisiert. Ich habe jetzt ein Jahr lang nichts mehr von der Familie gehört. Sie ist aber wohl zusammengeblieben.

Bericht zum Fortführungsantrag VT 3b bzw. 3b E für Verhaltenstherapie – Grundlagen
G. Görlitz

Wenn Sie mit einem Langzeitantrag insgesamt 45 Sitzungen beantragt haben, so empfiehlt es sich, etwa nach der 35. Sitzung gemeinsam mit dem Patienten eine Bilanz über den bisherigen Therapieverlauf zu erstellen. Zur Vorbereitung für diese Bilanzsitzung händige ich den Patienten das beiliegende **Bilanzblatt** (S. 170) aus. Patient und Therapeut machen sich zunächst getrennt Gedanken darüber, was der Patient bisher verändert hat und woran er weiterarbeiten möchte. Der Therapeut überprüft nochmals anhand des Berichts zum Erstantrag, welche Ergänzungen sich ergeben haben, inwieweit Therapieziele und Behandlungsplan eingehalten, verändert oder ergänzt wurden oder werden müssen.

Es ist wichtig, die Fortführung bzw. Verlängerung der genehmigten Langzeittherapie gemeinsam mit dem Patienten zu entscheiden und ihm auch dafür einen Teil der Verantwortung zu übergeben, auch um seine Eigeninitiative und Selbsthilfekräfte weiterhin zu mobilisieren. Dies kann z.B. mit folgender Formulierung geschehen:

»Sie haben jetzt gemeinsam mit mir im vergangenen Dreivierteljahr 35 Sitzungen lang an Ihrer Veränderung gearbeitet und wir sollten uns nun beide überlegen, inwieweit es wichtig und notwendig ist, Ihre Therapie über die genehmigten 45 Sitzungen hinaus um weitere 15 Sitzungen zu verlängern oder ob wir beide der Meinung sind, daß die restlichen zehn Sitzungen ausreichen, um die bisher erzielten Therapieerfolge zu stabilisieren. Um diese und auch noch andere Fragen zu beantworten, möchte ich Sie bitten, daß Sie für die nächste Sitzung eine Art Bilanz ziehen, d.h. sich überlegen, inwieweit es Ihnen gelungen ist, Ihre zu Beginn geschilderten Probleme und Symptome zu überwinden, in den Griff zu bekom-

men oder zu akzeptieren, und ob Sie genügend Selbsthilfekräfte mobilisieren konnten, um selbst an Ihrem Veränderungsprozeß weiterzuarbeiten oder ob Sie noch für eine gewisse Zeit eine therapeutische Unterstützung benötigen. Auch ich werde mir darüber Gedanken machen und wir werden dies dann gemeinsam in der kommenden Sitzung besprechen.«
Als Entscheidungshilfe für oder gegen einen Fortführungsantrag können Sie bereits in den vorausgegangenen therapeutischen Sitzungen beiliegende **Akteinlage zum Fortführungsantrag** (Nr. 2, S. 171) ausfüllen. Dies erleichtert Ihnen dann auch in Verbindung mit dem Bilanzbogen des Patienten das Erstellen des Berichtes zum Fortführungsantrag.
Bei Inanspruchnahme der max. 80 Sitzungen im Rahmen der Höchstgrenze muß nochmals ein Bericht zum Fortführungsantrag sowie ein zusätzlicher **Ergänzungsbericht** erstellt werden. Hierfür habe ich ebenfalls beiliegende **Akteinlage zum Ergänzungsbericht** (Nr. 3 S. 172) in Anlehnung an das Informationsblatt für Verhaltenstherapie entworfen. Frau Keil-Kuri hat auf S. 157-163 ein entsprechendes Beispiel aufgeführt, dies gilt analog auch für die Verhaltenstherapie.
Im folgenden möchte ich einen exemplarischen Bericht zum Fortführungsantrag darstellen. Es handelt sich wieder um die 28jährige Patientin F., die Sie bereits kennen. Auch diesen Bericht möchte ich etwas ausführlicher als in der Regel notwendig und üblich darstellen, um Sie auf mögliche wichtige Details, übertragbar auch auf andere Fälle, hinzuweisen und um Ihnen möglichst viel beispielhaftes Material aufzuzeigen. In der Praxis fällt dieser Bericht schon deshalb meist kürzer aus, weil nicht bei jedem Patienten zu allen angegebenen Punkten des Formblattes auch Angaben möglich sind.

Exemplarischer Bericht zum Fortführungsantrag für eine Verhaltenstherapie – Patientin F 050763
G. Görlitz

1. Wichtige Ergänzungen zum Erstantrag (ad 1, 3 und 5):

Ergänzungen zur lebensgeschichtlichen Entwicklung und Krankheitsanamnese:
Die im Erstantrag geschilderte ambivalente Bindung zur Mutter und teilweise auch zur Schwester stellte sich als noch problematischer heraus, als zuerst angenommen wurde. Die Patientin hatte zu Beginn der Therapie fast täglich mit beiden Kontakt und erzählte Ihnen anfangs nahezu jede Einzelheit aus den therapeutischen Sitzungen. Dies führte wiederum zu Einmischung, Abwertung und mangelndem Verständnis, insbesondere durch die Mutter, die es der Patientin sehr übelnahm, daß sie Persönliches und Familiäres einem Außenstehenden (Therapeutin) weitererzählte. Dies konnte jedoch insofern therapeutisch genutzt werden, als die Patientin durch diese aktuellen Ereignisse weitere lebensgeschichtlich bedingte traumatische Erlebnisse im Bereich »mangelndes Zutrauen und fehlende Akzeptanz im Kontakt mit der Mutter« erinnerte. Dadurch boten sich einerseits genügend Inhalte für Rollenspiele zur Aufarbeitung und Veränderung der Mutter-Tochter-Beziehung, andererseits war es ihr möglich, sich von ihrem kindlichen Wunsch nach Nähe zur Mutter schrittweise zu verabschieden, da sie all-

mählich ein realistischeres Mutterbild wahrnehmen und deren Schwächen akzeptieren konnte. Dies führte auch gleichzeitig zu einem besseren Kontakt auf einer distanzierteren Ebene zur realen Mutter und einer deutlichen Förderung der notwendigen Autonomieentwicklung.

Indem es ihr gelang, eine eher partnerschaftliche und erwachsene Beziehung zur Mutter aufzubauen und auch Kritik im Kontakt zuzulassen, war ihr auch eine Neugestaltung der Beziehung zum Vater möglich. Im Verlauf der durchgeführten Sitzungen wurde deutlich, daß die Patientin ihr Vaterbild auch über Negativ-Aussagen der Mutter und Schwester definierte und dies auch als kognitive Lernprogramme internalisiert hatte. Der Vater galt als böse, angsteinflößend und verständnislos, die Patientin hatte bis zum Therapiebeginn dieses internalisierte Vaterbild nicht in Frage gestellt. Im Verlaufe des Therapieprozesses war es ihr jedoch möglich, sich auch mit den positiven und hilfreichen Seiten des Vaters zu beschäftigen, sowohl bezüglich vergangener als auch aktueller Lebensereignisse. Neben dem früher überwiegenden Gefühl der Angst und Ablehnung erlebt sie nun Gefühle des Mitleids, der Zuneigung, Akzeptanz und Verständnis. Sie hat bereits erste Erfahrungen gemacht, daß es ihr möglich ist, ihm gegenüber ihre eigene Meinung zu vertreten und daß er nicht, wie anfangs befürchtet, nur mit Kritik, sondern auch mit Interesse oder positiver Verstärkung reagieren kann. Sowohl in Rollenspielen, die sich auf Situationen in der Kindheit bezogen, als auch auf aktuelle Ereignisse, ist es der Patientin allmählich auch möglich, Kritik zu äußern und mit Kritik von Seiten des Vaters erwachsen umzugehen. Diese Interventionen konnten jedoch erst in den letzten fünf Sitzungen begonnen werden und bedürfen dringend noch einer weiteren Stabilisierung sowohl im Rollenspiel als auch durch In vivo-Übungen.

Ergänzungen zum psychischen Befund:

Nach anfänglichem Mißtrauen, ob denn die therapeutischen Interventionen ebenso nutzlos seien wie ihre jahrelangen Arztbesuche (dies wurde auch, wie bereits oben erwähnt, von der Mutter geschürt), ließ sich die Patientin zunehmend mehr auf die therapeutische Beziehung und die Interventionen ein.

Eine weitere Anfangsschwierigkeit bestand darin, den Redefluß der Patientin zu unterbrechen, da sie zu Beginn jeder Sitzung und zwischendurch doch immer wieder ein übergroßes Bedürfnis hatte, über ihre Magen-Darm-Beschwerden, Krankheitsbefürchtungen und kleine Unpäßlichkeiten des Sohnes zu berichten. Nachdem dies von der Therapeutin thematisiert wurde und eine gemeinsame Lösung hierfür gefunden wurde (die Patientin konnte selbst zu Beginn der Sitzung festlegen, ob sie fünf oder maximal zehn Minuten über aktuelle Krankheiten sprechen wollte), legte sich dann sehr schnell ihr Mitteilungsdrang in diesem Bereich, bis sie schließlich gänzlich darauf verzichtete, zumal sie dementsprechende Ereignisse ohnehin in ihrer Selbstkontrolliste protokollierte.

Die depressiven Verstimmungszustände der Patientin reduzierten sich im Verlauf der ersten Therapiehälfte deutlich. Es war ihr zunehmend mehr möglich, ihre aggressiven Gefühle zu zeigen und auch in ihrer realen Umgebung zu äußern, wodurch sie sich nach ihren eigenen Aussagen kraftvoller, lebendiger und weniger antriebsarm fühlte. Gleichzeitig ist es ihr auch möglich, ihre äußere Maske der Freundlichkeit dann abzulegen, wenn sie andere Gefühle verspürt, und dadurch authentischer zu wirken.

Bericht der Angehörigen der Patientin:
Gemeinsam mit dem Ehemann wurden insgesamt zwei Partnersitzungen durchgeführt. Es zeigte sich, daß der Ehemann ebenfalls sowohl unter der Wohnsituation und seiner damit verbundenen beruflichen Überbeanspruchung, als auch unter mangelnden Gemeinsamkeiten in der Ehe leidet. Auch er äußerte den Wunsch nach Veränderung und strebt dies im beruflichen Bereich in den kommenden drei Jahren an (er möchte den elterlichen Betrieb verlassen und sich selbständig machen).

Im privaten Bereich nahm er sich vor, sich regelmäßiger Zeit für die Ehefrau und das Kind zu nehmen, was er auch gleich im Anschluß an die erste Sitzung in Form von gemeinsamen Fahrradtouren, Abschalten des Fernsehers am Abend, mehr gemeinsamen Gesprächen und Spielen usw. praktizierte. Dies trägt seit ca. zehn Sitzungen auch zu einer deutlichen Verbesserung des Lebensgefühls der Patientin bei. In diesen Sitzungen mit dem Ehemann wurde deutlich, daß ihm sehr viel an einer guten Beziehung zur Ehefrau und dem Kind liegt und er offensichtlich bisher von ihr nicht genügend nachdrückliche Impulse zur Veränderung erhalten hat. Die Patientin selbst äußert daraufhin, daß sie ständig Angst hat, nicht ernstgenommen zu werden und daher auch selbst ihre Bedürfnisse nicht wichtig genug nehmen kann. Andererseits befürchtete Sie auch, daß ihr Mann ähnliche Jähzornausbrüche wie früher ihr Vater bekommen könnte; diesen wollte sie aus dem Weg gehen. In den Partnersitzungen wurde ihr jedoch deutlich, daß sie dies nicht zu befürchten hat und daß deutliche Unterschiede zwischen den gefürchteten Reaktionen des Vaters einerseits und den realen des Ehemannes andererseits bestehen, dies muß auch noch im weiteren Therapieverlauf immer wieder thematisiert werden.

Gemeinsame Sitzungen mit den Eltern und eventuell auch noch der Schwester sind in den kommenden Monaten geplant, die Patientin möchte sich jedoch zunächst noch mit Hilfe von Rollenspielen und weiteren therapeutischen Interventionen gut darauf vorbereiten.

Ergänzende Befundberichte:
Nochmalige internistische Kontrollen (Magen, Darm, Herz) ergaben außer einer zwei Wochen lang andauernden Salmonellen-Erkrankung, die inzwischen wieder überwunden ist, keinen organischen Befund. Eine testpsychologische Begabungsuntersuchung bestätigte die Vermutung, daß die Patientin sehr intelligent ist, insbesondere im sprachlichen Bereich erzielte sie überdurchschnittliche Ergebnisse (HAWIE-R IQ 125). Diese Untersuchung wurde deshalb durchgeführt, weil die Patientin stets auch an ihren intellektuellen Fähigkeiten zweifelte, eventuell eines Tages wieder einen Beruf ausüben zu können. Nach diesem Testergebnis, das sie als aufbauend und selbstverstärkend erlebte, beschäftigte sie sich mit dem Gedanken, sich eine stundenweise Beschäftigung zu suchen und liest seitdem auch regelmäßig die Stellenangebote in der Zeitung.

Ergänzungen zur Diagnose:
Als weiterer diagnostischer Aspekt scheint die intellektuelle Unterforderung

der Patientin wichtig, die ebenfalls zu einer Verunsicherung und Störung ihres Selbstwertgefühls geführt hat.

2. Zusammenfassung des bisherigen Therapieverlaufs:

Die Patientin befand sich über einen Zeitraum von insgesamt sechs Monaten bei mir in bisher insgesamt 23 Einzel- und acht Gruppensitzungen. Da insgesamt 45 Sitzungen genehmigt wurden (30 Einzel- und 15 Gruppensitzungen), muß bereits zum jetzigen Zeitpunkt ein Antrag auf Verlängerung um weitere zehn Einzel- und fünf Gruppensitzungen gestellt werden, um die kontinuierliche Fortsetzung der verhaltenstherapeutischen Behandlung zu gewährleisten.

Ergänzungen oder Veränderungen der Verhaltensanalyse:

Die erwähnte intellektuelle Unterforderung der Patientin führte dazu, daß sie mit Hilfe medizinischer und psychologischer Laienliteratur ihr Bedürfnis nach geistiger Beschäftigung und Information zu befriedigen versuchte, was sich wiederum symptomauslösend und symptomverstärkend auswirkte und darüber hinaus die von der Mutter gelernte ängstliche Beobachtung ihres Körpers und des Körpers ihres Kindes verstärkte. Durch gezielte andere geistige Beschäftigung in Form von Zeitungslektüre, Verbesserung ihrer Englisch-Kenntnisse im Selbststudium, Beschäftigung mit Broschüren über berufliche Weiterbildung sowie durch Besuch der Musikschule und tägliches Flöte-Üben usw. konnte die Patientin ihr Grübelverhalten bezüglich der geschilderten Krankheitsbefürchtungen und somit auch ihre damit verbundenen Ängste deutlich reduzieren.

Angewandte Methoden:
Die im Erstantrag geschilderten Methoden wurden durchgeführt bzw. begonnen:
Der Schwerpunkt lag zunächst im Bereich unbewältigter Konfliktsituationen in ihrer Beziehung zu den primären Bezugspersonen, insbesondere zum Vater und zur Mutter und teilweise auch zu den Geschwistern. Dies wurde verknüpft mit Übungen zur Förderung der emotionalen Wahrnehmungs- und Expressionsfähigkeit und mit Selbstinstruktionen zur kognitiven Angstbewältigung.
Begleitend wurden Übungen zur Körperwahrnehmung und Entspannung durchgeführt sowie mit dem Aufbau von Problemlösungsstrategien bezüglich ihres aktuellen Lebensplanes begonnen.
Das geplante Selbstsicherheits- und Kommunikationstraining sowie die Übungen zur Reizkonfrontation bezüglich der sozialen Ängste wurden in den bisher durchgeführten Gruppensitzungen begonnen und im individuellen Bereich in der Einzeltherapie ergänzt.
Der geplante Aufbau von alternativen Verstärkern und Sozialkontakten gestaltet sich derzeit aufgrund der aktuellen Lebenssituation der Patientin noch als sehr schwierig (außer im beschriebenen intellektuellen und geistigen Bereich), wird jedoch durch die Unterstützung des Ehemannes, der nochmals begleitend hinzugezogen werden wird, hoffentlich eher möglich sein.

Angaben über die bislang erreichte Veränderung der Symptomatik (ggf. neu hinzugetretene Symptomatik):
Durch die geschilderten Interventionen ist es der Patientin gelungen, sich teilweise innerlich von den Eltern zu lösen und

sich unabhängiger zu fühlen, häufiger ihre eigene Meinung zu äußern und die Beziehung zu den Eltern realistischer zu sehen. Gleichzeitig erlebt sie es noch als sehr schmerzlich, von ihrem Wunschtraum nach perfekten, liebevollen und fürsorglichen Eltern Abschied nehmen zu müssen. Dies erfordert sicherlich weitere Interventionen im Bereich des Akzeptierens und Umgangs mit Verlust, Trauer und anderen unangenehmen Gefühlen.

Durch alternative intellektuelle Beschäftigung und Vorbereitung auf eine Berufstätigkeit im kommenden Jahr konnte die Patientin ihre hypochondrischen Befürchtungen deutlich reduzieren sowie gleichzeitig auch ihre früheren sog. Panikanfälle. Es ist jedoch dringend erforderlich, diesen Erfolg noch weiterhin zu stabilisieren, zumal die Patientin nach wie vor bei erregungsbedingten Durchfällen unrealistische Krankheits-Befürchtungen entwickelt. Insgesamt nahm jedoch die Häufigkeit ihrer Arztbesuche deutlich ab.

Mit Hilfe von Übungen zur Körperwahrnehmung und Entspannung gelingt es der Patientin zunehmend mehr, ihr überhöhtes Erregungsniveau zu senken, sowie Körperreaktionen auch aktuellen Befindlichkeiten oder erregungsauslösenden Situationen zuzuordnen. Dabei erlebt sie vor allem die regelmäßig geführten Selbstbeobachtungs- und Selbstkontrollisten als hilfreich. Auch in diesem Bereich ist eine weitere Wahrnehmungsschulung zur Stabilisierung des Behandlungserfolgs dringend nötig.

Die Partnerschaft erlebt die Patientin als geringfügig befriedigender, möchte aber in Zukunft die Beziehung selbst noch aktiver gestalten und unangemessene Vergleiche mit dem internalisierten negativen Vaterbild abbauen. Sie fühlt sich jedoch dazu erst dann in der Lage, wenn sie ihre sozialen Ängste überwunden hat.

Mitarbeit der Patientin und ggf. der Bezugspersonen:
Die Patientin zeigt eine sehr hohe Therapiemotivation und Compliance. Sie erscheint regelmäßig und pünktlich zu den Therapiesitzungen, führt ausführlich und zuverlässig die ausgehändigten Selbstkontroll- und Selbstbeobachtungslisten, überträgt die therapeutischen Aufgaben und Anregungen sehr gut in ihre reale Lebenssituation und mobilisiert darüber hinaus auch ihr Selbsthilfepotential, indem sie viele zusätzliche Gelegenheiten wahrnimmt, die in der Therapie gewonnenen Erkenntnisse anzuwenden.

3. Beschreibung der Therapieziele:

Die im Erstantrag beschriebenen Therapieziele werden weiterhin verfolgt. Die sporadische Einbeziehung des Ehemannes ist ebenso geplant wie die Durchführung einer Familiensitzung mit der Mutter, dem Vater und eventuell noch den Geschwistern.

Ein neu hinzugekommenes, von der Patientin selbst formuliertes Ziel, besteht in einer Wiederaufnahme der Berufstätigkeit bzw. einer Umschulung beim Arbeitsamt. Eine zusätzliche Verstärkeranalyse bis zur Beseitigung des nach wie vor bestehenden Verstärkerdefizits ist dringend notwendig.

Prognose:
Die Prognose erscheint aufgrund der geschilderten Mitarbeit und Compliance der Patientin, der guten therapeutischen Beziehung, sowie der mobilisierten

Selbsthilfekräfte, eher noch günstiger als im Erstantrag angenommen wurde.

Begründung der wahrscheinlich noch notwendigen Therapiedauer:
Zur Stabilisierung des erzielten Behandlungserfolgs und Durchführung der zum Teil erst begonnenen therapeutischen Interventionen ist ebenso wie zur Beendigung der begonnenen Gruppentherapie eine Fortsetzung der verhaltenstherapeutischen Behandlung dringend notwendig. Die Gruppentherapie ist auf insgesamt 20 Sitzungen in Form einer geschlossenen Gruppe mit halbstandardisiertem Programm konzipiert und kann nicht unterbrochen werden.

Die begleitende Einzeltherapie (die Gruppe ist als Kombination von Einzel- und Gruppentherapie konzipiert) ist einerseits zur Aufarbeitung der in der Gruppenrealsituation entstehenden Ängste und innerpsychischen Konflikte der Patientin erforderlich, andererseits zur Fortsetzung des individuellen therapeutischen Prozesses.

Voraussichtlich sind insgesamt 60 Sitzungen (40 Einzel- und 20 Gruppensitzungen) ausreichend. Bei einem unvorhergesehenen kritischen Lebensereignis ist jedoch die Notwendigkeit einer weiteren Verlängerung nicht auszuschließen.

Zusammenfassung:
Zusammenfassend möchte ich nochmals das mögliche praktische Vorgehen bei der Erstellung eines Fortführungsantrags skizzieren:

1. Etwa 10 Sitzungen vor Ablauf des genehmigten Stundenkontingents können Sie dem Patienten ein **Bilanzblatt** (S. 170) aushändigen, das Sie in der darauffolgenden Sitzung gemeinsam besprechen und ergänzen.
2. Die **Akteinlage Nr. 2** (S. 170-171), bzw. bei einer zweiten Verlängerung zusätzlich die **Akteinlage Nr. 3** (S. 172) dienen zusammen mit dem Bilanzblatt als Gerüst für die Erstellung des Fortführungsantrags.

Bilanz-Blatt
(G. Görlitz)

Was habe ich bisher verändert?	Woran möchte ich weiterarbeiten?	Methoden (wird vom Therapeuten ausgefüllt)
1.		
2.		
3.		
4.		
5.		

Akteinlage Nr. 2 Bericht zum Fortführungsantrag VT 3b bzw. VT 3bE
(Verlängerungsantrag um weitere 15 Sitzungen von 45 auf 60)

1. **Wichtige Ergänzungen zum Erstantrag (VT 3a)**

Zur lebensgeschichtlichen Entwicklung und Krankheitsanamnese

Zum psychischen Befund und Bericht der Angehörigen des Patienten

Ergänzende Befundberichte (ambulant, stationär, testpsychologisch)

Ergänzungen zur Diagnose bzw. Differentialdiagnose

2. **Zusammenfassung des bisherigen Therapieverlaufs:**

Ergänzungen oder Veränderungen der Verhaltensanalyse

Angewandte Methoden

Angaben über die bislang erreichte Veränderung der Symptomatik, ggf. neu hinzugetretene Symptomatik

Mitarbeit des Patienten und ggf. der Bezugspersonen

3. **Beschreibung der Therapieziele für den jetzt beantragten Behandlungsabschnitt und ggf. Änderung des Therapieplans:**

Prognose

Begründung der wahrscheinlich noch notwendigen Therapiedauer mit Bezug auf die Veränderungsmöglichkeiten der Verhaltensstörungen des Patienten

Quelle: Informationsblatt für Verhaltenstherapie

Akteinlage Nr. 3 Ergänzungsbericht VT 3c
(im Rahmen der Höchstgrenze bis zu max. 80)

Es muß ein aktueller Bericht nach VT 3b bzw. 3b E beigefügt werden.

In diesem zusätzlichen Ergänzungsbericht ist die Fortführung der Behandlung über den Leistungsumfang hinaus zu begründen und zur beabsichtigten Überschreitung des Behandlungsumfangs Stellung zu nehmen. Dabei sollten folgende Fragen beantwortet werden:

Welche Erwartungen knüpft der Patient an die Fortführung der Behandlung? Was möchte er noch erreichen?

Welche besonderen Ereignisse sind eingetreten, die eine Fortführung der Behandlung in diesem Umfang notwendig machen?

Wie schätzt der Therapeut die Möglichkeiten zur Selbsthilfe und zur eigenverantwortlichen Bewältigung der Verhaltensstörung ein?

Welche Stundenzahl, Sitzungsfrequenz und Behandlungsdauer wird für die Abschlußphase der verhaltenstherapeutischen Behandlung unbedingt noch für erforderlich gehalten?

Die sog. »Entdeckelung« der psychotherapeutischen Stundenbegrenzung
E. Keil-Kuri

Zu diesem Thema »**Überschreitung der Regelgrenzen**« schreiben *F.R. Faber* und *R. Haarstrick* (S. 34): »Die therapeutische Praxis hat im Gutachterverfahren gezeigt, daß bei einer kleinen Zahl von Fällen eine Weiterführung der **analytischen** Psychotherapie über den Regelrahmen der Richtlinien hinaus erforderlich sein kann, weil

– weiterhin **Krankheit** im Sinne der RVO angenommen werden muß,
– der Therapeut in der begründeten Überzeugung seines therapiegerechten Verhaltens (Behandlungskonzept, Behandlungstechnik, Beurteilung der Prognose) eine Beendigung der Therapie im zugestandenen Leistungsumfang nicht glaubt verantworten zu können,
– zudem ersichtlich ist, daß nicht die Folgen einer unreflektierten Gegenübertragung des Therapeuten im Spiel sind.

In solchen außergewöhnlichen Situationen ist es eine Aufgabe des Gutachters, dem Einzelfall in einer nicht formalen, sondern interpretativen Anwendung der Richtlinien gerecht zu werden, ohne dabei deren System in seinem grundsätzlich ausreichenden Leistungsumfang zu gefährden.

Die Psychotherapie-Richtlinien intendieren in der Leistungsbegrenzung der Psychotherapie keine Behinderung des Patienten und des Therapeuten durch die Willkür ökonomischer Grenzziehung, die nachträglich durch allerlei kommentatorischen Aufwand legitimiert werden soll. Die zumeist problematische Behandlung chronifizierter Charakterneurosen, prognostisch ungünstiger Borderline-Erkrankungen oder narzißtischer Psychoneurosen sollte nicht dazu beitragen, das bewährte Versorgungssystem der Psychotherapie-Richtlinien und der Psychotherapie-Vereinbarungen in Frage zu stellen.«

Was die Autoren hier für die analytische Psychotherapie schreiben, sollte grundsätzlich auch ausnahmsweise einmal für tiefenpsychologisch fundierte Therapie gelten. Sicher sinngemäß auch für Verhaltenstherapie.

Vor allem stellt es eine Ungerechtigkeit dar, daß Patienten, deren Therapien über die Beihilfestellen abgerechnet werden und die ohnehin in der Regel – wenn sie bei der Beamtenkrankenkasse versichert sind – eine erhebliche Eigenleistung aufbringen müssen, auch eine geringere Stundenzahl haben dürfen als die bei gesetzlichen und privaten Krankenkassen Versicherten. Hier ist zu hoffen – und ich plädiere ausdrücklich dafür –, daß sowohl die Beamtenkrankenkasse wie die Beihilfestellen im Sinne einer **Entdeckelung** der Psychotherapie und Psychoanalyse in besonders begründeten Ausnahmefällen zu einer Gleichbehandlung der bei ihnen Versicherten mit den gesetzlich Versicherten kommen. Damit ist nicht gesagt, daß dies regelmäßig notwendig oder auch wünschenswert ist. Lediglich in besonders schwierigen Situationen, die aber dennoch lösbar erscheinen, ist eine solche Entdeckelung zu wünschen.

Beendigung der Therapie bei nicht ausreichendem Behandlungserfolg

Jede Art von Psychotherapie im Rahmen der kassenärztlichen Versorgung ist zu beenden, wenn kein nennenswerter Behandlungserfolg eintritt oder erwartet werden kann. Dies sollte eigentlich selbstverständlich sein. Ggf. können andere Therapieformen erwogen werden.

Therapeutenwechsel

Hierbei gibt es zwei Möglichkeiten: will der Pat. (im Einverständnis mit seinem Therapeuten, z.B. weil einer der beiden wegzieht) während einer genehmigten Therapie wechseln, ist dies manchmal ohne Neuantrag möglich, wenn der bisherige Therapeut der Kasse gegenüber sein Einverständnis gibt, die für ihn genehmigten Sitzungen auf den neuen Therapeuten zu übertragen. Andernfalls kann der neue Therapeut noch einmal probatorische Sitzungen durchführen, danach einen neuen Antrag auf KZT oder LZT stellen, der dann beschieden werden muß.

Wechsel des Verfahrens

Laut den Richtlinien ist ein Wechsel von Einzel- in Gruppentherapie und umgekehrt beim gleichen Therapeuten möglich, wobei probatorische Sitzungen und KZT wiederholt werden können, ebenso beim Wechsel von einem psychoanalytischen Verfahren in eine Verhaltenstherapie und umgekehrt. Dafür muß nach den Probesitzungen natürlich ein Umwandlungs-, bzw. Neuantrag (bei Therapeutenwechsel) erstellt werden. Beim Wechsel von Kurzzeit-Gruppentherapie in Langzeit-Gruppentherapie werden die Kurzzeit-Sitzungen angerechnet. Beim Wechsel von Kurzzeit-Einzeltherapie in Langzeit-Gruppentherapie wird die KZT nicht angerechnet.

Die Delegation

– an psychologische Psychotherapeuten
– an analytische Kinder- und Jugendlichentherapeuten

Das Delegationsverfahren wird mit Inkrafttreten des Psychotherapeutengesetzes am 1.1.1999 abgeschafft.
Für das sog. **Beauftragungsverfahren** wird auf den Kommentar von *F.R. Faber* und *R. Haarstrick* (S. 97ff.) hingewiesen.

Was tun bei Ablehnung des Antrags?

Es kommt selten vor, daß ein lege artis gestellter Antrag abgelehnt wird. Öfter kommt es vor, daß der Gutachter eine schriftliche oder evtl. telefonische Rückfrage stellt, nach der in der Regel eine Genehmigung erfolgt. In den 20 Jahren, in denen ich eine große Ganztagspraxis für Psychotherapie habe, kann ich die Anträge auf Obergutachten, die notwendig wurden, an einer Hand abzählen. Dabei kam es immer zu einer Art »Salomonischer Entscheidung«, d.h. das Obergutachten gibt in der Regel jedem ein bißchen Recht, d.h. genehmigt also meist einen Teil des Beantragten im Sinne einer Probetherapie.

Im Kommentar von *F.R. Faber* und *R. Haarstrick* heißt es zu diesem Thema: »Im Falle der Ablehnung eines Antrages kann der Patient ein Obergutachten beantragen. Der Obergutachter wird von der Kasse beauftragt, die den bisherigen Vorgang, einschließlich Formblatt PTV 2 b, dem Obergutachter zur Verfügung stellt. Der Arzt schickt der Kasse, ggf. zusammen mit dem Therapeuten, im verschlossenen roten oder gelben Umschlag den bisherigen Vorgang der Berichterstattung und der Begutachtung und fügt seine und des Therapeuten Stellungnahme zu den Bedenken des Gutachters bei. Der verschlossene Umschlag soll enthalten:

– den Bericht, bzw. die Berichte auf Formblatt PT 3a/b/c oder PT 3a/b/c (K) oder VT 3a/b/c,
– die ablehnende Stellungnahme des Gutachters auf dem Formblatt PTV 5 und auch vorausgehende Begutachtungen und
– das Einspruchschreiben des Therapeuten, ggf. auch des delegierenden Arztes, das sich mit den Bedenken des Gutachters substantiell auseinandersetzt.

Für die Honorierung der Begründung des Einspruchs an den Obergutachter steht die Nummer 868 (wie beim normalen Kassenantrag).

Im Grunde muß der Therapeut einen zweiten Antrag erstellen, in dem er besonders Stellung nimmt zu den Gründen der Ablehnung und versucht, diese zu widerlegen. Gelingt ihm das, wird der Obergutachter in seinem Sinne entscheiden. Sind seine Argumente wiederum nicht stichhaltig genug, wird der Obergutachter dem Erstgutachter Recht geben.

Es ist außerdem erforderlich, daß der Versicherte selbst gegen die Ablehnung des über ihn erstellten Antrags innerhalb von vier Wochen mit einem eigenen Brief an seine Krankenkasse Einspruch gegen den ablehnenden Bescheid einlegt und ein Obergutachten verlangt.

Die drei Anträge auf Obergutachten, die mir noch erinnerlich sind, hatten folgende Gründe:

– In einem Fall ging es um einen alkoholkranken Patienten, wobei der Gutachter begründete Zweifel daran hatte, daß er eine analytische Therapie durchhalten würde. Da das Antragsverfahren für das Obergutachten insgesamt vier Monate in Anspruch nahm, war der Patient – als der Obergutachter meinen Antrag genehmigt hatte – tatsächlich abgesprungen, so

daß der Gutachter letztendlich Recht behielt mit seinen Zweifeln an der Motivation des Patienten.
- Es ging um eine schwerstgestörte junge Frau, die mit wenigen Lebensstunden von ihrer ledigen Mutter vor einem Waisenhaus ausgesetzt wurde und die in den genehmigten 300 analytischen Sitzungen zwar enorme Fortschritte gemacht hatte, aber noch nicht ausreichend stabil war, d.h. also um einen Antrag für **Entdeckelung** im Sinne der Richtlinien, der vom Obergutachter positiv beschieden wurde.
- Die dritte Patientin hat dem Gutachter Anlaß gegeben, ebenfalls an ihrer Motivation zu zweifeln, was sich bestätigte: auch sie hat die Wartezeit bis zur endgültigen Entscheidung nicht durchgehalten.

Abrechnung der Anträge

Bei den gesetzlichen Kassen

– Seit der Neufassung der Richtlinien gibt es die Ziffer 868 BMÄ/E-GO mit einem Punktwert von 1400 Punkten für die Abrechnung der Kassenanträge bei den RVO- und Ersatzkassen. Außerdem kann mit der Ziffer 7122 das Porto und können mit der Ziffer 7140 evtl. notwendige Fotokopien abgerechnet werden. Dies ist zwar keine dem tatsächlichen Arbeitsaufwand entsprechende Honorierung, vor allem, wenn man bedenkt, daß evtl. Schreibgebühren vom Antragsteller bezahlt werden müssen. Immerhin ist es eine gewisse Anerkennung des notwendigen Behandlungsplanes.

Privatkassen und Beihilfe

Das Psychotherapeutengesetz regelt nicht, »ob, unter welchen Voraussetzungen und in welchem Umfang privat krankenversicherte und/oder beihilfeberechtigte Patienten die Erstattung ihrer Aufwendungen für eine psychotherapeutische Behandlung beanspruchen können. Wie für andere privat in Anspruch genommene Leistungen richten sich die Erstattungsvoraussetzungen auch insoweit nach den nach dem jeweiligen Versicherungsvertrag geltenden Tarif- und Versicherungsbedingungen bzw. nach den für den jeweiligen Beihilfebereich maßgeblichen Beihilfevorschriften. Soweit danach für die Erstattung von Aufwendungen für psychotherapeutische Leistungen von psychotherapeutisch tätigen Ärzten und von nichtärztlichen Psychotherapeuten differenzierende Voraussetzungen gelten, wird ggf. im Hinblick auf die der Neuordnung zugrunde liegende berufsrechtliche Gleichstellung beider Gruppen eine entsprechende Anpassung der Erstattungsvoraussetzungen geboten sein«. Bis eine solche erlassen wird, sollten Sie ihre Privatpatienten und Beihilfeberechtigten in deren und in Ihrem eigenen Interesse weiterhin dazu anhalten, **vor Beginn der Therapie** die für sie jeweils gültigen Tarif-/Beihilfebestimmungen bei ihren Kostenträgern zu erfragen und sich diese dann möglichst schriftlich geben lassen.
– Bei Privatkassen und Beihilfe gibt es die Ziffer 85 **eingehend begründetes schriftliches Gutachten** mit einem einfachen Satz von DM 40,57 bzw. 500 Punkte (GOÄ 1996). Dabei kann der Antragsteller die Zeit, die er für das Abfassen des Antrags braucht, je angefangene Stunde berechnen, sollte dies aber nicht

zu weit überziehen. Dazu kann der Antragsteller mit der Ziffer 95 Schreibgebühren mit einem Einfachsatz von 6,84 DM je angefangene DIN-A-4-Seite abrechnen. Der Satz für Schreibgebühren ist nur einfach berechnungsfähig. Außerdem kann der Antragsteller mit der Ziffer 96 Schreibgebühren für vom Kostenträger verlangte Durchschlagseiten in Höhe von 0,34 DM berechnen, ebenso wie das Porto in DM.

Geht man davon aus, daß in der Regel das 2,3fache des GOÄ-Satzes berechnet wird, erhält der Antragsteller also von den Privatkassen und den Beihilfestellen rund 100 DM für seinen Antrag. Dies ist gesondert mit Datumsangabe in Rechnung zu stellen.

Abrechnung auf Datenträgern (Diskettenabrechnung)

Zahlreiche EDV-Anbieter haben eine für uns Therapeuten brauchbare Abrechnungssoftware in ihren Allgemeinarzt-Abrechnungs-Programmen integriert. Es ist seit einigen Monaten auch eine nur für die Notwendigkeiten der Psychotherapeuten-Abrechnung entwickelte Software auf dem Markt. Am besten informieren Sie sich bei Ihrem Berufsverband, da naturgemäß hier keine Werbung für irgendein Programm möglich ist.

Schlußbemerkung

Die Autorinnen hoffen, daß der Leser nach der Lektüre entängstigt und vielleicht mit etwas mehr Auftrieb als davor die notwendige Übung der Kassenanträge angeht. Wenn dem so ist, hat sich für uns die Mühe der Abfassung dieses Buches gelohnt. Wir wünschen Ihnen viel Erfolg.

Literaturverzeichnis

Adler, R.; Hemmeler, W.: **Praxis und Theorie der Anamnese**. Fischer-Verlag, Stuttgart 1988

Ambühl, H.: **Therapeutische Beziehungsgestaltung unter dem Gesichtspunkt der Konfliktdynamik**. Aus: Brengelmann (Hrsg.): Therapieforschung für die Praxis, 12. Röttger Verlag, München 1992

Argelander, H.: **Das Erstinterview in der Psychotherapie**. Wissenschaftliche Buchgesellschaft, Darmstadt 1989

Argelander, H.: **Die szenische Funktion des Ich und ihr Anteil an der Symptom- und Charakterbildung**. Psyche, Jg. 24, 1970, S. 325-345

Argelander, Hermann: **Der Flieger – eine charakteranalytische Fallstudie**. Suhrkamp Verlag Frankfurt a. Main 1985, ISBN 3-518-37680-2

Argyle, M.: **Körpersprache und Kommunikation**. Verlag Junfermann, Paderborn 1979

Balint, M.; Balint, E.: **Psychotherapeutische Techniken in der Medizin**. Huber-Verlag, Bern 1962

Bastine, R.; Fiedler, P.A.; Grawe, K.; Schmidtchen, S.; Sommer, G.: **Grundbegriffe der Psychotherapie**. Edition Psychologie, VCH, Weinheim 1982, ISBN 3-527-16002-7

Baumann, U. (Hrsg.): **Indikation zur Psychotherapie**. Urban und Schwarzenberg, München 1981, ISBN 3-551-09461-3

Bauriedl, Thea: **Beziehungsanalyse. Das dialektisch-emanzipatorische Prinzip der Psychoanalyse und seine Konsequenzen für die psychoanalytische Familientherapie**. Suhrkamp-Verlag, Frankfurt a. Main 1980, ISBN 3-518-28074-0

Benz, A.: **Augenblicke verändern mehr als die Zeit. Das psychoanalytische Interview als erster Eindruck von Therapeut und Gesprächspartner**. Psyche, Jg. 42, 1988, S. 577-601

Best, D.: **Zahlen zur Psychotherapie im Vergleich**. Informationsblatt Vereinigung der Kassenpsychotherapeuten vom März 1998

BMÄ – EGO – EBM. Dienstexemplar der KVB, Stand Juli 1997. Dachau. Zauner

Brähler, Ch.; Brähler, E.: **Der Einfluß von Patientenmerkmalen und Interviewverlauf auf die Therapieaufnahme. Eine katamnestische Untersuchung zum psychotherapeutischen Erstinterview**. Zeitschrift für Psychosomatische Medizin und Psychoanalyse, 32, 1986, S. 140-160

Bruch, M.; Hoffmann, N. (Hrsg.). **Selbsterfahrung in der Verhaltenstherapie?** Bern. Springer, 1996

Büchner, B.R.: **Zwischen den Wirklichkeiten. Innere und äußere Realität in der Psychotherapie**. IPF 1989

Burian, W.: **Das Erstinterview. Die Verwendung des Erstinterviews für Diagnose und Prognose**. Wiener Zeitschrift für Suchtforschung, Jg. 6, 1983, S. 45-53

Burkart, M.: **Zahlen zur Psychotherapie in der kassenärztlichen/vertragsärztlichen Versorgung**. Mitteilungen der Vereinigung der Kassenpsychologen 14, Bonn, Jahrgang 1992

Caspar, F.; Grawe, K.: **Psychotherapie: Anwendung von Methoden oder ein heuristischer, integrierender Produktionsprozeß? In: Zeitschrift Report Psychologie, Bonn, 7.92

Christ, J.; Hoffmann-Richter, U.: **Therapie in der Gemeinschaft**, Gruppenarbeit, Gruppentherapie und Gruppenpsychotherapie im psychiatrischen Alltag, Psychiatrie-Verlag Bonn 1997, ISBN 3-88414-203-8

Deutsche Gesellschaft für Verhaltenstherapie, Forum 11: **Verhaltenstherapie, Theorien und Methoden**. DGVT, Tübingen 1986, ISBN 3-922686-72-1

Diagnostisches und Statistisches Manual Psychischer Störungen. DSM-IV, Hogrefe, Göttingen, 1996

Dilling, H.: **Anamnesemosaik**. Nervenarzt 57, 1986, S. 374-377

Dilling, H.; Mombour, W.; Schmidt, M.H.: **Internationale Klassifikation psychischer Störungen**. ICD-10, Kapitel V (F). Klinische-diagnostische Leitlinien, Huber-Verlag, Bern 1991

Döring, J.: **Biographisch orientierte Verhaltensanalyse**. In: Zeitschrift Praxis der Klinischen Verhaltensmedizin und Rehabilitation, verlag modernes lernen, Dortmund, Heft 3 September 1988

Doubrawa, R.: **Integrative Therapie aus der Sicht eines Verhaltenstherapeuten**. In: Zeitschrift Report Psychologie, Deutscher Psychologen Verlag, Bonn 7.92

Downing, G.: **Körper und Wort in der Psychotherapie**. Kösel, Kempten 1996

Dührssen, A.: **Die biographische Anamnese unter tiefenpsychologischem Aspekt**. Vandenhoeck & Rupprecht, Göttingen 1990

Eckstaedt, Anita: **Die Kunst des Anfangs. Psychoanalytische Erstgespräche**. Suhrkamp Verlag, Frankfurt a. Main 1991, ISBN 3-518-58093

Ermann, M.: **Psychonanalytische Diagnostik und das psychoanalytische Erstinterview**. Praxis der Psychotherapie und Psychosomatik 36, 1991, S. 97-103

Faber, F.R.: **Verhaltenstherapie in der gesetzlichen Krankenversicherung der BRD. Eine kritische Bilanz der ersten 10 Jahre (1980-1990)**. In: Zeitschrift Verhaltenstherapie, Band 1, Karger Verlag, Germering März 1991

Faber, F.R.; Haarstrick, R.: **Kommentar zu den Psychotherapie-Richtlinien**. 4. Auflage. Jungjohann Verlagsgesellschaft Neckarsulm Stuttgart 1996; ISBN 3-8243-1417-7

Fiedler, P.: **Verhaltenstherapie in Gruppen**. Beltz, Weinheim 1996

Finger-Trescher, U.: **Wirkfaktoren der Einzel- und Gruppenanalyse,** problemata fromann-holzboog 125, Friedrich Fromann Verlag Stuttgart-Bad Cannstadt 1991, ISBN 3-7728-1424-7

Fliegel, S.; Gröger, W.M.; Künzel, R.; Schulte, D.; Sorgatz, H.: **Verhaltenstherapeutische Standardmethoden**. PVU, Weinheim 2/1989, ISBN 3-621-27085-x

Freud, Sigmund: **Gesammelte Werke**. Studienausgabe. S. Fischer Verlag GmbH, Frankfurt a. Main 1971, ISBN 3-10-822706

Friedrich, H.: **Anamnese als Drama. Die ersten Sätze**. Zeitschrift für psychosomatische Medizin und Psychoanalyse, Jg. 30, 1984, S. 314-322

Görlitz, G.: **Fragebogen zu Allgemeinen Umwelt- und Lebensbedingungen,** 1991 (unveröffentlicht)

Görlitz, G.: **Verhaltenstherapeutische Praxis im Erzieheralltag**. Pfeiffer, Leben lernen 87 (1993), München, ISBN 3-7904-0600-7

Görlitz, G.; Hippler, B.: **Selbsterfahrung in der Ausbildung zum Verhaltenstherapeuten – Erfahrungsbericht. In: Zeitschrift Verhaltenstherapie, Karger Verlag Germering, Band 2, Heft 2, Juni 1992

Görlitz, G.: **Körper und Gefühl in der Psychotherapie – Basisübungen.** Pfeiffer, Leben lernen 120, München 1998, ISBN 3-7904-066-9

Görlitz, G.: **Körper und Gefühl in der Psychotherapie – Aufbauübungen.** Pfeiffer, Leben lernen 120, 1998, ISBN 3-7904-0662-7

Grawe, K.: **Verhaltenstherapie in Gruppen.** Urban und Schwarzenberg, München 1980, ISBN 3-541-09181-9

Grawe, K., Donati, R. u. Bernauer, F.: **Psychotherapie im Wandel: Von der Konfession zur Profession.** Hogrefe, Göttingen 1994

Grawe, K.: **Psychologische Therapie.** Hogrefe, Göttingen 1998

Grotloh-Amberg, H.: **Verhaltenstherapie mit Kindern.** In: Petzold, H., Ramin, G.: Schulen der Kinderpsychotherapie, Junfermann-Verlag, Paderborn 1987, ISBN 3-87387-268-4

Hand, I.: **Verhaltenstherapie und kognitive Therapie in der Psychiatrie.** In: Psychiatrie der Gegenwart. Band 1. Springer Verlag, Berlin 3/1986, ISBN 3-540-16026-4

Heigl, Franz: **Indikation und Prognose in Psychoanalyse und Psychotherapie.** Vandenhoeck & Ruprecht, Göttingen 1992, ISBN 3-525-45615-8

Hippler, B.: **Personorientierte Selbsterfahrung in der Ausbildung zur VerhaltenstherapeutIn.** In: Laireiter, A-R; Elke G. (Hrsg.), 1994. Selbsterfahrung in der Verhaltenstherapie: Konzepte und praktische Erfahrungen. dgvt Verlag, Tübingen, 1994, S. 32-44

Hoffmann, N.: **Verhaltenstherapie und kognitive Verfahren. Was sie kann, wie sie wirkt und wem sie hilft.** PAL-Verlagsgesellschaft, Mannheim 2/1990, ISBN 3-923614-40-3

Hohage, R.; Kächele, H.; Hoessle, I.: **Über die diagnostisch-therapeutische Funktion von Erstgesprächen in einer psychotherapeutischen Ambulanz.** Psyche Jg. 35, 1981, S. 544-556

Informationsblatt für Verhaltenstherapie: Paul Albrechtsverlag, 1992

Internationale Klassifikation Psychischer Störungen. ICD-10 Kapitel V (F) 1993.

Kadis, A. et al.: **Praktikum der Gruppenpsychotherapie.** problemata frommann-holzboog Verlag, Stuttgart-Bad Cannstadt 1982

Kähler, H.D.: **Erstgespräche in der sozialen Einzelfallhilfe.** Lambertus-Verlag, Freiburg 1991

Kallinke, D.: **Das Gutachterverfahren in der Verhaltenstherapie – »Musterfälle«?.** In: Zeitschrift Praxis der Klinischen Verhaltensmedizin und Rehabilitation, Heft 17, verlag modernes lernen, Dortmund März 1992

Kanfer, F.H.; Reinecker, H.; Schmelzer, D.: **Selbstmanagement-Therapie.** Springer Verlag, Berlin 1991, 2. überarb. Aufl. 1996, ISBN 3-540-52066-X

Kemmler, L.; Borgart, E.-H.; Gärke, R.: **Der Einsatz von Hausaufgaben in der Psychotherapie.** In: Zeitschrift Report Psychologie Deutscher Psychologen Verlag, Bonn 8/1992

Keupp, H.: **Psychosoziale Praxis im gesellschaftlichen Umbruch.** Psychiatrie-Verlag, Bonn 1987, ISBN 3-88414-077-9

Köhlke, H.-U.: **Gruppen-Verhaltenstherapie in der gesetzlichen Krankenversicherung der BRD. Eine kritische Auseinandersetzung aus der Praxis-Perspektive.** In: Zeitschrift

Verhaltenstherapie, Band 2, Heft 1, Karger Verlag, Germering März 1992

König, K.; Lindner, W.V.: **Psychoanalytische Gruppentherapie.** Vandenhoeck & Rupprecht, Göttingen 1992, 2. Aufl.

Kutter, P.: **Das psychoanalytische Interview.** In Kutter, P. (Hrsg.): Moderne Psychoanalyse, Verlag Internationale Psychoanalyse, München 1989, S. 241-266

Laireiter, A-R; Elke G. (Hrsg.): **Selbsterfahrung in der Verhaltenstherapie: Konzepte und praktische Erfahrungen.** dgvt Verlag, Tübingen 1994

Lazarus, A.A.: **Verhaltenstherapie im Übergang.** Ernst Reinhardt Verlag, München 1978, ISBN 3-497-00813-3

Lieb, H.; Lutz, R.: **Verhaltenstherapie. Ihre Entwicklung – ihr Menschenbild.** Verlag für angewandte Psychologie, Göttingen 1992, ISBN 3-87844-057-x

Lugt-Tappeser, H.; Tappeser, L.P.: **Anamnestischer Erhebungsbogen. Ein strukturierter Interview-Leitfaden.** Asanger-Verlag, Heidelberg 1993

Lutz, R.: **Verhaltenstherapeutisch fundierte Selbsterfahrung.** Verhaltenstherapie und Psychosoziale Praxis (VPP)13, 608-618, 1981

Mackinger, H.: **Selbsterfahrung in der Verhaltenstherapie.** Praxismanual. Mackinger Verlag, Bergheim bei Salzburg 1995.

Margraf, J.: **Therapieindikation.** in: Lehrbuch der Verhaltenstherapie. Band 1 Grundlagen. Springer, Berlin, 1996

Margraf, J. (Hrsg.): **Lehrbuch der Verhaltenstherapie.** Band 1 Grundlagen. Springer, Berlin, 1996

Meermann, R.; Vandereycken, Walter: **Verhaltenstherapeutische Psychosomatik in Klinik und Praxis.** F.K. Schattauer Verlagsgesellschaft Stuttgart 1991, ISBN 3-7945-1351-7.

Moser, T.: **Körpertherapeutische Phantasien. Psychoanalytische Fallgeschichten neu betrachtet.** Suhrkamp Verlag, Frankfurt a. Main 1991, ISBN 3-518-40197-1

Pfingsten, U.; Hinsch, R.: **Gruppentraining sozialer Kompetenzen (GSK).** Psychologie Verlags Union, 2. überarb. Aufl., Weinheim 1991, ISBN 3-621-27112-0

Psychotherapierichtlinien 1987

Racker, Heinrich: **Übertragung und Gegenübertragung, Studien zur psychoanalytischen Technik.** Ernst Reinhardt Verlag, München – Basel 1978, ISBN 3-497-00834-6

Reinecker, H.: **Grundlagen der Verhaltenstherapie. Psychologie Verlags-Union, Weinheim 1987, ISBN 3-621-27032-9**

Reinecker, H.: **Grundlagen verhaltenstherapeutischer Methoden.** In: DGVT – Forum für Verhaltenstherapie. Band 11. DGVT, Tübingen 1986, ISBN 3-922686-76-1

Reinecker, H.: **Grundlagen der Verhaltenstherapie.** Beltz. Psychologie Verlagsunion, 1994, 2. Aufl., ISBN 3-621-27170-8

Rost, Wolf-Detlef: **Psychoanalyse des Alkoholismus.** Klett-Cotta Verlag Stuttgart 1992, ISBN 3-608-95961-0

Rudolf, G.; Grande, T.; Porsch, U.: **Die initiale Patient-Therapeut-Beziehung als Prädiktor des Behandlungsverlaufs.** Zeitschrift für psychosomatische Medizin und Psychoanalyse, Jg. 34, 1988, S. 32-49

Schneider, W. (Hrsg.): **Indikationen zur Psychotherapie, Anwendungsbereiche und Forschungsprobleme.** Beltz

Verlag, Weinheim – Basel 1990, ISBN 3-407-86011-0

Schröder, E.; Glücksmann, R.: **Das Kassengutachten in der psychotherapeutischen Praxis. Technik und beispielhafte Fälle.** Birga-Glücksmann-Verlag, Hamburg 1993

Scholz, W.: **Die therapeutische Beziehung.** In: Sulz (Hrsg.) Das Therapiebuch. CIP-Medien, München. S. 77-91, 1994

Schubert, A.: **Das Körperbild in der Verhaltenstherapie.** In: Verhaltenstherapie und psychosoziale Praxis. dgvt Verlag, Tübingen, 1996

Spieler, K.: **Das psychoanalytische Erstinterview.** In Zielke, M. et al. (Hrsg.): Die Entzauberung des Zauberbergs, Verlag Modernes Lernen, Dortmund 1988

Sulz, S.K.D.: **Das Verhaltensdiagnostiksystem VDS: Von der Anamnese zur Antragsstellung**, CIP Mediendienst, München 2/1992, ISBN 3-9803074-0-9

Sulz, S.K.D.: **Probleme der Antragsbegutachtung.** In: Zeitschrift Praxis der Klinischen Verhaltensmedizin und Rehabilitation, Heft 12, verlag modernes lernen, Dortmund Dezember 1990

Sulz, S.K.D. (Hrsg.): **Das Therapiebuch.** Erfahrene Psychotherapeuten berichten, wie sie Therapie machen. München. CIP-Medien 1994

Ullrich de Muynck, R. u. Ullrich, R.: **Das Assertiveness-Training-Programm (ATP): Einübung in Selbstvertrauen und soziale Kompetenz.** Pfeiffer Verlag, München 1976/1998

Volkan, Vamik D.: **Eine Borderline-Therapie.** Vandenhoeck & Ruprecht Verlag in Göttingen 1992, ISBN 3-525-45739-1

Wanschura, W.: **Psychotherapie.** hpt-Verlagsgesellschaft, Wien 1990, ISBN 3-85128-042-3

Weltgesundheitsorganisation: Internationale Klassifikation psychischer Störungen, ICD-10 Kapitel V (F). Klinisch-diagnostische Leitlinien. Herausgeg. v. H. Dilling, W. Mombour, M.H. Schmidt, Verlag Hans Huber, Bern 1991, ISBN 3-456-82039-0

Wiedemann, P.M.: **Erzählte Wirklichkeit. Zur Theorie und Auswertung narrativer Interviews.** Verlag Beltz, Weinheim 1986

Winnicott, D.W.: **Die therapeutische Arbeit mit Kindern.** Kindler Studienausgabe, Kindler Verlag München 1973, ISBN 3-463-00550-6

Wlazlo, Z.; Schroeder-Hartwig, K.; Münchau, N.; Kaiser, G.; Hand, I.: **Exposition in vivo bei sozialen Ängsten und Defiziten.** In: Zeitschrift für Verhaltenstherapie, Karger 1992

Zimmer, D.: **Die therapeutische Beziehung.** Edition Psychologie, VCH, Weinheim 1983, ISBN 3-527-16006-x.

Anhang 1

Information zum Psychotherapeutengesetz

Gudrun Görlitz

Da sich die konkreten Ausführungsbestimmungen für das am 1.1.1999 in Kraft tretende Psychotherapeutengesetz teilweise erst im Verlauf des Jahres 1999 abzeichnen werden, möchte ich Sie in diesem Kommentar zumindest auf die wichtigsten Änderungsaspekte hinweisen.

Am 6. März 1998 nahm nach über 20-jähriger Diskussion das Psychotherapeutengesetz die letzte parlamentarische Hürde. Von großer gesellschaftlicher Relevanz dieses Gesetzes ist der damit verbundene **Titelschutz**, d.h. der Titel »Psychotherapeut« und »Psychotherapeutin« ist ab 1.1.99 für psychotherapeutisch tätige Ärzte, psychologische Psychotherapeuten und Kinder- und Jugendlichenpsychotherapeuten gesetzlich geschützt. Der unberechtigte Gebrauch kann unter Strafe gestellt werden.

Zunächst möchte ich die **historischen Hintergründe** kurz beleuchten.

Im Jahre 1978 war der erste Entwurf des Psychotherapeutengesetzes bereits nach Vorlage des Referentenentwurfs gescheitert. Erst Anfang der 90er Jahre wurde die Arbeit am Psychotherapeutengesetz wieder aufgenommen. Die Lösung einer sozialrechtlichen Integration in die bestehenden Strukturen der ärztlichen Selbstverwaltung und einheitlicher Vorschriften für ärztliche und psychologische Psychotherapeuten wurde schließlich favorisiert. Am 3. Juni 1996 stimmte das »Parlament« der Vertragsärzteschaft dem **Integrationsmodell** zu. Zum ersten Mal in der Geschichte ihrer Selbstverwaltung nimmt damit die Ärzteschaft einen weiteren akademischen Heilberuf in ihre Organe auf. (vgl. auch Weidhaas 1998). Dies ist eine Chance für alle Beteiligten, ihre fachlichen und beruflichen Interessen sowie die **Interessen der Patienten** gemeinsam zu vertreten und die jeweiligen Stärken ihrer Ausgangsberufe (im Erwachsenenbereich Medizin und Psychologie, im Kinder- und Jugendlichenbereich Medizin, Psychologie, Pädagogik und Sozialpädagogik) zu bündeln und für diese Interessen zu nutzen.

Am 4. Februar 1998 hat der *Vermittlungsausschuß* den Einigungsvorschlag der interfraktionellen Arbeitsgruppe einstimmig angenommen und damit den Weg für die Verabschiedung des Psychotherapeutengesetzes geebnet. Die Zustimmung des *Bundestages* erfolgte am 12.2.98, die des *Bundesrates* am 6.3.98. (vgl. dgvt 3.98)

Mit dem Psychotherapeutengesetz wurde gleichzeitig auch das **Zuzahlungsgesetz** verabschiedet. Wer Psychotherapie beanspruchen will und über 18 (bzw. 21) Jahre alt ist, muß ab 1.1.99 nach den probatorischen Sitzungen 10,– DM Eigenanteil für jede psychotherapeutische Sitzung bezahlen, wobei verschiedene Härteklauseln vorgesehen sind. Dieses Gesetz wurde von Bundespräsident Herzog am 9. Mai 1998 unterzeichnet.

Das Psychotherapeutengesetz dient in erster Linie dem **Schutze der Patienten**, die sich bisher oft im grauen Markt und esoterischen Dschungel (teilweise auch selbsternannter Therapeuten) zurechtfinden mußten. Die erwachsenen Patienten können in Zukunft davon ausgehen, daß die Psychotherapeuten ihrer Wahl ein akademisches Studium (Psychologie oder Medizin) und eine anschließende qualifizierte Weiterbildung zum Psychotherapeuten absolviert haben. Kinder und jugendliche Patienten werden von Psychotherapeuten mit einem Grundstudium im Bereich der Medizin, Psychologie, Pädagogik oder Sozialpädagogik ebenfalls mit anschließender qualifizierter Weiterbildung behandelt.

Das Psychotherapeutengesetz hat daneben noch eine Reihe anderer Auswirkungen, auf die ich im Folgenden, soweit sie bereits jetzt bekannt sind, in den wichtigsten Bereichen eingehen möchte.

Ab 1.1.99 treten einige existentiell wichtige Änderungen in Kraft. Ab diesem Zeitpunkt gilt die **Bedarfsplanung für Psychotherapie**, so daß nun auch alle psychologischen Psychotherapeuten und Kinder- und Jugendlichenpsychotherapeuten, die ihren Antrag auf Kassenzulassung erst nach dem 31.12.1998 stellen, nur noch eine bedarfsabhängige Zulassung erhalten werden. Für die sog. **Richtlinienpsychotherapeuten**, die bereits im Rahmen des Delegationsverfahrens seit längerer Zeit abgerechnet haben, wird die Zulassung bis zum 31.12.98 voraussichtlich relativ unproblematisch sein und nur die Erfüllung einiger Formalitäten voraussetzen. Daneben gibt es eine bedarfsunabhängige **Ermächtigung** sowie eine bedarfsunabhängige Kassenzulassung für diejenigen, die zum psychologischen Psychotherapeuten oder

Kinder- und Jugendlichenpsychotherapeuten approbiert werden, den Fachkundenachweis erfüllen und bereits in der Zeit vom 25.6.94 bis zum 24.6.97 an der ambulanten Versorgung der Versicherten der gesetzlichen Krankenkassen teilgenommen haben.
Für einige psychologische Psychotherapeuten (einen Teil der bisher sog. **Erstattungspsychotherapeuten**), die zwischen dem 25. Juni 1994 und dem 24. Juni 1997 an der ambulanten psychotherapeutischen Versorgung der Versicherten der gesetzlichen Krankenversicherungen teilgenommen haben, gibt es **Übergangsregelungen** sowie die Möglichkeit einer Nachqualifikation. Vertreter der Bundesländer legen in Zusammenarbeit mit der Arbeitsgemeinschaft der Richtlinienverbände (AGR) und der Arbeitsgemeinschaft Psychotherapie (AGPT) entsprechende Übergangsregelungen fest.
Auch die Kriterien für die mögliche Einrichtung einer eigenständigen **Psychotherapeutenkammer** werden derzeit von den Vertretern verschiedener Verbände erarbeitet.
Die Mitglieder des Bundesausschusses, die vom Gesundheitsminister benannt wurden, haben die Aufgabe, die **Psychotherapierichtlinien** neu zu fassen. Dies muß bis zum 31.12.98 abgeschlossen sein (Ströhm 3/98). Die Psychotherapierichtlinien bestimmen die psychotherapeutisch behandlungsbedürftigen Krankheiten, die zur Krankenbehandlung geeigneten Verfahren, das **Antrags- und Gutachterverfahren**, die probatorischen Sitzungen sowie Art, Umfang und Durchführung der Behandlung. Sie haben darüber hinaus die inhaltlichen und fachlichen Anforderungen des Konsiliarberichts zu regeln und sind erstmalig zum 31.12.98 zu beschließen (§ 92, Absatz 6, 5. Buch SGB, Artikel 1).
Auf Länderebene gibt es für die einzelnen KV-Bezirke je einen **Zulassungsausschuß**, der zu gleichen Teilen mit Ärzten, psychologischen Psychotherapeuten (einschließlich einem Kinder- und Jugendlichenpsychotherapeuten) einerseits und Vertretern der Krankenkassen andererseits besetzt wird.
Die überwiegend oder ausschließlich psychotherapeutisch tätigen Ärzte und Psychotherapeuten bilden zukünftig eine **Arztgruppe**. Der allgemeine bedarfsgerechte Versorgungsgrad ist für diese Arztgruppe erstmals vom Stand vom 1. Januar 1999 an ermitteln.
Im 5. Buch Sozialgesetzbuch werden nunmehr folgende **Berufsbezeichnungen** festgeschrieben:
– psychotherapeutisch tätige Ärzte
– Psychotherapeuten.
Die Eintragung in das **Arztregister** setzt sowohl die **Approbation** als auch den **Fachkundenachweis** voraus.
Nach § 9 des Psychotherapeutengesetzes, das sich auf die **Gebührenordnung bei Privatbehandlungen** bezieht, sind in einer Rechtsverordnung die Mindest- und Höchstsätze für psychotherapeutische Leistungen festzusetzen.

Die seit Beginn des Jahres 1998 ins Leben gerufenen Gespräche der Honorarabteilung der KBV bezüglich der Neugestaltung des neuen **EBM 2000** sind vorerst gescheitert. Die Vertreterversammlung der KBV, hat am 19.5.1998 das Konzept des Vorstandes nur knapp mit 45 zu 44 Stimmen abgelehnt. Die Pläne werden fundamental überarbeitet, u.a. mit der Forderung, daß die Gebührenordnung so gestaltet werden muß, daß sich Regelleistungsvolumen unmittelbar aus dem EBM heraus entwickeln lassen. Die bisher gültigen EBM-Ziffern werden voraussichtlich auch noch im nächsten Jahr gelten (Bittner 6/98). Im sogenannten EBM 2000 soll es getrennte EBM-Kapitel für Psychiatrie und Psychotherapie, für psychotherapeutische Medizin, für ärztliche Psychotherapeuten (die nicht Facharzt für psychotherapeutische Medizin sind) und für psychologische Psychotherapeuten zusammen mit Kinder- und Jugendlichenpsychotherapeuten geben. Darüber hinaus ist ein **gemeinsames Kapitel Richtlinienpsychotherapie** geplant. Insbesondere die als Lehrtherapeuten und Supervisoren tätigen psychologischen Psychotherapeuten legen großen Wert auf die Gleichbehandlung ihres Berufsstandes mit dem des Arztes für psychotherapeutische Medizin im neuen EBM und begründen dies u.a. auch damit, daß viele der Fachärzte für psychotherapeutische Medizin von psychologischen Psychotherapeuten psychotherapeutisch ausgebildet wurden (Bittner 3/98).
Im neuen EBM werden voraussichtlich **zusätzliche Ziffern** für folgende Leistungen benötigt:
– Krisenintervention im Rahmen einer freien Sprechstunde
– Niederfrequente, nichtantragspflichtige Psychotherapie für z.B. chronisch psychosomatisch oder psychotisch kranke Patienten
– Prävention und Rehabilitation
– Gruppenpsychotherapie bei entsprechender Bewertung auch für Kleingruppen bis zu 5 Teilnehmern
– Psychotherapie für Kinder und Jugendliche einschließlich des höheren Bedarfs an begleitenden Maßnahmen auch im Rahmen familientherapeutischer Interventionen
– Leistungen außerhalb der Therapieräume wie z.B. Hausbesuche, Aufwand für in vivo-Übungen, Arbeitsplatz- Schulbesuche usw.
– Grundleistungen die dem relativ hohen Verwaltungsaufwand bei gleichzeitig niedrigen Fallzahlen gerecht werden. (vgl. auch Best, 3.98)

Am 10.9.98 hat der gemeinsame Bewertungsausschuß der Ärzte und Krankenkassen eine Anpassung des EBM an die veränderte Rechtslage zum 1.1.99 beschlossen. Der psychologische Psychotherapeut erhält voraussichtlich mit seiner Approbation gleichzeitig auch eine Kassenzulassung für die Therapie von Kindern und Jugendlichen. Es gibt Vorschläge, im vorgesehenen Curriculum für Pädagogen eine zusätzliche Qualifikation, die über die 600 Theoriestunden hinausgehen, vorzusehen.

Wir alle werden uns im Laufe der kommenden Jahre an die neuen gesetzlichen Bestimmungen und auch an neue EBM Ziffern gewöhnen. Dieses Buch kann leider nur den aktuellen Stand – zum Zeitpunkt des Erscheinens der 3. Auflage – aufzeigen. Die verschiedenen Mitteilungsorgane unserer Verbände werden uns auf dem Laufenden halten.

Der erste Schritt, die Patienten vor mangelhaft qualifizierten Heilern zu schützen, ist nun getan. Ein weiterer Schritt, die **gewerbliche Lebensbewältigungshilfe** gesetzlich zu regeln, wurde bereits im Rechtsausschuß mit bisher wenig Erfolg geprüft. »Dem weitestgehend undurchsichtigen Markt für gewerbliche Lebensbewältigungshilfe will der Bundesrat mit einem Gesetz zu Leibe rücken, dessen Regelungen den Verbraucher vor unseriösen Angeboten schützen sollen.« (Report Psychologie 5-6/98, S. 416). Ob es auch irgendwann einen Schutz für die Bezeichnung »**Psychotherapie**« geben wird, bleibt abzuwarten und wäre wünschenswert.

Unberührt von all diesen Änderungen und Fragen bleibt vorerst der in diesem Buch beschriebene **Kassenantrag**, den die tiefenpsychologisch, analytisch und verhaltenstherapeutisch orientierten Psychotherapeuten und psychotherapeutisch tätigen Ärzte beherrschen müssen, um die Therapie für ihre Patienten von den Gutachtern und den Krankenkassen genehmigt zu bekommen.

Stand Herbst 1998

Literatur

Best, D. (1998) Neues EBM-Kapitel »Psychotherapie, Psychodiagnostik«; in Zeitschrift für Verhaltenstherapie. Karger. März 1998. S. 64

Bittner, R. (1998). 1. Landesmitgliederbrief 1998 der Vereinigung der Kassenpsychotherapeuten. Landshut

Bittner, R. (1998). Vereinigung der Kassenpsychotherapeuten – Kurzinfo. 2.6.98. Landshut

Deutsche Gesellschaft für Verhaltenstherapie. Aktuelles zum Psychotherapeutengesetz. dgvt Verlag. Tübingen. 3.98

Gesetz über die Berufe des psychologischen Psychotherapeuten und des Kinder- und Jugendlichenpsychotherapeuten zur Änderung des 5. Buches SGB und anderer Gesetze. (16.6.98). Bundesgesetzblatt Nr. 36. Bonn

Report Psychologie. Rechtsausschuß berät über gewerbliche Lebensbewältigungshilfe. 5-6 98. S 416

Rohkonzept der Ausbildungs- und Prüfungsverordnung für Kinder- und Jugendlichenpsychotherapeuten. (Mai 1998)

Rohkonzept der Ausbildungs- und Prüfungsverordnung für psychologische Psychotherapeuten. (Mai 1998)

Ströhm, W. (1998). Deutscher Fachverband für Verhaltenstherapie. Mitgliederbrief. 3/98. 5.6.98. Münster

Vereinigung der Kassenpsychotherapeuten. (1998). Das Psychotherapeutengesetz. Broschüre der Bundesgeschäftsstelle. Ludwigshafen

Weidhaas, H.-J., Best, D. (1998). Bundesvorstand der Vereinigung der Kassenpsychotherapeuten. 3. Mitgliederbrief. 6/98. Bonn

Anhang 2

Gesetz über die Berufe des Psychologischen Psychotherapeuten und des Kinder- und Jugendlichenpsychotherapeuten, zur Änderung des Fünften Buches Sozialgesetzbuch und anderer Gesetze

Vom 16. Juni 1998

Der Bundestag hat mit Zustimmung des Bundesrates das folgende Gesetz beschlossen:
Artikel 1
**Gesetz über die Berufe des Psychologischen Psychotherapeuten und des Kinder- und Jugendlichenpsychotherapeuten
(Psychotherapeutengesetz – PsychThG)**

§ 1
Berufsausübung

(1) Wer die heilkundliche Psychotherapie unter der Berufsbezeichnung »Psychologische Psychotherapeutin« oder »Psychologischer Psychotherapeut« oder die heilkundliche Kinder- und Jugendlichenpsychotherapie unter der Berufsbezeichnung »Kinder- und Jugendlichenpsychotherapeutin« oder »Kinder- und Jugendlichenpsychotherapeut« ausüben will, bedarf der Approbation als Psychologischer Psychotherapeut oder Kinder- und Jugendlichenpsychotherapeut. Die vorübergehende Ausübung des Berufs ist auch auf Grund einer befristeten Erlaubnis zulässig. Die Berufsbezeichnungen nach Satz 1 darf nur führen, wer nach Satz 1 oder 2 zur Ausübung der Berufe befugt ist. Die Bezeichnung »Psychotherapeut« oder »Psychotherapeutin« darf von anderen Personen als Ärzten, Psychologischen Psychotherapeuten oder Kinder- und Jugendlichenpsychotherapeuten nicht geführt werden.
(2) Die Berechtigung zur Ausübung des Berufs des Kinder- und Jugendlichenpsychotherapeuten erstreckt sich auf Patienten, die das 21. Lebensjahr noch nicht vollendet haben. Ausnahmen von Satz 1 sind zulässig, wenn zur Sicherung des Therapieerfolgs eine gemeinsame psychotherapeutische Behandlung von Kindern oder Jugendlichen mit Erwachsenen erforderlich ist oder bei Jugendlichen eine vorher mit Mitteln der Kinder- und Jugendlichenpsychotherapie begonnene psychotherapeutische Behandlung erst nach Vollendung des 21. Lebensjahres abgeschlossen werden kann.

(3) Ausübung von Psychotherapie im Sinne dieses Gesetzes ist jede mittels wissenschaftlich anerkannter psychotherapeutischer Verfahren vorgenommene Tätigkeit zur Feststellung, Heilung oder Linderung von Störungen mit Krankheitswert, bei denen Psychotherapie indiziert ist. Im Rahmen einer psychotherapeutischen Behandlung ist eine somatische Abklärung herbeizuführen. Zur Ausübung von Psychotherapie gehören nicht psychologische Tätigkeiten, die die Aufarbeitung und Überwindung sozialer Konflikte oder sonstige Zwecke außerhalb der Heilkunde zum Gegenstand haben.

§ 2
Approbation

(1) Eine Approbation nach § 1 Abs. 1 Satz 1 ist auf Antrag zu erteilen, wenn der Antragsteller
1. Deutscher im Sinne des Artikels 116 des Grundgesetzes, Staatsangehöriger eines Mitgliedstaates der Europäischen Union oder eines anderen Vertragsstaates des Abkommens über den Europäischen Wirtschaftsraum oder heimatloser Ausländer im Sinne des Gesetzes über die Rechtsstellung heimatloser Ausländer ist,
2. die vorgeschriebene Ausbildung abgeleistet und die staatliche Prüfung bestanden hat,
3. sich nicht eines Verhaltens schuldig gemacht hat, aus dem sich die Unwürdigkeit oder Unzuverlässigkeit zur Ausübung des Berufs ergibt, und
4. nicht wegen eines körperlichen Gebrechens oder wegen Schwäche seiner geistigen oder körperlichen Kräfte oder wegen einer Sucht zur Ausübung des Berufs unfähig oder ungeeignet ist.

(2) Die Voraussetzung des Absatzes 1 Nr. 2 gilt als erfüllt, wenn aus einem in einem Mitgliedstaat der Europäischen Union oder einem anderen Vertragsstaat des Abkommens über den Europäischen Wirtschaftsraum erworbenen Diplom hervorgeht, daß der Inhaber eine Ausbildung erworben hat, die in diesem Staat für den unmittelbaren Zugang zu einem dem

Beruf des »Psychologischen Psychotherapeuten« oder dem Beruf des »Kinder- und Jugendlichenpsychotherapeuten« entsprechenden Beruf erforderlich ist. Diplome im Sinne dieses Gesetzes sind Diplome, Prüfungszeugnisse und sonstige Befähigungsnachweise im Sinne des Artikels 1 der Richtlinie 89/48/EWG des Rates vom 21. Dezember 1988 über eine allgemeine Regelung zur Anerkennung der Hochschuldiplome, die eine mindestens dreijährige Berufsausbildung abschließen (ABl.EG Nr. L 19 S. 16), oder im Sinne des Artikels 1 der Richtlinie 92/51/EWG des Rates vom 18. Juni 1992 über ein zweite allgemeine Regelung zur Anerkennung beruflicher Befähigungsnachweise in Ergänzung zur Richtlinie 89/48/EWG (ABl. EG Nr. L 209 S. 25) in der jeweils geltenden Fassung. Antragsteller aus einem Mitgliedstaat der Europäischen Union oder einem anderen Vertragsstaat des Abkommens über den Europäischen Wirtschaftsraum, deren Ausbildung die nach diesem Gesetz vorgeschriebene Mindestdauer nicht erreicht, haben einen höchstens dreijährigen Anpassungslehrgang zu absolvieren oder eine Eignungsprüfung abzulegen. Der Antragsteller hat das Recht, zwischen dem Anpassungslehrgang und der Eignungsprüfung zu wählen. Die Voraussetzung des Absatzes 1 Nr. 2 gilt auch als erfüllt, wenn der Antragsteller bei Vorliegen der Voraussetzungen des Absatzes 1 Nr. 1 eine in einem anderen Staat erworbene gleichwertige abgeschlossene Ausbildung und gleichwertige Kenntnisse nachweist.
(3) Ist die Voraussetzung nach Absatz 1 Nr. 1 nicht erfüllt, so kann die Approbation in besonderen Einzelfällen oder aus Gründen des öffentlichen Gesundheitsinteresses erteilt werden. Ist zugleich die Voraussetzung nach Absatz 1 Nr. 2 nicht erfüllt, so ist die Erteilung der Approbation nur zulässig, wenn der Antragsteller eine in einem anderen Mitgliedstaat der Europäischen Union oder einem anderen Vertragsstaat des Abkommens über den Europäischen Wirtschaftsraum erworbene, den Voraussetzungen der Richtlinien 89/48/EWG oder 92/51/EWG entsprechende oder in einem anderen Staat erworbene gleichwertige abgeschlossene Ausbildung und gleichwertige Kenntnisse nachweist. Absatz 2 Satz 3 und 4 gilt entsprechend.
(4) Soll die Erteilung der Approbation wegen Fehlens einer der Voraussetzungen nach Absatz 1 abgelehnt werden, so ist der Antragsteller oder sein gesetzlicher Vertreter vorher zu hören.
(5) Ist gegen den Antragsteller wegen des Verdachts einer Straftat, aus der sich die Unwürdigkeit oder Unzuverlässigkeit zur Ausübung des Berufs ergeben kann, ein Strafverfahren eingeleitet, so kann die Entscheidung über den Antrag auf Erteilung der Approbation bis zur Beendigung des Verfahrens ausgesetzt werden.

§ 3
Rücknahme, Widerruf und Ruhen der Approbation, Verzicht

(1) Die Approbation ist zurückzunehmen, wenn bei ihrer Erteilung die Voraussetzung des § 2 Abs. 1 Nr. 2 nicht vorgelegen hat, die im Ausland erworbene Ausbildung nach § 2 Abs. 2 oder Abs. 3 Satz 2 oder die nach § 12 nachzuweisende Ausbildung nicht abgeschlossen war oder die Gleichwertigkeit der Ausbildung und Kenntnisse nach § 2 Abs. 3 Satz 2 nicht gegeben war. Sie kann zurückgenommen werden, wenn bei ihrer Erteilung eine der Voraussetzungen nach § 2 Abs. 1 Nr. 1, 3 oder 4 nicht vorgelegen hat.
(2) Die Approbation ist zu widerrufen, wenn nachträglich die Voraussetzung nach § 2 Abs. 1 Nr. 3 wegfällt. Gleiches gilt im Falle des nachträglichen, dauerhaften Wegfalls einer der Voraussetzungen nach § 2 Abs. 1 Nr. 4.
(3) Das Ruhen der Approbation kann angeordnet werden, wenn
1. gegen den Approbationsinhaber wegen des Verdachts einer Straftat, aus der sich die Unwürdigkeit oder Unzuverlässigkeit zur Ausübung des Berufs ergeben kann, ein Strafverfahren eingeleitet ist,
2. nachträglich eine der Voraussetzungen nach § 2 Abs. 1 Nr. 4 vorübergehend nicht mehr vorliegt oder Zweifel bestehen, ob eine der Voraussetzungen nach § 2 Abs. 1 Nr. 4 noch erfüllt ist und der Approbationsinhaber sich weigert, sich einer von der zuständigen Behörde angeordneten amts- oder fachärztlichen Untersuchung zu unterziehen.

Die Anordnung ist aufzuheben, wenn ihre Voraussetzungen nicht mehr vorliegen. Der Psychologische Psychotherapeut oder der Kinder- und Jugendlichenpsychotherapeut, dessen Approbation ruht, darf den Beruf nicht ausüben. Die zuständige Behörde kann auf Antrag des Approbationsinhabers, dessen Approbation ruht, zulassen, daß die Praxis für einen von ihr zu bestimmenden Zeitraum durch einen anderen psychologischen Psychotherapeuten oder Kinder- und Jugendlichenpsychotherapeuten weitergeführt werden darf.
(4) Auf die Approbation kann durch schriftliche Erklärung gegenüber der zuständigen Behörde verzichtet werden. Ein Verzicht, der unter einer Bedingung erklärt wird, ist unwirksam.

§ 4
Befristete Erlaubnis

(1) Eine befristete Erlaubnis zur Berufsausübung kann auf Antrag Personen erteilt werden, die eine abgeschlossene Ausbildung für den Beruf nachweisen. In den Fällen, in denen die Ausbildungsvoraussetzungen nach § 2 Abs. 1 Nr. 2 nicht erfüllt sind oder nach § 2 Abs. 2 nicht als erfüllt gelten, ist nachzuwei-

sen, daß die im Ausland erworbene Ausbildung in den wesentlichen Grundzügen einer Ausbildung nach diesem Gesetz entspricht.

(2) Die befristete Erlaubnis kann auf bestimmte Tätigkeiten und Beschäftigungsstellen beschränkt werden. Sie darf nur widerruflich und bis zu einer Gesamtdauer der Tätigkeit von höchstens drei Jahren erteilt oder verlängert werden. Eine befristete Erlaubnis darf ausnahmsweise über drei Jahre hinaus erteilt oder verlängert werden, wenn dies im Interesse der psychotherapeutischen Versorgung der Bevölkerung liegt. Satz 3 gilt entsprechend bei Antragstellern, die
1. unanfechtbar als Asylberechtigte anerkannt sind,
2. die Rechtsstellung nach § 1 des Gesetzes über Maßnahmen für im Rahmen humanitärer Hilfsaktionen aufgenommener Flüchtlinge vom 22. Juli 1980 (BGBl. I S. 1057) genießen,
3. als Ausländer mit einem Deutschen im Sinne des Artikels 116 des Grundgesetzes verheiratet sind, der seinen gewöhnlichen Aufenthalt im Inland hat, oder
4. im Besitz einer Einbürgerungszusicherung sind, der Einbürgerung jedoch Hindernisse entgegenstehen, die sie selbst nicht beseitigen können.

(3) Personen mit einer befristeten Erlaubnis nach den Absätzen 1 und 2 haben die Rechte und Pflichten eines Angehörigen des Berufs, für dessen vorübergehende Ausübung Ihnen die befristete Erlaubnis erteilt worden ist.

§ 5
Ausbildung und staatliche Prüfung

(1) Die Ausbildungen zum Psychologischen Psychotherapeuten sowie zum Kinder- und Jugendlichenpsychotherapeuten dauern in Vollzeitform jeweils mindestens drei Jahre, in Teilzeitform jeweils mindestens fünf Jahre. Sie bestehen aus einer praktischen Tätigkeit, die von theoretischer und praktischer Ausbildung begleitet wird, und schließen mit Bestehen der staatlichen Prüfung ab.

(2) Voraussetzung für den Zugang zu einer Ausbildung nach Absatz 1 ist
1. für eine Ausbildung zum Psychologischen Psychotherapeuten
   a) eine im Inland an einer Universität oder gleichstehenden Hochschule bestandene Abschlußprüfung im Studiengang Psychologie, die das Fach Klinische Psychologie einschließt und gemäß § 15 Abs. 2 Satz 1 des Hochschulrahmengesetzes der Feststellung dient, ob der Student das Ziel des Studiums erreicht hat,
   b) ein in einem Mitgliedstaat der Europäischen Union oder einem anderen Vertragsstaat des Abkommens über den Europäischen Wirtschaftsraum erworbenes gleichwertiges Diplom im Studiengang Psychologie oder
   c) ein in einem anderen Staat erfolgreich abgeschlossenes gleichwertiges Hochschulstudium der Psychologie,
2. für eine Ausbildung zum Kinder- und Jugendlichenpsychotherapeuten
   a) eine der Voraussetzungen nach Nummer 1,
   b) die im Inland an einer staatlichen oder staatlich anerkannten Hochschule bestandene Abschlußprüfung in den Studiengängen Pädagogik oder Sozialpädagogik,
   c) ein in einem Mitgliedstaat der Europäischen Union oder einem anderen Vertragsstaat des Abkommens über den Europäischen Wirtschaftsraum erworbenes Diplom in den Studiengängen Pädagogik oder Sozialpädagogik oder
   d) ein in einem anderen Staat erfolgreich abgeschlossenes gleichwertiges Hochschulstudium.

§ 2 Abs. 2 Satz 3 und 4 gilt entsprechend.

(3) Die zuständige Behörde kann auf Antrag eine andere abgeschlossene Ausbildung im Umfang ihrer Gleichwertigkeit auf die Ausbildung nach Absatz 1 anrechnen, wenn die Durchführung der Ausbildung und die Erreichung des Ausbildungszieles dadurch nicht gefährdet werden.

§ 6
Ausbildungsstätten

(1) Die Ausbildungen nach § 5 Abs. 1 werden an Hochschulen oder an anderen Einrichtungen vermittelt, die als Ausbildungsstätten für Psychotherapie oder als Ausbildungsstätten für Kinder- und Jugendlichenpsychotherapie staatlich anerkannt sind.

(2) Einrichtungen sind als Ausbildungsstätten nach Absatz 1 anzuerkennen, wenn in ihnen
1. Patienten, die an psychischen Störungen mit Krankheitswert leiden, nach wissenschaftlich anerkannten psychotherapeutischen Verfahren stationär oder ambulant behandelt werden, wobei es sich bei einer Ausbildung zum Kinder- und Jugendlichenpsychotherapeuten um Personen handeln muß, die das 21. Lebensjahr noch nicht vollendet haben,
2. für die Ausbildung geeignete Patienten nach Zahl und Art in ausreichendem Maße zur Verfügung stehen,
3. eine angemessene technische Ausstattung für Ausbildungszwecke und eine fachwissenschaftliche Bibliothek vorhanden ist,
4. in ausreichender Zahl geeignete Psychologische Psychotherapeuten oder Kinder- und Jugendlichenpsychotherapeuten und qualifizierte Ärzte für die Vermittlung der medizinischen Ausbildungsinhalte für das jeweilige Fach zur Verfügung stehen,

5. die Ausbildung nach Ausbildungsplänen durchgeführt wird, die auf Grund der Ausbildungs- und Prüfungsverordnung für Psychologische Psychotherapeuten oder der Ausbildungs- und Prüfungsverordnung für Kinder- und Jugendlichenpsychotherapeuten erstellt worden sind, und
6. die Ausbildungsteilnehmer während der praktischen Tätigkeit angeleitet und beaufsichtigt werden sowie die begleitende theoretische und praktische Ausbildung durchgeführt wird.

(3) Kann die Einrichtung die praktische Tätigkeit oder die begleitende theoretische und praktische Ausbildung nicht vollständig durchführen, hat sie sicherzustellen, daß eine andere geeignete Einrichtung diese Aufgabe in dem erforderlichen Umfang übernimmt. Absatz 2 Nr. 4 gilt entsprechend.

§ 7
Ausschluß der Geltung des Berufsbildungsgesetzes

Auf die Ausbildungen nach diesem Gesetz findet das Berufsbildungsgesetz keine Anwendung.

§ 8
Ermächtigung zum Erlaß von Rechtsverordnungen

(1) Das Bundesministerium für Gesundheit wird ermächtigt, in einer Ausbildungs- und Prüfungsverordnung für Psychologische Psychotherapeuten und in einer Ausbildungs- und Prüfungsverordnung für Kinder- und Jugendlichenpsychotherapeuten mit Zustimmung des Bundesrates die Mindestanforderungen an die Ausbildungen und das Nähere über die staatlichen Prüfungen (§ 5 Abs. 1) zu regeln. Die Rechtsverordnungen sollen auch Vorschriften über die für die Erteilung der Approbationen nach § 2 Abs. 1 bis 3 notwendigen Nachweise, über die Urkunden für die Approbationen nach § 1 Abs. 1 Satz 1 und über die Anforderungen nach § 2 Abs. 2 Satz 3 enthalten.

(2) Die Ausbildungs- und Prüfungsverordnungen sind jeweils auf eine Ausbildung auszurichten, welche die Kenntnisse und Fähigkeiten in der Psychotherapie vermittelt, die für die eigenverantwortliche und selbständige Ausübung des Berufs des Psychologischen Psychotherapeuten oder des Berufs des Kinder- und Jugendlichenpsychotherapeuten erforderlich sind.

(3) In den Rechtsverordnungen ist jeweils vorzuschreiben,
1. daß die Ausbildungen sich auf die Vermittlung eingehender Grundkenntnisse in wissenschaftlich anerkannten psychotherapeutischen Verfahren sowie auf eine vertiefte Ausbildung in einem dieser Verfahren zu erstrecken haben,
2. wie die Ausbildungsteilnehmer während der praktischen Tätigkeit einzusetzen sind, insbesondere welche Patienten sie während dieser Zeit zu betreuen haben,
3. daß die praktische Tätigkeit für die Dauer von mindestens einem Jahr in Abschnitten von mindestens drei Monaten an einer psychiatrischen klinischen, bei der kinder- und jugendlichenpsychotherapeutischen Ausbildung bis zur Dauer von sechs Monaten an einer psychiatrischen ambulanten Einrichtung, an der jeweils psychotherapeutische Behandlungen durchgeführt werden, und für mindestens sechs Monate an einer von einem Sozialversicherungsträger anerkannten Einrichtung der psychotherapeutischen oder psychosomatischen Versorgung, in der Praxis eines Arztes, der die psychotherapeutische Behandlung durchführen darf, oder eines Psychologischen Psychotherapeuten oder eines Kinder- und Jugendlichenpsychotherapeuten abzuleisten ist und unter fachkundiger Anleitung und Aufsicht steht,
4. daß die Gesamtstundenzahl für die theoretische Ausbildung mindestens 600 Stunden beträgt und
5. daß die praktische Ausbildung mindestens 600 Stunden mit mindestens sechs Patientenbehandlungen umfaßt.

(4) Für die staatlichen Prüfungen ist vorzuschreiben, daß sie sich auf eingehende Grundkenntnissen in den wissenschaftlich anerkannten psychotherapeutischen Verfahren und schwerpunktmäßig auf das Verfahren, das Gegenstand der vertieften Ausbildung gewesen ist (Absatz 3 Nr. 1), sowie auf die medizinischen Ausbildungsinhalte erstrecken. Ferner ist zu regeln, daß die Prüfungen vor einer staatlichen Prüfungskommission abzulegen sind, in die jeweils zwei Mitglieder berufen werden müssen, die nicht Lehrkräfte derjenigen Ausbildungsstätte sind, an der die Ausbildung erworben wurde.

(5) Die Rechtsverordnungen sollen die Möglichkeiten für eine Unterbrechung der Ausbildungen regeln. Sie können Vorschriften über die Anrechnung von Ausbildungen (§ 5 Abs. 3) enthalten.

(6) In den Rechtsverordnungen nach Absatz 1 ist für Diplominhaber, die eine Erlaubnis nach § 2 Abs. 1 Nr. 2 in Verbindung mit § 2 Abs. 2 Satz 1 und 2 oder Abs. 3 Satz 2 beantragen, zu regeln:
1. das Verfahren bei der Prüfung der Voraussetzungen des § 2 Abs. 1 Nr. 3 und 4, insbesondere die Vorlage der vom Antragsteller vorzulegenden Nachweise und die Ermittlung durch die zuständige Behörde entsprechend Artikel 6 der Richtlinie 89/48/EWG oder den Artikeln 10 und 12 Abs. 1 der Richtlinie 92/51/EWG,
2. das Recht von Diplominhabern, nach Maßgabe des Artikels 7 Abs. 2 der Richtlinie 89/48/EWG oder des Artikels 11 Abs. 2 der Richtlinie 92/51/EWG zusätzlich zu einer Berufsbezeichnung nach § 1 die im Heimat- oder Herkunftmitgliedstaat bestehende Ausbildungsbezeichnung und, soweit nach dem Recht des Heimat- oder

Herkunftmitgliedstaates zulässig, deren Abkürzung in der Sprache dieses Staates zu führen,
3. die Frist für die Erteilung der Approbation entsprechend Artikel 8 Abs. 2 der Richtlinie 89/48/EWG oder Artikel 12 Abs. 2 der Richtlinie 92/51/EWG.

§ 9
Gebührenordnung bei Privatbehandlung

Das Bundesministerium für Gesundheit wird ermächtigt, durch Rechtsverordnung mit Zustimmung des Bundesrates die Entgelte für psychotherapeutische Tätigkeiten von Psychologischen Psychotherapeuten und Kinder- und Jugendlichenpsychotherapeuten zu regeln. In dieser Rechtsverordnung sind Mindest- und Höchstsätze für die psychotherapeutischen Leistungen festzusetzen. Dabei ist den berechtigten Interessen der Leistungserbringer und der zur Zahlung der Entgelte Verpflichteten Rechnung zu tragen.

§ 10
Zuständigkeiten

(1) Die Entscheidungen nach § 2 Abs. 1 trifft die zuständige Behörde des Landes, in dem der Antragsteller die staatliche Prüfung abgelegt hat. Die Entscheidungen nach § 2 Abs. 1 in Verbindung mit § 12, nach § 2 Abs. 2 und 3 sowie nach § 4 trifft die zuständige Behörde des Landes, in dem der Beruf ausgeübt werden soll.
(2) Die Entscheidungen nach § 3 trifft die zuständige Behörde des Landes, in dem der Beruf ausgeübt wird oder zuletzt ausgeübt worden ist. Satz 1 gilt entsprechend für die Entgegennahme der Verzichtserklärung nach § 3 Abs. 4.
(3) Die Entscheidungen nach § 5 Abs. 3 trifft die zuständige Behörde des Landes, in dem der Antragsteller an der Ausbildung teilzunehmen beabsichtigt.
(4) Die Entscheidungen nach § 6 Abs. 2 trifft die zuständige Behörde des Landes, in dem die Ausbildungsstätte ihren Sitz hat.

§ 11
Wissenschaftliche Anerkennung

Soweit nach diesem Gesetz die wissenschaftliche Anerkennung eines Verfahrens Voraussetzung für die Entscheidung der zuständigen Behörde ist, soll die Behörde in Zweifelsfällen ihre Entscheidung auf der Grundlage eines Gutachtens eines wissenschaftlichen Beirates treffen, der gemeinsam von der auf Bundesebene zuständigen Vertretung der Psychologischen Psychotherapeuten und Kinder- und Jugendlichenpsychotherapeuten sowie der ärztlichen Psychotherapeuten in der Bundesärztekammer gebildet wird. Ist der Beirat am 31. Dezember 1998 noch nicht gebildet, kann seine Zusammensetzung durch das Bundesministerium für Gesundheit bestimmt werden.

§ 12
Übergangsvorschriften

(1) Wer im Zeitpunkt des Inkrafttretens dieses Gesetzes, ohne Arzt zu sein, im Rahmen der kassenärztlichen Versorgung an der psychotherapeutischen Behandlung von gesetzlich Krankenversicherten im Delegationsverfahren nach den Richtlinien des Bundesausschusses der Ärzte und Krankenkassen über die Durchführung der Psychotherapie in der vertragsärztlichen Versorgung (Psychotherapie-Richtlinien in der Neufassung vom 3. Juli 1987 – BAnz. Nr. 156 Beilage Nr. 156a –, zuletzt geändert durch Bekanntmachung vom 12. März 1997 – BAnz. Nr. 49 S. 2946), als Psychotherapeut oder Kinder- und Jugendlichenpsychotherapeut mitwirkt oder die Qualifikation für eine solche Mitwirkung erfüllt, erhält bei Vorliegen der Voraussetzungen des § 2 Abs. 1 Nr. 1, 3 und 4 auf Antrag eine Approbation zur Ausübung des Berufs des Psychologischen Psychotherapeuten oder eine Approbation zur Ausübung des Berufs des Kinder- und Jugendlichenpsychotherapeuten nach § 1 Abs. 1 Satz 1. Das gleiche gilt für Personen, die die für eine solche Mitwirkung vorausgesetzte Qualifikation bei Vollzeitausbildung innerhalb von drei Jahren, bei Teilzeitausbildung innerhalb von fünf Jahren, nach Inkrafttreten des Gesetzes erwerben.
(2) Wer im Zeitpunkt des Inkrafttretens dieses Gesetzes als Diplompsychologe eine Weiterbildung zum »Fachpsychologen in der Medizin« nach den Vorschriften der Anweisung über das postgraduale Studium für naturwissenschaftliche und technische Hochschulkader sowie Diplompsychologen und Diplomsoziologen im Gesundheitswesen vom 1. April 1981 (Verf.U.Mitt.Mfg DDR Nr. 4 S. 61) erfolgreich abgeschlossen hat, erhält bei vorliegen der Voraussetzungen nach § 2 Abs. 1 Nr. 1, 3 und 4 auf Antrag eine Approbation zur Ausübung des Berufs des Psychologischen Psychotherapeuten nach § 1 Abs. 1 Satz 1, wenn die dreijährige Weiterbildung vorwiegend auf die Vermittlung von Kenntnissen und Fähigkeiten in der Psychotherapie ausgerichtet war.
(3) Personen mit einer bestandenen Abschlußprüfung im Studiengang Psychologie an einer Universität oder einer gleichstehenden Hochschule erhalten bei Vorliegen der Voraussetzungen des § 2 Abs. 1 Nr. 1, 3 und 4 auf Antrag eine Approbation zur Ausübung des Berufs des Psychologischen Psychotherapeuten nach § 1 Abs. 1 Satz 1, wenn sie zwischen dem 1. Januar 1989 und dem 31. Dezember 1998 mit einer Gesamtdauer von mindestens sieben Jahren an der Versorgung von Versicherten einer Krankenkasse mitgewirkt haben oder ihre Leistungen während dieser Zeit von einem Unternehmen der privaten Krankenversicherung vergütet oder von der Beihilfe als

beihilfefähig anerkannt worden sind. Voraussetzung für die Erteilung der Approbation nach Satz 1 ist ferner, daß die Antragsteller
1. während des Zeitraums nach Satz 1 mindestens 4000 Stunden psychotherapeutischer Berufstätigkeit oder 60 dokumentierte und abgeschlossene Behandlungsfälle sowie
2. mindestens 140 Stunden theoretischer Ausbildung in wissenschaftlich anerkannten Verfahren

nachweisen. Personen im Sinne des Satzes 1, die das Erfordernis nach Satz 1 zweiter Halbsatz oder die Voraussetzung nach Satz 2 Nr. 1 nicht erfüllen, erhalten die Approbation nur, wenn sie nachweisen, daß sie bis zum 31. Dezember 1998
1. mindestens 2000 Stunden psychotherapeutischer Berufstätigkeit abgeleistet oder 30 dokumentierte Behandlungsfälle abgeschlossen,
2. mindestens fünf Behandlungsfälle unter Supervision mit insgesamt mindestens 250 Behandlungsstunden abgeschlossen,
3. mindestens 280 Stunden theoretischer Ausbildung in wissenschaftlich anerkannten Verfahren abgeleistet haben und
4. am 24. Juni 1997 für die Krankenkasse tätig waren oder ihre Leistungen zu diesem Zeitpunkt von einem Unternehmen der privaten Krankenversicherung vergütet oder von der Beihilfe als beihilfefähig anerkannt worden sind.

(4) Personen mit einer bestandenen Abschlußprüfung im Studiengang Psychologie an einer Universität oder einer gleichstehenden Hochschule erhalten bei Vorliegen der Voraussetzungen des § 2 Abs. 1 Nr. 1, 3 und 4 auf Antrag eine Approbation zur Ausübung des Berufs des Psychologischen Psychotherapeuten nach § 1 Abs. 1 Satz 1, wenn sie nachweisen, daß sie zwischen dem 1. Januar 1989 und dem 31. Dezember 1998 mit einer Gesamtdauer von mindestens sieben Jahren als Angestellte oder Beamte
1. in einer psychiatrischen, psychotherapeutischen, psychosomatischen oder neurologischen Einrichtung vorwiegend psychotherapeutisch tätig waren oder
2. hauptberuflich psychotherapeutische Behandlungen durchgeführt haben.

Voraussetzung für die Erteilung der Approbation nach Satz 1 Nr. 1 und 2 ist ferner, daß die Antragsteller nachweisen, daß sie
1. in dem Zeitraum nach Satz 1 mindestens 4000 Stunden einschließlich der dazu notwendigen Diagnostik und Fallbesprechungen psychotherapeutisch tätig waren oder 60 dokumentierte Behandlungsfälle abgeschlossen und
2. mindestens 140 Stunden theoretische Ausbildung in dem Gebiet, in dem sie beschäftigt sind, abgeleistet haben.

Personen im Sinne des Satzes 1, die das Erfordernis nach Satz 1 zweiter Halbsatz oder die Voraussetzung nach Satz 2 Nr. 1 nicht erfüllen, wird die Approbation nur erteilt, wenn sie nachweisen, daß sie bis zum 31. Dezember 1998
1. mindestens 2000 Stunden psychotherapeutischer Berufstätigkeit abgeleistet oder 30 dokumentierte Behandlungsfälle abgeschlossen,
2. mindestens fünf Behandlungsfälle unter Supervision mit insgesamt mindestens 250 Behandlungsstunden abgeschlossen,
3. mindestens 280 Stunden theoretischer Ausbildung in dem Gebiet, in dem sie beschäftigt sind, abgeleistet und
4. spätestens am 24. Juni 1997 ihre psychotherapeutische Beschäftigung aufgenommen
haben.

(5) Für Personen mit einer bestandenen Abschlußprüfung im Studiengang Psychologie an einer Universität oder einer gleichstehenden Hochschule oder im Studiengang Pädagogik oder Sozialpädagogik an einer staatlichen oder staatlich anerkannten Hochschule gelten die Absätze 3 und 4 für den Antrag auf Erteilung einer Approbation zur Ausübung des Berufs des Kinder- und Jugendlichenpsychotherapeuten entsprechend.

Artikel 2

Änderung des Fünften Buches Sozialgesetzbuch

Das Fünfte Buch Sozialgesetzbuch – Gesetzliche Krankenversicherung – (Artikel 1 des Gesetzes vom 20. Dezember 1988, BGBl. I S. 2477), zuletzt geändert durch Artikel 1 des Gesetzes vom 8. Mai 1998 (BGBl. I S. 907), wird wie folgt geändert:
1. § 27 Abs. 1 Satz 2 Nr. 1 wird wie folgt gefaßt:
»1. Ärztliche Behandlung einschließlich Psychotherapie als ärztliche und psychotherapeutische Behandlung,«.
2. Dem § 28 wird folgender Absatz angefügt:
»(3) Die psychotherapeutische Behandlung einer Krankheit wird durch Psychologische Psychotherapeuten und Kinder- und Jugendlichenpsychotherapeuten (Psychotherapeuten), soweit sie zur psychotherapeutischen Behandlung zugelassen sind, sowie durch Vertragsärzte entsprechend den Richtlinien nach § 92 durchgeführt. Spätestens nach den probatorischen Sitzungen gemäß § 92 Abs. 6a hat der Psychotherapeut vor Beginn der Behandlung den Konsiliarbericht eines Vertragsarztes zur Abklärung einer somatischen Erkrankung sowie, falls der somatisch abklärende Vertragsarzt dies für erforderlich hält, eines psychiatrisch tätigen Vertragsarztes einzuholen.«
3. In § 69 wird nach dem Wort »Zahnärzten,« das Wort »Psychotherapeuten,« eingefügt.
4. Im Vierten Kapitel wird die Überschrift des Zweiten Abschnitts wie folgt gefaßt:

»Zweiter Abschnitt
Beziehungen zu Ärzten, Zahnärzten und Psychotherapeuten«.
5. § 72 Abs. 1 wird wie folgt gefaßt:
»(1) Ärzte, Zahnärzte, Psychotherapeuten und Krankenkassen wirken zur Sicherstellung der vertragsärztlichen Versorgung der Versicherten zusammen. Soweit sich die Vorschriften dieses Kapitels auf Ärzte beziehen, gelten sie entsprechend für Zahnärzte und Psychotherapeuten, sofern nichts Abweichendes bestimmt ist.«
6. Dem § 73 wird folgender Satz angefügt:
»Die Nummern 2 bis 8, 10 und 11 sowie 9, soweit sich diese Regelung auf die Feststellung und die Bescheinigung von Arbeitsunfähigkeit bezieht, gelten nicht für Psychotherapeuten.«
7. Nach § 79a wird folgender Paragraph eingefügt:
»§ 79b
Beratender Fachausschuß für Psychotherapie
Bei den Kassenärztlichen Vereinigungen und der Kassenärztlichen Bundesvereinigung wird ein beratender Fachausschuß für Psychotherapie gebildet. Der Ausschuß besteht aus fünf Psychologischen Psychotherapeuten und einem Kinder- und Jugendlichenpsychotherapeuten sowie Vertretern der Ärzte in gleicher Zahl, die von der Vertreterversammlung aus dem Kreis der ordentlichen Mitglieder ihrer Kassenärztlichen Vereinigungen in unmittelbarer und geheimer Wahl gewählt werden. Für die Wahl der Mitglieder des Fachausschusses bei der Kassenärztlichen Bundesvereinigung gilt Satz 2 mit der Maßgabe, daß die von den Psychotherapeuten gestellten Mitglieder des Fachausschusses zugelassene Psychotherapeuten sein müssen. Abweichend von Satz 2 werden für die laufende Wahlperiode der Kassenärztlichen Vereinigungen und der Kassenärztlichen Bundesvereinigung die von den Psychotherapeuten gestellten Mitglieder des Fachausschusses auf Vorschlag der für die beruflichen Interessen maßgeblichen Organisationen der Psychotherapeuten auf Landes- und Bundesebene von der jeweils zuständigen Aufsichtsbehörde berufen. Dem Ausschuß ist vor Entscheidungen der Kassenärztlichen Vereinigungen und der Kassenärztlichen Bundesvereinigung in den die Sicherstellung der psychotherapeutischen Versorgung berührenden wesentlichen Fragen rechtzeitig Gelegenheit zur Stellungnahme zu geben. Seine Stellungnahmen sind in die Entscheidungen einzubeziehen. Das Nähere regelt die Satzung. Die Befugnisse der Vertreterversammlungen der Kassenärztlichen Vereinigungen und der Kassenärztlichen Bundesvereinigung bleiben unberührt.«
8. In § 80 wird nach Absatz 1 folgender Absatz eingefügt:
»(1a) Die Psychotherapeuten, die ordentliche und außerordentliche Mitglieder der Kassenärztlichen Vereinigungen sind, wählen getrennt aus ihrer Mitte und getrennt von den übrigen Mitgliedern in unmittelbarer und geheimer Wahl ihre Mitglieder in die Vertreterversammlungen. Sie sind im Verhältnis ihrer Zahl zu der der ordentlichen und außerordentlichen ärztlichen Mitglieder der Kassenärztlichen Vereinigungen in den Vertreterversammlungen vertreten, höchstens aber mit einem Zehntel der Mitglieder der Vertreterversammlung. Der Anteil, der auf die Psychotherapeuten entfällt, die außerordentliche Mitglieder sind, ergibt sich aus dem Verhältnis ihrer Zahl zu der der Psychotherapeuten, die ordentliche Mitglieder der Kassenärztlichen Vereinigung sind, beträgt aber höchstens ein Fünftel der Psychotherapeuten in der Vertreterversammlung. Absatz 1 Satz 3 und 4 gilt für die Wahl der Vertreter der Psychotherapeuten in die Vertreterversammlung der Kassenärztlichen Bundesvereinigung entsprechend.«
9. Nach § 91 Abs. 2 wird folgender Absatz eingefügt:
»(2a) Soweit sich Richtlinien des Bundesausschußes der Ärzte und Krankenkassen gemäß § 92 Abs. 1 Satz 2 Nr. 1 auf die psychotherapeutische Versorgung beziehen, sind abweichend von Absatz 2 Satz 1 fünf psychotherapeutisch tätige Ärzte und fünf Psychotherapeuten sowie ein zusätzlicher Vertreter der Ersatzkassen zu benennen. Unter den psychotherapeutisch tätigen Ärzten und den Psychotherapeuten muß jeweils ein im Bereich der Kinder- und Jugendlichenpsychotherapie tätiger Leistungserbringer sein. Für die erstmalige Beschlußfassung der Richtlinien nach § 92 Abs. 6a Satz 3 werden die Vertreter der Psychotherapeuten vom Bundesministerium für Gesundheit auf Vorschlag der für die beruflichen Interesen maßgeblichen Spitzenorganisationen der Psychotherapeuten berufen.«
10. Nach § 92 Abs. 6 wird folgender Absatz eingefügt:
»(6a) In den Richtlinein nach Absatz 1 Satz 2 Nr. 1 ist insbesondere das Nähere über die psychotherapeutisch behandlungsbedürftigen Krankheiten, die zur Krankenbehandlung geeigneten Verfahren, das Antrags- und Gutachterverfahren, die probatorischen Sitzungen sowie über Art, Umfang und Durchführung der Behandlung zu regeln. Die Richtlinien haben darüber hinaus Regelungen zu treffen

über die inhaltlichen Anforderungen an den Konsiliarbericht und an die fachlichen Anforderungen des den Konsiliarbericht (§ 28 Abs. 3) abgebenden Vertragsarztes. Sie sind erstmalig zum 31. Dezember 1998 zu beschließen und treten am 1. Januar 1999 in Kraft.«

11. § 95 wird wie folgt geändert:
 a) In Absatz 2 Satz 3 Nr. 1 werden nach dem Wort »Vertragsärzte« die Wörter »und nach § 95c für Psychotherapeuten« eingefügt.
 b) Absatz 7 wird wie folgt geändert:
  aa) Nach Satz 3 wird folgender Satz eingefügt:
   »Satz 3 Nr. 2 gilt für Psychotherapeuten mit der Maßgabe, daß sie vor dem 1. Januar 1999 an der ambulanten Versorgung der Versicherten mitgewirkt haben.«
  bb) Im bisherigen Satz 4 wird die Angabe »Sätze 2 und 3« durch die Angabe »Sätze 2 bis 4« ersetzt.
 c) Folgende Absätze werden angefügt:
  »(10) Psychotherapeuten werden zur vertragsärztlichen Versorgung zugelassen, wenn sie
  1. bis zum 31. Dezember 1998 die Voraussetzung der Approbation nach § 12 des Psychotherapeutengesetzes und des Fachkundenachweises nach § 95c Satz 2 Nr. 3 erfüllt und den Antrag auf Erteilung der Zulassung gestellt haben,
  2. bis zum 31. März 1999 die Approbationsurkunde vorlegen und
  3. in der Zeit vom 25. Juni 1994 bis zum 24. Juni 1997 an der ambulanten psychotherapeutischen Versorgung der Versicherten der gesetzlichen Krankenversicherung teilgenommen haben.
  Der Zulassungsausschuß hat über die Zulassungsanträge bis zum 30. April 1999 zu entscheiden.
  (11) Psychotherapeuten werden zur vertragsärztlichen Versorgung ermächtigt, wenn sie
  1. bis zum 31. Dezember 1998 die Voraussetzungen der Approbation nach § 12 des Psychotherapeutengesetzes erfüllt und 500 dokumentierte Behandlungsstunden oder 250 dokumentierte Behandlungsstunden unter qualifizierter Supervision in Behandlungsverfahren erbracht haben, die der Bundesausschuß der Ärzte und Krankenkassen in den bis zum 31. Dezember 1998 geltenden Richtlinien über die Durchführung der Psychotherapie in der vertragsärztlichen Versorgung anerkannt hat (Psychotherapie-Richtlinien in der Neufassung vom 3. Juli 1987 – BAnz. Nr. 156 Beilage Nr. 156a –, zuletzt geändert durch Bekanntmachung vom 12. März 1997 – BAnz. Nr. 49 S. 2946), und den Antrag auf Nachqualifikation gestellt haben,
  2. bis zum 31. März 1999 die Approbationsurkunde vorlegen und
  3. in der Zeit vom 25. Juni 1994 bis zum 24. Juni 1997 an der ambulanten psychotherapeutischen Versorgung der Versicherten der gesetzlichen Krankenversicherung teilgenommen haben.

Der Zulassungsausschuß hat über die Anträge bis zum 30 April 1999 zu entscheiden. Die erfolgreiche Nachqualifikation setzt voraus, daß die für die Approbation gemäß § 12 Abs. 1 und § 12 Abs. 3 des Psychotherapeutengesetzes geforderte Qualifikation, die geforderten Behandlungsstunden, Behandlungsfälle und die theoretische Ausbildung in vom Bundesausschuß der Ärzte und Krankenkassen anerkannten Behandlungsverfahren erbracht wurden. Bei Nachweis des erfolgreichen Abschlusses der Nachqualifikation hat der Zulassungsausschuß auf Antrag die Ermächtigung in eine Zulassung umzuwandeln. Die Ermächtigung des Psychotherapeuten erlischt bei Beendigung der Nachqualifikation, spätestens fünf Jahre nach Erteilung der Ermächtigung; sie bleibt jedoch bis zur Entscheidung des Zulassungsausschusses erhalten, wenn der Antrag auf Umwandlung bis fünf Jahre nach Erteilung der Ermächtigung gestellt wurde.

(11a) Für einen Psychotherapeuten, der bis zum 31. Dezember 1998 wegen der Betreuung und der Erziehung eines Kindes in den ersten drei Lebensjahren, für das ihm die Personensorge zustand und mit dem er in einem Haushalt gelebt hat, keine Erwerbstätigkeit ausgeübt hat, wird die in Absatz 11 Satz 1 Nr. 1 genannte Frist zur Antragstellung für eine Ermächtigung und zur Erfüllung der Behandlungsstunden um den Zeitraum hinausgeschoben, der der Kindererziehungszeit entspricht, höchstens jedoch um drei Jahre, Die Ermächtigung eines Psychotherapeuten ruht in der Zeit, in der er wegen der Betreuung und der Erziehung eines Kindes in den ersten drei Lebensjahren, für das ihm die Personensorge zusteht und mit ihm in einem Haushalt lebt, keine Erwerbstätigkeit ausübt. Sie verlängert sich längstens um den Zeitraum der Kindererziehung.

(11b) Für einen Psychotherapeuten, der in dem in Absatz 10 Satz 1 Nr. 3 und Absatz 11 Satz 1 Nr. 3 genannten Zeitraum wegen der Betreuung und Erziehung eines Kindes in den ersten drei Lebensjahren, für das ihm die Personensorge zustand und mit dem er in einem

Haushalt gelebt hat, keine Erwerbstätigkeit ausgeübt hat, wird der Beginn der Frist um die Zeit vorverlegt, die der Zeit der Kindererziehung in dem Dreijahreszeitraum entspricht. Begann die Kindererziehungszeit vor dem 25. Juni 1994, berechnet sich die Frist vom Zeitpunkt des Beginns der Kindererziehungszeit an.

(12) Der Zulassungsausschuß kann über Zulassungsanträge von Psychotherapeuten und überwiegend oder ausschließlich psychotherapeutisch tätige Ärzte, die nach dem 31. Dezember 1998 gestellt werden, erst dann entscheiden, wenn der Landesausschuß der Ärzte und Krankenkassen die Feststellung nach § 103 Abs. 1 Satz 1 getroffen hat. Anträge nach Satz 1 sind wegen Zulassungsbeschränkungen auch dann abzulehnen, wenn diese bei Antragstellung noch nicht angeordnet waren.

(13) In Zulassungssachen der Psychotherapeuten und der überwiegend oder ausschließlich psychotherapeutisch tätigen Ärzte (§ 101 Abs. 4 Satz 1) treten abweichend von § 96 Abs. 2 Satz 1 und § 97 Abs. 2 Satz 1 an die Stelle der Vertreter der Ärzte Vertreter der Psychotherapeuten und der Ärzte in gleicher Zahl; unter den Vertretern der Psychotherapeuten muß einer ein Kinder- und Jugendlichenpsychotherapeut sein. Für die erstmalige Besetzung der Zulassungsausschüsse und der Berufungsausschüsse nach Satz 1 werden die Vertreter der Psychotherapeuten von der zuständigen Aufsichtsbehörde auf Vorschlag der für die beruflichen Interessen maßgeblichen Organisationen der Psychotherapeuten auf Landesebene berufen.«

12. Nach § 95b wird folgender Paragraph eingefügt:
»§ 95c
Voraussetzung für die Eintragung von Psychotherapeuten in das Arztregister
Bei Psychotherapeuten setzt die Eintragung in das Arztregister voraus:
1. die Approbation als Psychotherapeut nach § 2 oder 12 des Psychotherapeutengesetzes und
2. den Fachkundenachweis.
Der Fachkundenachweis setzt voraus
1. für den nach § 2 Abs. 1 des Psychotherapeutengesetzes approbierten Psychotherapeuten, daß der Psychotherapeut die vertiefte Ausbildung gemäß § 8 Abs. 3 Nr. 1 des Psychotherapeutengesetzes in einem durch den Bundesausschuß der Ärzte und Krankenkassen nach § 92 Abs. 6a anerkannten Behandlungsverfahren erfolgreich abgeschlossen hat;
2. für den nach § 2 Abs. 2 und Abs. 3 des Psychotherapeutengesetzes approbierten Psychotherapeuten, daß die der Approbation zugrundeliegende Ausbildung und Prüfung in einem durch den Bundesausschuß der Ärzte und Krankenkassen nach § 92 Abs. 6a anerkannten Behandlungsverfahren abgeschlossen wurden;
3. für den nach § 12 des Psychotherapeutengesetzes approbierten Psychotherapeuten, daß er die für eine Approbation geforderte Qualifikation, Weiterbildung oder Behandlungsstunden, Behandlungsfälle und die theoretische Ausbildung in einem durch den Bundesausschuß der Ärzte und Krankenkassen nach § 92 Abs. 1 Satz 2 Nr. 1 anerkannten Behandlungsverfahren nachweist.«

13. Dem § 101 wird folgender Absatz angefügt:
»(4) Überwiegend oder ausschließlich psychotherapeutisch tätige Ärzte und Psychotherapeuten bilden eine Arztgruppe in Sinne des § 101 Abs. 2. Der allgemeine bedarfsgerechte Versorgungsgrad ist für diese Arztgruppe erstmals zum Stand vom 1. Januar 1999 zu ermitteln. Zu zählen sind die zugelassenen Ärzte sowie die Psychotherapeuten, die nach § 95 Abs. 10 zugelassen werden. Dabei sind überwiegend psychotherapeutisch tätige Ärzte mit dem Faktor 0,7 zu berücksichtigen. In den Richtlinien nach Absatz 1 ist für die Zeit bis zum 31. Dezember 2008 sicherzustellen, daß jeweils mindestens ein Versorgungsanteil in Höhe von 40 vom Hundert der allgemeinen Verhältniszahl den überwiegend oder ausschließlich psychotherapeutisch tätigen Ärzten sowie den Psychotherapeuten vorbehalten ist. Bei der Feststellung der Überversorgung nach § 103 Abs. 1 sind die Versorgungsanteile von 40 vom Hundert und die ermächtigten Psychotherapeuten nach § 95 Abs. 11 mitzurechnen.«

14. § 117 wird wie folgt geändert:
a) Der bisherige Text wird Absatz 1.
b) Folgender Absatz wird angefügt:
»(2) Absatz 1 gilt entsprechend für die Ermächtigung poliklinischer Institutsambulanzen an Psychologischen Universitätsinstituten im Rahmen des für Forschung und Lehre erforderlichen Umfangs und an Ausbildungsstätten nach § 6 des Psychotherapeutengesetzes zur ambulanten psychotherapeutischen Behandlung der Versicherten und der in § 75 Abs. 3 genannten Personen in Behandlungsverfahren, die vom Bundesausschuß der Ärzte und Krankenkassen nach § 92 Abs. 6a anerkannt sind, sofern die Krankenbehandlung unter der Verantwortung von Personen stattfindet, die die fachliche Qualifikation für die psychotherapeutische Behandlung im Rahmen der vertragsärztlichen Versorgung erfüllen. Im Rahmen der Ermächtigung poliklinischer Institutsambulanzen an Psychologischen Universitätsinstituten sind Fallzahlbe-

grenzungen vorzusehen. Für die Vergütung gilt § 120 entsprechend.«
15. In § 285 Abs. 4 wird nach dem Wort »Ärzte« das Wort »Psychotherapeuten« eingefügt.

Artikel 3

Änderung des Siebten Buches Sozialgesetzbuch

In § 4 Abs. 3 des Siebten Buches Sozialgesetzbuch – Gesetzliche Unfallversicherung – (Artikel 1 des Gesetzes vom 7. August 1996, BGBl. I S. 1254), zuletzt geändert durch Artikel 2 Abs. 27 des Gesetzes vom 17. Dezember 1997 (BGBl. I S. 3108), werden nach dem Wort »Tierärzte,« die Wörter »Psychologische Psychotherapeuten, Kinder- und Jugendlichenpsychotherapeuten,« eingefügt.

Artikel 4

Änderung des Strafgesetzbuches

In § 132a Abs. 1 Nr. 2 des Strafgesetzbuches in der Fassung der Bekanntmachung vom 10. März 1987 (BGBl. I S. 945, 1160), das zuletzt durch Artikel 1 des Gesetzes vom 4. Mai 1998 (BGBl. I S. 845) geändert worden ist, werden nach dem Wort »Zahnarzt,« die Wörter »Psychologischer Psychotherapeut Kinder- und Jugendlichenpsychotherapeut, Psychotherapeut,« eingefügt.

Artikel 5

Änderung der Strafprozeßordnung

Die Strafprozeßordnung in der Fassung der Bekanntmachung vom 7. April 1987 (BGBl. I S. 1074, 1319), zuletzt geändert durch Artikel 2 des Gesetzes vom 4. Mai 1998 (BGBl. I S. 845), wird wie folgt geändert:
1. In § 53 Abs. 1 Nr. 3 werden nach dem Wort »Zahnärzte,« die Wörter »Psychologische Psychotherapeuten, Kinder- und Jugendlichenpsychotherapeuten,« eingefügt.
2. In § 97 Abs. 2 Satz 2 werden nach dem Wort »Zahnärzte,« die Wörter »Psychologischen Psychotherapeuten, Kinder- und Jugendlichenpsychotherapeuten,« eingefügt.

Artikel 6

Änderung der Abgabenordnung

In § 102 Abs. 1 Nr. 3 Buchstabe c der Abgabenordnung in der Fassung der Bekanntmachung vom 16. März 1976 (BGBl. I S. 613, 1977 I S. 269), die zuletzt durch Artikel 4 Abs. 8 des Gesetzes vom 26. Januar 1998 (BGBl. I S. 164, 583) geändert worden ist, werden nach dem Wort »Zahnärzte«, die Wörter »Psychologische Psychotherapeuten, Kinder- und Jugendlichenpsychotherapeuten,« eingefügt.

Artikel 7

Änderung der Zulassungsverordnung für Vertragsärzte

Die Zulasssungsverordnung für Vertragsärzte in der im Bundesgesetzblatt Teil III, Gliederungsnummer 8230-25, veröffentlichten bereinigten Fassung, zuletzt geändert durch Artikel 14 des Gesetzes vom 23. Juni 1997 (BGBl. I S. 1520), wird wie folgt geändert:
1. § 1 wird wie folgt geändert:
   a) Absatz 2 wird wie folgt geändert:
      aa) Buchstabe a wird wie folgt gefaßt:
         »a) die zugelassenen Ärzte und Psychotherapeuten,«.
      bb) In Buchstabe b werden nach der Angabe »§3« die Wörter »und Psychotherapeuten, die die Voraussetzungen des § 95c des Fünften Buches Sozialgesetzbuch« eingefügt.
   b) Folgender Absatz wird angefügt:
      »(3) Diese Verordnung gilt für Psychotherapeuten entsprechend.«
2. § 47 wird wie folgt geändert:
   a) Der bisherige Text wird Absatz 1.
   b) Folgender Absatz wird angefügt:
      »(2) Die §§ 25 und 31 Abs. 9 gelten erst für Anträge von Psychotherapeuten, die nach dem 31. Dezember 1988 gestellt werden.«

Artikel 8

Änderung des Beschäftigungs- und Arbeitstherapeutengesetzes

Das Beschäftigungs- und Arbeitstherapeutengesetz vom 25. Mai 1976 (BGBl. I S. 1246), zuletzt geändert durch Artikel 2 des Gesetzes vom 8. März 1994 (BGBl. I S. 446) wird wie folgt geändert:
1. Die Überschrift wird wie folgt gefaßt:
   »Gesetz
   über den Beruf
   der Ergotherapeutin und des Ergotherapeuten
   (Ergotherapeutengesetz – ErgThG)«.
2. In § 1 werden die Wörter »Beschäftigungs- und Arbeitstherapeut« oder »Beschäftigungs- und Arbeitstherapeutin« durch die Wörter »Ergotherapeutin« oder »Ergotherapeuten« ersetzt.
3. In § 2 Abs. 1 Nr. 1, § 4 Abs. 1 und 4 Satz 1 sowie § 5 Abs. 1 Satz 1 werden jeweils die Wörter »Beschäftigungs- und Arbeitstherapeuten« durch das Wort »Ergotherapeut« ersetzt.
4. In § 4 Abs. 4 Satz 2 werden nach dem Wort »Krankengymnast« die Wörter »oder Physiotherapeut« eingefügt.
5. § 7 Abs. 1 wird wie folgt gefaßt:
   »§ 7
   (1) Ordnungswidrig handelt, wer

1. ohne Erlaubnis nach § 1 die Berufsbezeichnung »Ergotherapeutin« oder »Ergotherapeut«,
2. ohne Erlaubnis nach § 8 Abs. 2 Satz 1 die Berufsbezeichnung »Beschäftigungstherapeut«, »Beschäftigungstherapeutin«, »Beschäftigungs- und Arbeitstherapeut (Ergorapeut)« oder »Beschäftigungs- und Arbeitstherapeutin (Ergotherapeutin)« oder
3. entgegen § 9 Abs. 3 Satz 2 die Berufsbezeichnung »Beschäftigungs- und Arbeitstherapeut« oder »Beschäftigungs- und Arbeitstherapeutin«

führt.«
6. § 9 wird wie folgt gefaßt:

§ 9

(1) Eine vor Inkrafttreten dieses Gesetzes erteilte Erlaubnis als »Beschäftigungs- und Arbeitstherapeut« oder als »Beschäftigungs- und Arbeitstherapeutin« gilt als Erlaubnis nach § 1.

(2) Personen, die vor Inkrafttreten dieses Gesetzes eine Ausbildung zum »Beschäftigungs- und Arbeitstherapeut« oder zur »Beschäftigungs- und Arbeitstherapeutin« begonnen haben, erhalten nach Abschluß ihrer Ausbildung eine Erlaubnis nach § 1, wenn die Voraussetzungen des § 2 Abs. 1 Nr. 2 und 3 vorliegen.

(3) Beschäftigungs- und Arbeitstherapeuten, die eine Erlaubnis nach dem Beschäftigungs- und Arbeitstherapeutengesetz besitzen, dürfen die Berufsbezeichnung weiterführen. Außer im Falle des Satzes 1 darf die Berufsbezeichnung »Beschäftigungs- und Arbeitstherapeut« oder »Beschäftigungs- und Arbeitstherapeutin« nicht geführt werden.«

Artikel 9
Änderung des Krankenhausfinanzierungsgesetzes

In § 2 Nr. 1a Buchstabe a des Krankenhausfinanzierungsgesetzes in der Fassung der Bekanntmachung vom 10. April 1991 (BGBl. I S. 886), das zuletzt durch Artikel 8 des Gesetzes vom 23. Juni 1997 (BGBl. I S. 1520) geändert worden ist, werden die Wörter »Beschäftigungs- und Arbeitstherapeut, Beschäftigungs- und Arbeitstherapeutin,« durch die Wörter »Ergotherapeut, Ergotherapeutin,« ersetzt.

Artikel 10
Überleitungsvorschrift

Die Rechtsstellung der bis zum 31. Dezember 1998 an der psychotherapeutischen Versorgung der Versicherten der gesetzlichen Krankenversicherung teilnehmenden nichtärztlichen Leistungserbringer bleibt bis zur Entscheidung des Zulassungsausschusses über deren Zulassung oder Ermächtigung unberührt, sofern sie einen Antrag auf Zulassung oder Ermächtigung bis zum 31. Dezember 1998 gestellt haben.

Artikel 11
Übergangsregelung zur Vergütung psychotherapeutischer Leistungen

(1) Die Vertragsparteien des Gesamtvertrages nach § 82 Abs. 2 des Fünften Buches Sozialgesetzbuch vereinbaren für das Jahr 1999 das für die Vergütung psychotherapeutischer Leistungen höchstens zur Verfügung stehende Ausgabenvolumen. Dieses Ausgabenvolumen besteht aus

1. dem für die Vergütung psychotherapeutischer Leistungen in der vertragsärztlichen Versorgung im Jahr 1996 aufgewendeten und um die nach § 85 Abs. 3 des Fünften Buches Sozialgesetzbuch für die Jahre 1997 und 1998 vereinbarten Veränderungen erhöhten Vergütungsvolumen und
2. einem Ausgabenvolumen, das den im Jahr 1996 für psychotherapeutische Leistungen außerhalb der vertragsärztlichen Versorgung entrichteten Vergütungen entspricht, höchstens jedoch 1 vom Hundert der nach § 85 Abs. 1 des Fünften Buches Sozialgesetzbuch im Jahr 1996 entrichteten Gesamtvergütungen.

Übersteigen die von einer Krankenkasse im Jahr 1996 für psychotherapeutische Leistungen außerhalb der vertragsärztlichen Versorgung entrichteten Vergütungen den in Satz 2 Nr. 2 genannten Anteilswert, ist ein entsprechend erhöhtes Vergütungsvolumen zu vereinbaren; die für die Krankenkasse zuständige Aufsichtsbehörde prüft die dieser Vereinbarung zugrundeliegenden Angaben zur Höhe des Ausgabenvolumens.

(2) Soweit der für die Vergütung psychotherapeutischer Leistungen geltende Punktwert den für die Vergütung der Leistungen nach Kapitel B II des Einheitlichen Bewertungsmaßstabs geltenden durchschnittlichen rechnerischen Punktwert der beteiligten Krankenkassen um mehr als 10 vom Hundert unterschreitet, haben die Vertragsparteien nach Absatz 1 geeignete Maßnahmen zur Begrenzung der Punktwertdifferenz zu treffen.

(3) Das Ausgabenvolumen nach Absatz 1 verringert sich um die Beträge, die von der Krankenkasse nach § 13 Abs. 3 des Fünften Buches Sozialgesetzbuch als Erstattungen für psychotherapeutische Leistungen aufgewendet worden sind. Für die Erstattungen nach Satz 1 gilt § 13 Abs. 2 Satz 3.

Artikel 12
Änderung des Sozialgerichtsgesetzes

Das Sozialgerichtsgesetz in der Fassung der Bekanntmachung vom 23. September 1975 (BGBl. I S. 2535),

zuletzt geändert durch Artikel 1 des Gesetzes vom 30. März 1998 (BGBl. I S. 638), wird wie folgt geändert:
1. In § 10 Abs. 2 werden nach dem Wort »Ärzten« die Wörter »einschließlich der Psychotherapeuten« eingefügt.
2. In § 12 Abs. 3 werden die Wörter »Kassenärzte (Kassenzahnärzte)« jeweils durch die Wörter »Ärzte, Zahnärzte und Psychotherapeuten« ersetzt.
3. In § 51 Abs. 2 Satz 1 Nr. 1 und 2 wird nach dem Wort »Zahnärzten,« jeweils das Wort »Psychotherapeuten,« eingefügt.

Artikel 13
Änderung des Neunten SGB V-Änderungsgesetzes

In Artikel 1 Nr. 2 des Neunten SGB V-Änderungsgesetzes vom 8. Mai 1998 (BGBl. I S. 907) wird § 28a Satz 2 wie folgt gefaßt:
»Satz 1 gilt nicht für die ersten zwei der Sitzungen oder der probatorischen Sitzungen und den Konsiliarbericht.«

Artikel 14
Rückkehr zum einheitlichen Verordnungsrang

Der auf Artikel 7 beruhende Teil der geänderten Rechtsverordnung kann auf Grund der einschlägigen Ermächtigung durch Rechtsverordnung geändert werden.

Artikel 15
Inkrafttreten

(1) Artikel 1 §§ 8, 9 und 11, Artikel 2 Nr. 9, soweit er § 91 Abs. 2a Satz 3 SGB V einfügt, Artikel 2 Nr. 10, soweit er § 92 Abs. 6a Satz 3 SGB V einfügt und Artikel 2 Nr. 11 Buchstabe c, soweit er § 95 Abs. 10 und 11 einfügt, treten am Tage nach der Verkündung in Kraft.
(2) Artikel 11 tritt am 31. Dezember 1999 außer Kraft.
(3) Im übrigen tritt dieses Gesetz am 1. Januar 1999 in Kraft.

Das vorstehende Gesetz wird hiermit ausgefertigt und wird im Bundesgesetzblatt verkündet.

Berlin, den 16. Juni 1998

Der Bundespräsident	Der Bundeskanzler	Der Bundesminister für Gesundheit
Roman Herzog	Dr. Helmut Kohl	Horst Seehofer